錢穆先生全集

錢穆先生全集

[新校本]

歷史與文化論叢

九州出版社

圖書在版編目（CIP）數據

歷史與文化論叢 / 錢穆著 . -- 北京 : 九州出版社，2011.7（2016.11 重印）
（錢穆先生全集）
ISBN 978-7-5108-1008-4

Ⅰ . ①歷… Ⅱ . ①錢… Ⅲ . ①文史 - 文集 Ⅳ . ① C52

中國版本圖書館 CIP 數據核字（2011）第 100616 號

歷史與文化論叢

作　　者　錢　穆　著
責任編輯　陳春玲　張　婷
出版發行　九州出版社
裝幀設計　陸智昌　張萬興
地　　址　北京市西城區阜外大街甲 35 號
郵　　編　100037
發行電話　（010）68992190/3/5/6
網　　址　www.jiuzhoupress.com
印　　刷　三河市東方印刷有限公司
開　　本　635 毫米 × 970 毫米　16 開
插頁印張　0.5
印　　張　27.75
字　　數　311 千字
版　　次　2011 年 7 月第 1 版
印　　次　2016 年 11 月第 2 次印刷
書　　號　ISBN 978-7-5108-1008-4
定　　價　58.00 元

錢穆先生

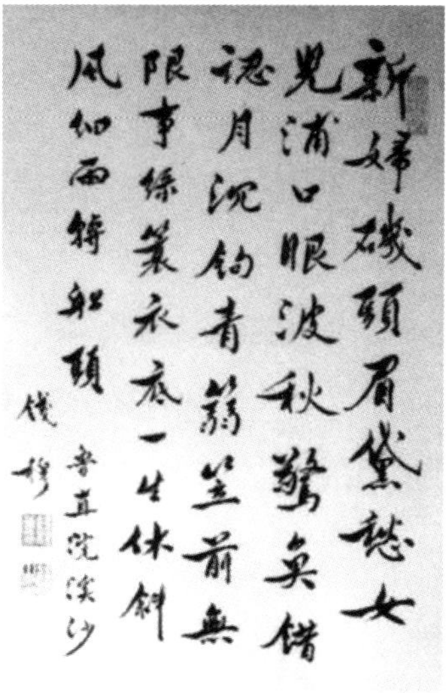

錢穆先生書法

新校本說明

錢穆先生全集，在臺灣經由錢賓四先生全集編輯委員會整理編輯而成，臺灣聯經出版事業公司一九九八年以「錢賓四先生全集」為題出版。作為海峽兩岸出版交流中心籌劃引進的重要項目，這次出版，對原版本進行了重排新校，訂正文中體例、格式、標號、文字等方面存在的疏誤。至於錢穆先生全集的內容以及錢賓四先生全集編輯委員會的注解說明等，新校本保留原貌。

九州出版社

出版說明

一九七六*年，「國防部」**總政戰部為提高部隊官兵素質，擬編印系列優良讀物，供幹部閱讀，求出版錢賓四先生著作。先生慨允所請，許其選擇若干論文結集付梓。政戰部乃彙集先生舊稿，凡五十二篇，分編成兩小册：一名歷史與時代，收文二十七篇；一名從認識自己到回歸自己，收文二十五篇。兩書同於是年七月出版，當時僅供軍中內部閱讀，並未對外發行。

一九七九年，臺北東大圖書公司懇請將兩書再版，公開發行，以廣流傳。先生遂將兩書重加整編，删去十二篇，存四十篇；另添十八篇，合五十八篇，併為一書，內分四編，重排付印。自謂一九四九年避難到港轉臺以還，踰三十年，凡有撰寫，率以「歷史」與「文化」兩者為主題，故命其書曰「歷史與文化論叢」。

今編全集，重加董理，既知本書與他書重見之文共八篇，又有五篇準其性質宜移入他書中；此十

*新校本編者注：原文為「民國」紀年。下同。

**新校本編者注：文中一九四九年十月以後相關稱謂略作處理。下同。

三篇均不再重收。另新增與本書內容相類者九篇。總凡五十四篇，仍依原書分為四編。茲將新編更動概況略述如下：

第一編：原為十篇，新編為八篇。

移出四篇：

文化三階層：已見文化學大義。

世界文化之新生：同上。

人類新文化之展望：同上。

中國文化與中國人：已見中國歷史精神。

新增二篇：

中國文化特質

從歷史文化看時事筆答錄

第二編：原為十一篇，新編為十篇。

移出三篇：

中國史學之特點：改入中國歷史研究法。

現世界的三種社會：與世界局勢與中國文化中一個世界三個社會為同一文。

近代西方在宗教科學哲學上之三大啓示：與世界局勢與中國文化中中國儒家思想對世界人類

新文化所應有的貢獻為同一文。
新增二篇：
人生三階層
生活行為與事業
第三編：原為二十三篇，新編為二十二篇。
移出五篇：
存在決定意識：改入中國學術思想史論叢第十册。
如何研究中國史：改入中國歷史研究法。
中國歷史教學：同上。
無限與具足：已見湖上閒思錄。
一所理想的中文大學：改入文化與教育。
新增四篇：
文化新生與雲南
中國共產黨與萬里長城
論當前國人之憂患意識
漫談改革社會風氣

第四編：原為十四篇，新編仍為十四篇。

移出一篇：

物與心：經作者改寫，已收入人生十論。

新增一篇：

敬告中華民國的青年們

一九七九年本書出版時，先生曾自撰數語為介，曰：

本書於民族歷史文化，從各方面加以敍述，庶使讀者於吾民族之已往歷史與其固有文化，易於獲得其認識，為此下吾民族自救自拔之張本。方今吾國人方竭意求變求新，然一切變必有其不變者為之基礎，一切新亦必有其舊為之根源。本書專著眼在此下求變求新之基礎根源上有所指陳，使讀者易有啓悟，易有奮發，固非如已陳之芻狗，或如楚人獻璞，苟善為破解，其中容有美玉之存藏也。

作者本人之說明，允為本書最適當之簡介。

此次整理，全書加添私名號、書名號，又加重點引號，以利讀者閱讀；目錄中新增各文例加「*」號，以資識別。整理排校，雖力求愼重，然錯誤疏漏，在所難免，敬希讀者不吝指正。

本書由胡美琦女士負責整理。

錢賓四先生全集編輯委員會　謹識

目次

第二編

第三編

第四編

序

余在對日抗戰時期，於民國二十八年，在雲南宜良岩泉下寺、上寺寫成國史大綱一書，又於民國三十年在四川成都賴家園續寫中國文化史導論一書。自一九四九年避禍來港，轉臺北，迄已踰三十年矣，凡有撰寫，亦率以「歷史」與「文化」兩題目為主。前年應兩團體之約，纂集舊稿，編為世界局勢與中國文化及此集，分別由兩團體付印。因皆不向外推銷，余復於兩書篇目上各有增刪，重加復印，以廣流傳。

竊謂民族之形成，胥賴其有歷史與文化之兩項。無歷史，則無世界新潮流，斯乃吾民族處境之變。貴能不忘本我，乃可善為因應。因應在我，豈能去其我以求因應？我之不存，又誰為其因應者？亦何貴有一切之因應？自念畢生努力，亦惟期國人之迷途知返，認識自我，乃始有力可用，有途可循；則惟歷史與文化兩者，不當棄置而不問。而此兩者盡在過去，宜可述，不可作。孔子曰：「述而不作，信而好古。」亦此志此義也。讀者其勿以古老陳言、斷爛朝報視之，則誠余之私幸矣。

一九七九年六月錢穆識於士林外雙溪之素書樓，時年八十有五。

第一編

一 人類文化之前瞻

本人獲来貴會講演，深感榮幸。今晚講題「人類文化之前瞻」，此乃當前只要肯用思想的人所共同必會遇到的一問題。本人乃站在染有東方文化傳統觀點的立場上而来講此題，或許見解有偏，然此一問題，正貴有各別的觀點，才易得共通的見解。

任何一種文化體系，若在其內部不斷發生問題，而又無法解決時，即徵其文化有病。今天的世界，正值不斷發生問題而又無法解決的時代。此世界三四百年來，可說全由西方歐洲文化在推動與領導。而最近五十年內，西方問題迭出，引起了兩次大戰爭，不僅不能解決原有諸問題，反而激起更多其他問題。我們在今天，可說只能抱有些小希望，即此種種問題或能於一天解決了；而並不曾抱有一番理想，即此種種問題究該如何般去求解決。我們只是隨著當前不可知之風波迭起來謀應付，我們似乎並沒有一整套的理想和方法來領導此世界向某一方面而前進。

我們就於此一形勢，只能說正在領導與主持此世界的近代西方歐洲文化有了病。我們必先承認此一點，才可從基本上來謀解救。我們不能把近五十年來種種事變，只歸罪於某一國家或某一民族，甚至某一個人或某一事變。我們當知，一黨專政與極權政治，共產思想與赤色帝國主義，這些，全起在歐洲本身之內部。我們只能說，凡此種種，只是近代歐洲文化體系中之一種反動力量。正因文化自身有了病，才始引生出此種種的反動。我們不可能希望，仍把此有了病的文化舊傳統，來把即由此傳統而激起的種種反動平息了。

所謂近代歐洲的文化病，究竟在那裏？這一問題，值得我們深細研尋。在本演講中，無法對此問題作詳密之討論，本人只想借此機會提出兩個意見來，請在座諸位之指教。

一、指導全部人生前進的力量不可太偏傾於某一重點上。目前的世界，似乎指導一切人生的力量太偏重在經濟這一方面了。馬克斯的歷史觀，正已看出了此病，但他不知其是病，而反把此病象認為是人類歷史之正趨，於是不免使病上加病，而我們也不免要誤認為只有共產主義才是當前世界之惟一大病了。

人類社會是一個整體的，單從經濟一方面，解決不了人類社會全部問題之所在。同樣理由，單從政治、外交、軍事等等任何一方面，也都解決不了有關人類整體的問題。因此，任何一項專門知識，最多只能解決人類整體中之某一方面的問題。而所可惜的，為要解決某一方面的問題，而無意又激起了其他方面的問題。於是新問題不斷激起，而終於無法得解決。

而且，縱使集合了各方面的專家知識，將依然解決不了人類當前的問題。何以故？因問題是屬於整個的，而各方面的專家，則把此整個問題割裂破壞了，不見眞問題所在，所以終將無法求解決。

其次，本人想提出第二個意見來。本人認為，今天世界所缺乏的，正是這一個指導全人生前進的大原則與大綱領。一應專家知識，都得依隨於此大原則與大綱領之下而始有其意義，始可相互間有配合。否則各自分道揚鑣，各求獨立發展，其間儘會有矛盾，起衝突。

不僅學說如此，人事亦然。如云個人自由，如云民族自決，如云國際平等，一切理論，均不能指導全世界、全人生，走向一和平安樂之境。

正如建造一所大樓，應先有一整體計畫與整體圖樣。若把門窗柱壁，各各分開、各自營造，結果斷斷建立不起一所大樓來。

此一大原則與大綱領，當於何處覓之？此乃當前關心人類文化前途者一必當考慮討論的大問題。

此一大原則與大綱領，在本講演中，無法詳論。但有可簡單述說者，此一大原則與大綱領，將決非僅屬於經濟的，或政治的；也將決非僅屬於個人的或民族的；仍亦不能僅屬於科學的或宗教的。

此一大原則與大綱領，應從人類生活之全體中尋求而覓得之。此人類生活之全體，論其內涵，我們今天所運用的「文化」二字正可與之約略相當。

我們必先瞭解文化，才始能來領導文化，才始有所謂文化之前瞻。

因此，文化學之研究，將為此後學術界一大事。我們必先將人類文化傳統，在歷史上所曾發現、在現世界所猶存在者，一律平等視之，各求對之有瞭解，再進而加以相互間之比較與匯通，此後才始有合理想的人類新文化出現。此項新文化理想之出現，才始是解決現世界種種問題之一種新精神與新力量。人類將於此而獲得其新希望與新前途。否則將永遠是頭痛醫頭，腳痛醫腳，得不到一個合理的眞解決。

本人今天，是站在染有東方文化傳統，尤其是中國文化傳統的立場而來作此講演者。本人認為，中國文化傳統中一向所甚為重視的一「道」字，其內涵意義，正約略相當於近代人所運用的「文化」二字。而中國人所愛用的此一「道」字，其內涵意義，則當指此文化體系之合理想而具有甚高之意義與價值者。

中國文化傳統，何以能注意到此一方面，正因中國民族自始即是一大羣集團，而又歷史緜延甚久不輟，因此才能於此上注意。

在中國文化傳統下之一輩知識界，教人如何求道、明道，與行道，其間都有無數曲折，無數步驟，在此講演中，無法細述。但本人認為在將來人類新文化之創進中，中國人此一傳統必可有貢獻。

美國正代表著近代歐洲文化傳統最新的一階層，中國則代表著全世界人類文化中最古老最悠久的一傳統。我們若求在人類歷史之已有經驗中獲得新知識與新進展，則中、美兩大民族，就其各自具有之文化傳統而求互相瞭解，進而相比較、相會通，求一更高的結合與創新，正是當前為人類文化謀新出路者一大課題。本人願以此次講演，對於貴會工作作一誠懇之期望。

（一九六〇年美國華盛頓中美文化會講演）

二　人類文化之展望

目前的世界，仍然是個動盪不安的局面，政治、經濟、社會種種問題，先後經過第一、第二次世界大戰，依然不能解決。假如有第三次世界大戰發生的話，怕還是不能徹底解決人類的問題！為什麼呢？我認為這正是人類文化的缺點和病態。因此，我們對目前的人類文化，應該作一番總檢討，揭發人類文化病源所在，重新認識，而提出改進文化的新方案來。

文化是什麼？文化就是人生，而且是多方面的人生。現在我把人類文化分開三方面，也就是分為三個階層來講。

一、屬於物質經濟方面的，是人對物的問題。

二、屬於政治社會方面的，是人對人的問題。

三、屬於精神心靈方面的，是心對心的問題。

先說第一階層。譬如人生吃飯、穿衣、住房子，都脫離不了物質經濟的關係。可是，物質經濟只可限制人生活動，而不能決定人生活動；因為衣、食、住等物質生活，並沒有一定的標準，所以物質經濟，只是人生活動中消極的必需。如果人類文化僅僅止於「對物」這一方面，那麼，這種文化，只可說是一種原始文化。

其次，說到第二階層。由於人對人的關係，漸漸就形成了社會羣體，社會羣體必然會產生政治。於是這裏建立一個國家，那裏建立一個國家；這裏形成一個集團，那裏也形成一個集團。為了國家和集團的利益，政治必然要求人民服從，所以政治帶有一種權力性，帶有一種拘束性和壓迫性。一個國家為鞏固內部，或向外發展，或抵抗侵略，還帶有一種鬥爭性。然而在第一次世界大戰的時候，英國人祈禱上帝，賜予戰爭勝利，打敗德國，那麼世界就會實現和平。同時德國人也同樣地祈禱上帝，賜予戰爭勝利，打敗英國，那麼，世界就會實現和平。你們說，到底誰的祈禱對呢？事實上，政治又使人羣隔離，造成國家與國家的對立，集團與集團的對立，因而更引起嚴重的鬥爭。不是嗎？

我以為人類的理想政治，應該遵循下列兩大法則：一，要盡量減輕其權力性，使不致引起對內對外的一切鬥爭；二，要在小量的服從和拘束中，獲得大量的自由和平等。因為人類文化，演進至有國家的階段，是為文化進步過程中的一大關鍵；要是人類文化僅僅止於這一階層而不再前進的話，那只可算是一種半熟的文化。

現在說到第三階層，屬於心靈精神方面的，才是人生的本質部分，也是人生的終極部分。心對心，心靈的活動雖然是個別的，所謂「人心不同各如其面」，但是心靈的活動卻有共通性，所謂「人同此心，心同此理」。我們心裏的思想，總希望發表傳給別人。如果我們的思想不能表達出來，那麼，有思想不是等於沒有思想嗎？同時，我們心對心的發表思想，正是一種贈予，贈予而自己仍沒有損失；相反的，可能把自己的思想加強，而發生普遍的傳播作用。所以說，只有心對心，才能把全人類融成為一整體。

人類文化最堅實的東西是心靈，它能啟發、感通和積累。我們從物質和政治的觀點出發，你有了錢，仍希望有更多的錢；有了權力，仍希望有更大的權力；這是一種分割性的佔有慾，必然引起鬥爭。要是從心靈的觀點出發，喜、怒、哀、樂都是人類共同享受的公物，是一種共通性的感發和享受；心靈只求感通，求感通是贈與，而非佔有。換句話說，心靈感通乃是精神共產。人類文化，便是這種精神共產的結晶和成果。因為物質人生是有限的，心靈人生是無限的，而且它更不受空間和時間的限制。人類文化必須進展到這一階層，才是人類文化的終極歸趨和最高嚮往。

人類文化要是停頓在物質階層或政治階層再不前進的話，都不能說是文化的完成；只有越過上述兩關，而向心靈精神方面邁進，才是人類理想文化的成熟。但是也有在這三方面雖各具備而輕重倒置的，這就產生了文化病。就歷史而論，在這文化三方面，安排比較妥貼的，西方國家只有希臘，東方國家只有中國。希臘文化雖高，到底是小型性的政治，未能形成大國。中國由格物、致知、誠意、修身、齊家、治國、平天下這一套大同思想，和王道政治，已經演進成一大國了。

中國政治思想，比較不重權力、不重鬥爭，而多留社會以自由。因為中國文化，向重「安」與「足」，而不重富與強。「安」就是政治，「足」就是經濟。安而不強，足而不富，自然也是缺點；但是今天的世局，許多是強而不安，富而不足的，可以說是彼此各有得失了。不過，中國文化在前兩階層，僅以安足為目標，這正為要使人易於邁進最高的第三階層去。

人類文化的當前問題，在於如何減輕政治和經濟的重要性，而求增進人類心性相互感通的重要性這一問題上。人類不要為了經濟問題來歪曲政治，更不要為了政治問題來歪曲心靈，甚而抹殺了心靈。

我們應該為人類心靈儘先安排一良好的環境，先獲得物質經濟方面給養，再獲得政治方面的安定，而後大大地求其心靈的感通。換句話說，一切政治經濟等問題，都該依隨著心靈方面的大目標，這才是人類文化的新希望。

（一九五六年五月星加坡馬來亞大學中文系講演）

三 人類文化與東方西方

一

人類有其大同，亦有其小異。人總是一「人」，此是其大同處。人必各自成一「我」，此亦是其大同處。但此我與彼我，則各別相異。不僅父母子女各別不同，即孿生兄弟姐妹，亦各不同。故我之在人類中，乃是只有一我，更無他我能與我相似，我亦斷不能與他我相似。我之為我，乃是只一無二，此是我之可貴處。若我與人皆相似，則上下古今，億兆京垓人，何貴多一我，亦何憾少一我。但人類中，究竟終不能無我，而我之最可貴者，則我終還是一人。我與人相異，仍亦與人相同。若我與人只有相異，更無相同，則我將不算是一人。我之在人中，復亦何貴之有。

故人之在大羣中，必貴能自成一我。我與我相異，亦必有一限度，此即為人類之大同。人與人必相異，此亦人類之大同。每一民族必各相異，亦是人類之大同。東方人與西方人，同屬人類，但東西雙方互各不同。大率言之，東方人重「同」更過於重「異」，西方人則重「異」更過於重「同」。此是東西雙方一相異處。

西方人看人，好從其各別相異處看。人有學業、職業、事業不同。西方人好從此著眼看人。如此人是一哲學思想家、或文學家戲曲家、或音樂藝術家、或科學工程家、或企業家、或宗教家、或政治家、外交家、或軍事家、探險家、運動家等，種種不一。但東方人對此種種分別，似乎不太過分注意。卻說此人是一聖人、賢人、君子、小人、好人、壞人等。東方人看人，似乎重在人之整體合一處，更過其相異各別處。所以東方人特有其一套人品觀。最下等不夠品的，甚至說他不是人。西方人沒有這一套觀念，認為人總是人，但他們最所重視的人，卻又認為是神非人。而東方人則認為聖人與我同類，聖人亦只是人。因此東方人對人生重修養，西方人則重表現。此可說，東方人重視人之同然處，即每一人之人格；西方人重在人之各別處，即每一人之事業。

與此相引而起的，東方人重視人之內在部分，西方人則重視人之外在部分。人生有內在、外在兩部分，此亦是人生之大同。但或重內、或重外，此又成了人生之各異。重內故重「心」，重外故重「物」。人生必有心靈與物質兩部分，此又是人生大同處，但或重心靈人生，或重物質人生，又成了人生之各別。重心靈人生，故重「情感」，重人與人內在生活之相通同然處。重物質人生，故重「理智」，重人與人外在生活之相殊各別處。

就空間講，人生有內外。就時間講，人生有過去與未來。人生不能有過去無未來，亦不能有未來無過去，此又是人生大同處。但或重過去，或重未來，又成了人生之各別。只為重視過去，紀念過去，對未來有所不暇計較，此是人生之情感，亦成了人生之道義。為了重視未來，想望未來，對過去有所不值留戀，此是人生之理智，亦成了人生之功利。東方人重「道義」，西方人重「功利」，即由此分別。

重過去，則重保守；重未來，乃重進取。重過去，成為現實主義；重未來，成為理想主義。有了過去，始有現在，如此看，則現實人生乃是過去人生之一項果實。故人道中有報恩主義。但同時亦是一種成果之享受。有了現在，乃有未來，如此看，則現實人生乃成未來人生之一項手段。但同時亦是一種當前之犧牲。其中分別，只看他重視過去與重視未來之分別。

人生有其舊的一面，同時亦有其新的一面。舊的忽然演變出新的，新的又轉瞬回歸到舊的。誰也不能無舊，誰也不能無新，此又是人生之大同。但或喜新，或念舊，這裏又生出了千差萬別。也可說，「生命」屬於舊，「生活」屬於新。人不能僅有生命，沒有生活。也不能僅有生活，沒有生命。生活日新月異，必然時時刻刻變，此一刹那之生活，與前一刹那、後一刹那之生活各不同；但不能說生活背後之生命有不同。人自呱呱墮地，迄於老死瞑目，只是同一生命。生活時刻翻新，日日變，息息變，所以完成此生命。因有了此生命，所以演化出瞬息不同日新月異之生活。但有人比較看重生命，有人卻比較看重生活。

大較言之，「生命」內在，「生活」則轉成為一種外在。生命是在此外在生活萬異中之一同，生活則是在此內在生命一同中之萬異。亦可說：生命過去已存在，生活則須未來不斷之繼續。所以重視內在，重視過去，重視其同一的，即是重視生命。重視外在，重視未來，重視其相異的，即是重視生活。

二

由於上述諸分別，而又引生出其他種種分別，遂成人生之千差萬異，其實則仍是人生一大同。概括言之，可以說人生只是一體，而此一體又必然有兩分。人生是一體兩分的，宇宙大自然，也還是一體兩分的。東方人對此一體兩分，把「陰」「陽」二字說之，陰陽兩分亦屬外在，可指可說。陰陽兩分背後之一體，是內在的，不可指，不可說。東方人又把「天」與「人」兩字來說此一體。天指宇宙自然界，人指歷史人文界。天不易知，人也不易知。我在宇宙自然界中做一人，其實我也不易知。但我便是我，由我來知我，那有不易知之理！於是乃由我來知人，來知天，也不見是不易知。天外在，人亦外在，只我是內在。由天由人始有我，由我來知人知天，並由我來完成此天與人。我是天與人之一中心，亦是天與人之一基點。試問若沒有了我，天又何在，人又何在！固可說，我不存在，天仍在，人仍在。我之在天與人之中，尚不能比海洋中一涓滴，大地上一微塵。但此只指萬異中之小我言。人類同是一我，此即成為大我。因人盡是我，故我之在天地人類中，還是一中心，還是一基點。即使人類滅絕，宇宙大自然中仍還有萬物，不論有生無生，也還各有一我。所以同中必有異，而異與異之中，亦必仍有同。

人只能在異中求同，不能從同中滅異。孔子論道，重一「仁」字。仁即是一同。人與人之間，有其一同之處，此即是仁。「為仁由己」，己與己各異，但只能由己來求仁，不能由仁來滅己。由人之仁再擴大，亦可說天地萬物與我並生，天地萬物與我一體，此亦是一仁。但亦只能由人來合天，不能由天來滅人。若把孔子與耶穌相比，似乎耶穌太過重了天，所以說人類由罪惡生，塵世終有末日，歸極則在天堂。孔子則由修己而治人，由修身而齊家治國平天下。人道如是，並不違背了天道。孔子似乎只希望即把此塵世轉變為天堂，不求在塵世外另覓天堂，亦不計較此塵世有沒有末日。

孔子並不是不看重天道，但孔子乃從天道中來看重人道。孔子不是不看重人，但從人中來看重己。要由己來為仁，即是由各自的小己之我來行人道，所以孔子重視「為己之學」。為己之學即是把自我建立起來，又要把自我通達開去。把立己來立人，把達己來達人，此即是孔子的為己之學，亦即是孔子的為仁之道，即為人之道。孔子此一番思想，似乎先偏重在人的各自的一己內在的情感上。孔子似乎先偏重了此一番情感，再在此一番情感上來引生出種種理智。只由各人之私情感立腳，再由種種理智來達成。

所以孔子教仁最先步驟，只是教孝教弟，教忠教信。此皆個人小己自我情感方面的事。由各個人之孝弟忠信來達成人生大道。孔子卻不追問為何在此宇宙大自然中生出此人類。又不追問人類之未來，到底將作何歸宿。若先要從此等問題上去尋求，便須得擺開情感，先重理智。

三

耶穌有原始罪惡論，達爾文有生物進化論，一則形成了西方原先之宗教，一則發展出西方近代之科學。不論宗教與科學，均須撇開小我一己當前之私情感，全憑理智來追尋。但宗教究竟不免夾雜了好多情感，所以只教人信仰。但信仰終必會訴之於理智，於是在宗教中又必展演出神學。但看重理智太過於情感，則科學終必轉踞於宗教之上。情感是偏於現實的，把人的情感沖淡了，甚至撇開了，於是遂使人生不安於現實，必要衝破現實，打開一新局面，另創一新天地。為要衝破現實，打開一新局面，另創一新天地，於是才要犧牲現在，向未來邁步求進取。但科學在此方面又嫌不徹底。宗教還講出了人生的一個終極歸宿，而科學卻沒有。專從科學理智去尋求，未來之後又有未來，進步之上又得進步，未來永成一不可知。儘向此一永不可知之境邁步求進，將使人生老像是面對黑暗，撲向虛空。科學儘理智，卻不知人類明日又將成為何等樣的一局面，於是會使人生永陷於不安。科學只求進步向前，但卻把當面現實犧牲了，更不使人感到有其情感上之真享受，此在人生情感上必會起反動。結果是現代科學已為現實人生作奴，而究不能滿足人生之情感。

從最淺近處言之，人生情感必帶有「私」，但科學上的種種發明與創造，一如電燈、汽車、自來水，如是種種，都是外在的，都只與人以「公」的便利。要人在公的便利之下來各自尋求其私的滿足。在人生的私的一面，即其內在的一面，科學是無法過問的。於是物質人生過度發展，而心靈人生陷於乾枯、空洞。人欲橫流，究不是人道光昌。科學求使人的欲望滿足，但究不能使人的情感亦滿足。

在教堂內禮拜歌誦，禱告懺悔，還不失給予了人生一部分各自內在的情感上的滿足，但此項滿足，經不起理智考驗。遂激起西方文藝復興以下之反動。但走出了教堂，走進了物質人生、科學方法的一條新路上去，外面公的方面，固是不斷有進步，內在的私的方面，卻反而日見空虛，又將會再起反動。近代的西方人生，則正在一種新反動之開始，此已顯露出了端倪。

陰轉為陽，陽又轉為陰。物極必反，天運循環。此兩百年來，東方人卻顯然在轉向西方的道路。物質人生、科學方法，兩百年來的西方人，顯然遠走在東方人前面。但物質人生、科學方法，究竟是外在的，公共一致，易曉易學的。兩百年來東方人從此學西方，有些處仍然落後，有些處已學得彼此無別，有些處則已此勝於彼。若只求在物質人生與科學方法的道路上便可走上世界大同，則百年之內，應可達到。問題是在內在的心靈人生一部分，以至各自之私的小己方面。東方人自受東方人過去歷史文化積累的陶冶與影響，東方人究不能沒有一個東方之我之存在。即是東方人不能沒有一個東方人之所以為人與其所以為己之中心基點之所在。若使此一中心基點亦能連根拔去，則東方將不成為東方，東方人亦將不成其為人。不成為人，己亦沒有了作用。故使東方人破除了自己的東方傳統來求西方化，其事終為不可能。

四

西方耶教來東方，不能使東方盡歸耶教化。西方哲學文學藝術來東方，亦不能使東方固有的哲學文學藝術全歸西方化。亦幸而如此，人生不如黃茆白葦，同中仍有異，然亦異中仍有同。東方、西方，同是人類，不會無相通合一處，但仍還有其相異各別處。子女由父母所生，但子女之出生時間與出生環境與父母不同。子女出生後所有之身體，又與父母不同。故子女必有其獨立之存在。天地生人，人類在天地中，亦有其獨立之存在。人類中有一我，我之在人類中，亦有其獨立之存在。但不能由小己自我之獨立存在，來否認其外在的其他人之存在乃及天之存在。中庸上說：「譬如天地之無不持載，無不覆幬。譬如四時之錯行，如日月之代明。萬物並育而不相害，道並行而不相悖。小德川流，大德敦化。此天地之所以為大。」易經以六爻成一卦，共得八卦。八八六十四卦，共成三百八十四爻。每一爻，時不同，位不同，斯其每一爻之德與性亦各不同。其實，每爻又只分陰與陽。各個小己自我之在人類天地中，竟是萬異而各不同。但此只是小異。易經上把此萬異而各不同之小異，歸納為三百八十四種異，又歸納為陰、陽兩異，此始是大異。而其背後則是天地萬物一體之大同。由小異則只見小同，由大異乃始見大同。孔子教人立己達己，立是立己之異，達是達到與人之同。其所立所達，亦有大小。所立小，斯所達亦小。所立大，斯所達亦大。立小異以達小同，此是川流之小德，亦是人生之小道。立大異以達大同，此是敦化之大德，亦是人生之大道。孔子乃東方惟一大聖人，因其所立大，乃可使人人皆學孔子，故其所達亦大。若使孔子僅是一哲學家，斯惟愛好哲學的人乃可學孔子。若使孔子是一政治家，亦惟從事政治的人乃可學孔子。在人中劃出一業，自成一家，此皆是小異，由小異僅可得小同。孔子博學而無所成名，不在人中立小異，而成為人中之大聖，此則立了大異，乃可達於大同。使人人皆得為聖人，此則世界人類亦達於大同，即是使此世界達於聖世。此乃孔子理想，亦即是東方人理想。

主要在人之「德」，不在人之「業」。業必由德起。德表現在「道義」上，業表現在「功利」上。由德而來之功利，此始是大功利。由業而來之功利，則只是小功利。一切小功利，可融為一大功利，此為「大德之敦化」。一切小功利，各自爭勝，各自霸佔，此仆彼起，所達不大，此為「小德之川流」。卻沒有無德而能立能達的，此又是一項人類之大同。

五

西方人今天勝過東方，似乎是在其立業上，由東方人眼光看，則其立業亦必有德。所異只在德之大小。即如近代西方之資本主義、帝國主義，其獲成立發展，在其背後，亦必有一種德。但其所達則不能大，不能久，因其仍只是小德。東方人理想，則要治國平天下，求其業之能大能久，則仍當還就德上求，不當只從業上求。

今天的西方人，似乎舊路已走到盡頭，又要來開闢新路。如何始是一條新路，似乎今天的西方人也不自知，正在闖，正在試。專就東方人言東方，東方人此兩百年來，一意學西方，也未嘗無成就。要立業，要創新，東西雙方不妨有其同。但東方人自有其所以成為東方人之處，東方人自有一條舊路，即其歷史文化幾千年之積累，即東方人與西方人之相異處。東方人似乎仍應該從異求同。我們似乎不該，也不能，來破己之異以求與人同。孔子之道，似乎東方人仍該著意尋求，努力奉行才是。

（一九七四年九月十日第三屆中日大陸問題研討會講演，九月十四日青年戰士報，十月東亞季刊六卷二期。）

四　從人類歷史文化討論中國之前途

一

歷史記載以往之人事，但人事無前定，因此歷史亦不能預知，但可推斷。

歷史事件，莫不有理可資解釋，成敗得失，皆有其所以然之理。故歷史上並無無理可說之事。

「事」屬變而「理」屬常，「變」不可知，而「常」則可知。

從各項事理中可以籀繹出共同之理，由此共同之理來推斷一切事變，雖不中，亦不遠。

事中有理，復有勢。

「理」是一主宰，「勢」是一傾向，亦可說是一端兆。

事變之來，以漸不以驟。有些是事未定而勢已顯。

勢即是一種力，常稱「勢力」。勢又是一種形，又稱「形勢」。必待舊勢力消沉，舊形勢渙散，斯新勢力、新形勢才獲萌生。

勢之來，不可逆。勢之去，不可挽。所謂「其勢難當」，或稱「大勢已去」。

理與勢合，則理顯。理與勢背，則理隱。但理常在勢後，支配此勢。

凡事又有情有態。「態」指事之外貌言，「情」指事之內情言，此所謂「事情」與「事態」。事之主持在於人，人之從事決於心。事情之主要，在於主其事之人之心。誠偽、公私、明暗，是其大分辨。

事情與事態，有時不能相合一，但判事當衡其情，不能依其貌。

勢從外面看，情從內部看，又合稱「情勢」。

情與勢合，又與理合，事必成。情與勢背，又與理背，事必敗。惟此三者間之離合向背之分數則極難定。

二

從歷史之長時期演進中見文化。

歷史文化之演進，其背後常有一抉擇取捨之指針，此指針即人心。

人心之長期指向，即是文化精神。

中國文化精神偏尚「理」，西方文化精神偏尚「勢」。

尚理常偏向「靜定」面，尚勢常偏向「變動」面。

須歷史緜延久，展擴廣，始知理之可尚。苟其緜延暫、展擴狹，常易忽視理而重勢。

重勢乃是歷史之短視與淺見。

西方歷史乃始終在小地面上斷續發展，希臘之後有羅馬，羅馬之後有中古時期，乃至現代國家之興起。

外面形勢壓迫人，使人常注視在事的態勢上，不注意到事的情理上。人人只站在小地面上短時期內來看歷史。

歷史只成一個勢，尚勢則必爭。爭取有利形勢，爭取時機。時乎時乎不再來，兔起鶻落，所爭只在眼前。時異勢易，歷史不重演，他們只強調這一點。

中國歷史渾然成一體，前後連貫成一線。

三皇、五帝、夏、商、周，還是一脈相承。而且日益擴大。

周公與孔子，即在此長時期日益擴大之歷史演進中產生。他們的思想與信仰，乃認為天心人事，雖百世可知。

知有此理，信有此理，守定此理，懸諸天地而無背，質諸鬼神而無疑，百世以俟聖人而不惑。

「天不變，道亦不變」，遂成為中國人的歷史觀。認定歷史有一主宰，有一重心，可以萬變而不離其宗。

外面形勢不利，時代進入衰亂，但中國人認為貞下即起元，否極而泰來。中國四五千年來長時期的歷史演進，亦證明了此觀念。儒家標出了此理，道家闡明了此勢。

橫逆之來，中國人只說是「時也運也」，但中國人永遠有信心，永遠有希望。近代西方，似乎只抱著一種文化的悲觀論。因此心無定準，隨勢推遷。

三

史學在西方，興起較晚，而歷史哲學則更晚。西方人乃從哲學來論歷史，不從歷史來創哲學。黑格爾的歷史哲學，只站在狹義的民族本位上。馬克斯推擴到世界觀，但此世界則只是唯物的，只是鬥爭的。全部世界人類歷史，只是一部唯物的鬥爭史。在鬥爭中只分階級，沒有民族。鬥爭的對象，只是物質，沒有文化。馬克斯的唯物史觀，只是一套哲學虛構，無當於人類歷史眞情。

斯賓格勒論西方的沒落，亦如人身有生老病死，乃是一種歷史的定命論。湯恩比論刺激與反應，人類全部歷史，又成為一種適應論。

若由西方宗教家來談歷史，則必然是唯神的。亦如由科學家來談歷史，則必然亦是唯物的。此皆站在人類以外來談人類的歷史。

只由中國人來談歷史，乃是人文本位的。歷史是唯理的，亦是唯心的。理是人文之理，心是人文之心。由此上，心與理合一。

中國人並說「天即理也」，宇宙大自然，亦只是一理。

但理一分殊，中國人則把人文之理來會通宇宙大自然間一切理，由此上，心與天合，心與物一。中國人之道德觀，與其政教理想，及其對於天、對於宇宙萬物之共通有一理之終極信仰，則皆配合於中國人之人文本位之歷史觀而產生。

「天下一家，中國一人」，則為中國人此種歷史觀之終極想望之所在。人類存在，即歷史存在，文化存在。中國人對歷史，乃絕無悲觀的想法。

四

當前世界，由於第一、第二次世界大戰接踵繼起，而形勢大變。下面來的，是世界歷史的一種新趨勢。

首先是帝國主義與殖民政策沒落了，代之而興的，將是民族解放與民族自決。

但世界舊歷史的幾許反動力量依然猖獗。

資本主義之反動有共產思想，民主政治之反動有極權政治，個人主義之反動有社會主義。

今天的西方社會及其一般思想，同樣在大轉變之中。

新形勢逼人而來，但西方人尚瞠目不知如何作應付。

如聯合國應是一時代產物，但此嬰兒生下即多病，尚未知如何來護養。

西方人只知迎合此世界新形勢來求適應，但並未能瞭解乃至接受此新形勢背後之眞理。

他們的反共，並非眞反共。依然謀求發展資本主義，則共產思想亦將依然漫衍，無法消滅。

隨於資本主義而逐漸醞釀形成的世界主義，有其貌，無其神。

一切向外接觸，只在利害上打算，不在道義上堅持。使兩次世界大戰以下之新世界，依然與兩次大戰以前之舊世界，僅如五十步之與百步。

但此下世界必變，則端倪已露，誰也不能否認。中國處在此一百年來世界潮流之大黐大滚之下，自己歷史，自難免也要邁進新路程，但可惜的是走錯了方向。

昧失了自己傳統的歷史觀，不再看重人心天理，與夫人文本位之一切道義，而只在别人家的勢利上著眼。

於是有全盤西化論，為共産主義布置温床。

但西方人究於歷史演變缺少深入的認識。他們一面要排斥蘇俄共産在西方歷史演變系統之外，一面又謂中國共産乃是中國自己歷史文化傳統中所産生。

歷史本常在半醒半睡之狀態中演進。須得有此理，同時有此勢、有此情，乃始有此歷史。若常為外面形勢迷惑了歷史内在之眞理，亦終將不能扭轉歷史使走向正軌。

此下則有待我們自己的自覺與自力。

且歷舉我個人看法如下：

一、共産主義決然失敗。

二、中國民族決然有前途。

三、中國文化決然在將來世界人類新文化創進中占有重要地位。

四、一切待吾人之信心與智慧與努力來促成其實現。

（一九六〇年四月二十日紐約華美協進社講演大綱）

五　漫談中國文化復興

一

今天只就「中國文化復興運動」，略談一些我個人想法。

我們要做一件事，當然先該知道這件事。所謂復興中國文化，先該知道中國文化究竟是怎樣。這問題很困難，眞要講，我們準備不夠。這幾十年來我們國內知識分子、學術界，沒有認眞看重這問題。所爭論的似乎都欠深入，不能作我們此下研究的憑藉。我們對此問題，沒有很多知識積累，此刻要用簡單幾句話來講，這事實困難。

講文化，是不是該拿思想做一重要中心呢？講到思想，這裏還有爭論。如照現在人說法，認為從哲學思想便可看出文化本質，這層暫不討論。我們現在且從中國思想來看中國文化，大家就會聯想到儒家，孔孟。可是孔子到現在已兩千五百多年，儒家思想在各時代有演變，我們能不能拿幾句緊要話來總括？這就很難講。從前，講孔子思想也就意見紛歧，有人看重這一面，有人看重那一面。我覺得講文化，該講文化之全體，不能單舉一偏。即講思想，孔孟儒家以外，至少還有道家莊老，在中國人思想中，乃至一個不識字的人，可能他頭腦裏有儒家孔孟思想，同時也有道家莊老思想。除了儒、道兩家，我們不可否認，中國文化受外來佛教影響相當深，亦相當普遍。佛教思想進入中國，到了隋、唐時代，中國人自開宗派，有天台、華嚴、禪三宗。他們從原來佛教思想裏漸漸變出一套中國化的佛教，這些中國化的佛教很能配合中國社會和中國傳統文化，這些思想也可說是中國的。今天印度已經沒有佛教，有一些只是小乘宗派的，大乘宗派的佛教都流傳在中國。中國人把來吸收消化，變成為中國的佛教。這些當然也是我們文化體系中的一部分，也是中國思想中的一部分。我們社會所謂的儒、釋、道三教，或說「三教合一」，這個說法已經很普遍，尤其是明、清兩代，我們不能不注意。

除了儒、道、釋三教，先秦諸子裏還有其他部分，也還重要。如墨家，固然到了漢代已經不盛行，然而直到唐代，像韓昌黎，還提到它。到了清末，中國人接觸了西方耶穌教，覺和中國墨家所講很相近，於是有人出來提倡墨子，墨家學說一時盛行。我在北京大學教書，那時一般學生多只讀墨子，卻不看論語。我問為什麼？他們認為論語陳舊了，墨子卻新鮮。我說：「這話也不全是，今天我們大家競讀墨子，墨子並不新鮮了，但沒有人讀論語，論語將會又新鮮。」但至少我們不能否認墨家思想也是中國思想裏值得注意的。還有如法家，近代人看見西方人愛講法，一時便也來提倡講法家。但法家思想也不是到了清末、民初才來講。在中國歷史裏，一路下來，有一條法家思想的流在那裏。

再如陰陽家，在中國社會上處處流傳，影響尤大。如講醫學，當然中國醫學很值得研究，但中國醫學中偏多講陰陽。若使我們對陰陽家思想不清楚，如何來研究中國的醫學理論？或許我們醫學理論中的陰陽學說是後來附會進去的。但既然附會進了，我們就該有研究。整個社會，一般人生，或許更多信陰陽家的，並不在儒、釋、道三家之下。我們就便說他是民間的一種迷信，要之也是一傳統，流行甚廣，成為構成我們文化的一部分。

其他各家，我們此刻暫不論。從前司馬談講六家要旨，我想舉出新六家：即儒、道、佛、墨、法、陰陽。我們講思想，只講儒家孔孟，把此外五家忽略了，如此講中國文化總是稍有所偏。我們若講哲學，不妨各就所好，各有偏向。但要了解中國整個文化體系，這是一個客觀的，不該偏輕偏重，把有些東西全忽略了。若我們講文化先要注重講哲學思想，講此六家，這已經要我們很大的努力。或許幾個人研究儒家，幾個人研究道家，幾個人研究佛學，先來一個分工合作，將來匯通起來，提要鈎玄，來綜合看中國思想究竟是什麼一回事。

二

可見從思想來看文化，在我們肩膀上負擔已很重。而且，思想定會有表現，思想必然變成為行為。若我們認為以上六大思想，在中國社會裏很有力，有影響，他們一定曾表現出種種行為，那就是我們的歷史了。在清末民初，大部分人認為中國的先秦相當於西方的希臘。那時百家爭鳴，思想很自由。秦漢統一以後，思想定於一尊，便沒有進步了。這些話我也暫不批評，但說思想定於一尊，當然是指的儒家孔孟。那麼孔孟思想在漢代以後，應會表現出種種活動。而當時學者，卻只講先秦思想，不講秦、漢以下的歷史。這是有了頭，沒有尾。並且這是一條長尾，我們不該不注意。我們要反對孔孟儒家，也不當專據一部論語、一部孟子，還該看此下讀論語、孟子，信仰孔孟的許多人之所表現。譬如孔孟儒家愛講治國平天下，我們至少要看漢、唐、宋、明諸朝，他們一些治國平天下的想法和做法。元、清兩代，尤其是清代，實際上掌握行政事務的，大部分也多是中國人，還是所謂儒生。我們該注意到這輩儒生曾如何來治理這個國家，這樣才能判定孔孟儒家思想究竟在中國有無價值，其利弊究在那裏。我在北京大學歷史系曾開一課，講「中國政治制度史」，當時學系同仁表示反對，認為：「這課不必開，今天的中國，還要來管秦始皇到清宣統的這一套政治嗎？」我說：「若講此下的新政治，或可不管這一套；要講歷史，則這一套非講不可。漢武帝、唐太宗，怎樣治國，總該有一套，我們不能不講。」即如孫中山先生「五權憲法」為什麼要監察院、考試院，還不是根據了中國歷史傳統。難道中國歷史從秦始皇到清宣統，就只是一個專制獨裁的黑暗政治嗎？在專制獨裁的黑暗政治之下，怎會有考試權、監察權？這些自該研究。

抗戰時，有一次我到樂山復性書院去講演，我對書院主持人馬一浮先生說：「我聽說復性書院不講政治，我卻想講一些有關政治的。但我不是要講現代政治，我要講中國歷史上的政治。倘使孔孟思想只流行在戰國，秦以後便沒有受孔孟思想的影響，那麼孔孟思想也就沒有價值，只幾百年就斷了，眞如近人所講是一堆塚中枯骨了。倘使秦、漢以後還受著孔孟思想的影響，我來講一些秦、漢以後的政治，好從此方面來看孔孟思想的實際價值所在。」馬先生說：「你這樣講，要比梁任公先生講得通了。」梁先生當年就是只講先秦是中國思想的黃金時代，秦、漢以下便沒思想了。沒有思想，從那裏來這一套歷史？直到今天，還有人認為我講歷史不夠現代化，怎能說中國傳統政治不是一套專制政治呢？這樣批評我的，絕不止一個人。但我們講歷史要客觀，若自秦始皇到清宣統，中國歷史上只是一套帝王專制的黑暗政治，我們也可不必再講中國傳統文化，因中國傳統文化究是太無價值了。

今天主要的，要講從思想演變出歷史，那些思想便有一個實際價值。究從莊老思想裏演變出些什麼來，從佛家思想裏演變出些什麼來，從儒家思想裏又演變出些什麼來，在歷史上有憑有據，可指可說。當然思想表現在人生的各方面，但政治是其重要的一方面，這層不可否認。

三

再拿文學來講，人生就是文學，文學就是人生。從「新文化運動」起，羣認為西方文學始是人生的，中國舊文學，則是脫離人生的。這番話，我卻不贊成。我認為中國文學最與人生密切相關，能最有力來表現眞實人生。讓我舉一個例：那時印度詩人泰戈爾來中國，在上海開了一個歡迎會，徐志摩寫了一篇文章，題是「泰山日出」，他說泰山日出了，泰戈爾來到中國了。但全部看過這篇文，沒有「泰戈爾」三個字，更沒有他來中國的時代和背境。若不是如古代詩經般代他加上一小序，便不知他究在說什麼。我想若使請一位懂得清代桐城義法的古文家來寫一篇「泰戈爾來華講學記」之類的文章，泰戈爾是怎樣一個人，他怎樣地來，當時有些什麼人，怎樣地歡迎他，撰寫此歡迎文的是誰，泰戈爾之來，其意義何在、價值何在，只短短五六百字一小篇，也可寫得很扼要、很精采。當然也可寫些詩篇來表達。為什麼定要說中國文學不切人生？西方大文學家，往往有人一輩子跟他身旁，幫他寫傳記。因在他的文學裏，並無他自己的人生存在。中國則不然，把杜甫詩編年，逐年逐月逐日早晚，他人在那裏，做些什麼，想些什麼，一路下來，最詳備的傳記，莫過於他自己的詩。我們若要寫一篇蘇東坡的傳記，那更複雜了。他的詩詞散文、書札筆記等，統統是第一手材料。蘇東坡其人，便畢現在蘇東坡自己的作品中。又如陶淵明、陸放翁，住在鄉村，五年、十年、二十年，為他作傳記，除卻讀他詩集外，再也沒法寫，而且也再不能像他自己的詩那麼寫得好。陸放翁在鏡湖，六十、七十、八十，一年年、一日日，春夏秋冬，四季變化，他的日常生活，盡在詩中，等於是一部日記。我們讀他的詩，他晚年二三十年鄉村生活，如在目前。他的人生，便是他的文學，為何定要說中國文學不切人生呢？

當然文學有各種體裁，有很多變化。變到最簡單，為我們所看不起的，便如做對聯。簡單幾個字，把他的一生學業性行，家事國事，都寫上了。如我們這樣一所大禮堂，若有一副對聯，能把此禮堂興建的時間地點、精神使命、種種活動，都包含進了。禮堂還須題一名，稱為什麼堂，再加上一篇題記，或詠幾首詩，重要的實際人生都放在裏面。因此我們可以說中國人的全部人生，論其兩漢以下，主要還不是在二十四史裏，而是在各家的詩文集裏。如我們要研究范文正公、王荊公，根據宋史嫌不夠，還要讀范、王兩家的詩文集。縱使一首小詞，也不該忽略。因是整個作者之心情性格，生活的率真細膩處，都透露在這裏。如李後主，乃一亡國之君，在歷史上短短幾句便完了。但他亡國後的一段生活，卻盡在他的詞裏傳下。到今天，我們對李後主當時的內心生活，還如和他對話般瞭解他。

我常講西方人是有了他的文學作品而成其為一個文學家的，中國則是由於他是一文學家而寫出他的文學作品來。西洋文學中一篇小說、一部戲劇，把作者姓名掩了，價值一樣，仍是一文學。研究莎士比亞，不要詳細知道莎士比亞這個人。直到現在，莎翁生平還是無法研究。但無損於莎士比亞作品裏的文學價值。也有人說：惟其在他作品中，不見有其人，所以其文學價值才更高。中國如杜工部，如蘇東坡，卻是作家和作品合一的。從杜詩裏，表現出杜甫的私人生活及其整個歷史背景。開元、天寶，天翻地覆，轉徙流亡，悲歡離合，都在詩裏表現出。他不是在寫時代歷史，只是從他這一顆心裏，表現出他的日常生活，乃至天下國家一切事。從他一心到身到家，夫婦子女，親戚朋友，乃至國家天下，合一融通地表現。這裏十足表現了一種中國的儒家精神。我們若不懂中國文學，也將不能認識中國文化。拋棄了中國文學的舊傳統，也就等於拋棄了中國傳統文化中重要一項目。或許此刻要的是新政治、新文化，文學也該推陳出新，但我們要研究中國文化，至少這些傳統終是不可忽。

再說到藝術。從前在北平常同朋友討論到東西文化問題，有人說：「文化沒有不同，只是西方先走了一步，中國走後了一步。西方是現代化了，中國只相當於他們的中古時期，我們再進一步，也就跟上西方現代化了，這裏並不要爭東方與西方。」我曾問：「怎樣叫中古時期的文化？怎樣叫現代文化呢？」這位先生舉個例倒很好，他說：「從前朱子註論語，論語本文用大字，他的註用雙行小字。現在我寫哲學史，提到論語本文低兩行，我自己的意見理論便抬頭頂格排，引古人文用小字，自己寫出的用大字。這是現代精神。」我說：「原來如此。」我們這幾十年來的學術界和思想界確是如此，我們實該自己負責任。我這次來，特別高興，看到故宮博物院，陳列出這許多東西。但我要問：如繪畫，是不是中國畫只是中古時期的，西洋畫始是現代的呢？又如中國的磁器，有宋磁、元磁、到清磁，從這些上可以寫一本很詳細的磁的歷史演變，即從這裏，也可把整個文化反映出來。那麼是否說塑膠才是現代化，中國磁則只是中古時期呢？講文化不能排除了藝術，從藝術品上，也可推究到東西文化精神之不同，不能拿中國的一切都派在中古時期，西方卽是現代化。這中間應該另有些不同。

建築也一樣。這廳建築顯然是東方式。我今天來看中山大樓，一進去就覺得十足的中國情調。我是一個中國人，進中國式的建築，只覺開心。住進外國房子裏，好像總有點不對勁。西方洋樓，四面開窗，叫人儘注意外面去，樓與樓之間則須有相當距離。那是十足的帝國主義向外殖民的精神表現。

他們中古時期的堡壘，也有他們當時的文化背景。中國一佛寺，和外國一教堂，同樣興築在中古時期，畢竟還是有不同。他們的建築都帶有征服式，中國的常是「和合式」，天人合一，使人居之安。

四

我們講思想，講歷史，講文學，講藝術，從多方面來講文化，又應懂得「統之有宗，會之有元」。這兩語是三國時代王弼說的。講文化從多方面會合起，這裏面有一個宗，一個元。「宗」是一中心，「元」是一起頭。我們說文化精神，也如說文化根源，文化的會合點。我們要知道，在中國人中產生了孔子與老子，在中國佛教中產生了天台、華嚴、禪三宗，在中國歷史上產生了傳統的中國政府，以及中國的文學與藝術。並不是孔子來創造了中國文化，乃是由中國文化來創造出孔子。因有了中國人才有孔子，不是有了孔子才始有中國人。亦不是先有了一套文學來影響中國人，乃是由中國人來表現出這一套文學。我們且不從深處講，再講淺處，要研究一民族，該懂得有民族性。如中國學問藝術傳到日本，日本人很保守，一器物，一禮俗，他們都看得重。近代中國人看見自己中國的，遠不如日本人看從中國去的那樣隆重，那樣興趣濃厚。但日本人說：「我們的文化，雖從中國來，但是日本化了。」這話也對。中國文化到韓國，到越南，到各地，都會變。西方的到中國自然也會變。主要是在變中有個「己」。即就中國自己的來講，如文學，如藝術，如歷史上一切，由古到今，各各有變，不斷有變。我們該有思想史、社會史、政治史、文學史、藝術史、經濟史等等，從這些知識會合起來認識我們自己的文化就比較方便些。可是這些工夫，我們都沒有好好做。現在來講中國文化，都得看第一手原料，運用一個人的心思來融化，來闡釋，豈不難。研究西方的，省力方便多了。要知道希臘，有各家的書在那裏，不用直接去讀希臘文，也可研究。中國古代文字直沿用到現在，不需另研究孔子時代或書經時代的文字。然而這些材料，卻都沒有經過現代中國人的細心研究。

說到現代，眞是變化太快了。而現代的中國人變化更快，對自己三千年傳統厭了懶了，誰也不肯用心去研究整理，隨口謾罵，便是前進開風氣。置之不理，也不失為現代化。聰明精力，誰肯向這裏去鑽。說什麼是中國文化？鴉片煙、女子裹小腳、麻雀牌、太監、姨太太、算命、風水等，諸如此類。當然我們不能不承認這些是從中國文化裏面表現出來的。但女人裹小腳，雖足為中國文化詬病，今天不裹了，難道中國便是有了新文化了嗎？現在不抽大煙，不又是新文化嗎？而且幾百年前中國人既不抽大煙，也沒有打麻雀牌，那時的中國文化在那裏？小言之是這些，大言之，則說「打倒孔家店」。但孔家店易打，中國文化卻難打。在中國文化裏，尚還有老家店、莊家店、釋家店，很多店舖在。偌大一條街市，打倒一爿半爿店舖，打不了整街市。我說打孔家店省力，也有道理。論語雖是中國社會一部人人的讀物，現代化的前進學者，拿著西方的政治、社會、哲學、科學一大堆新花樣來講，只知讀論語的，講不過他們。又如從論語中拿出一兩條，如「惟女子與小人為難養也」之類，把孔子說成另一個樣子。一時人不肯叫孔子，要改口叫孔仲尼、孔老二。孔家店的老闆孔子便如此般打倒了。但這只是新的知識分子欺騙無知識分子的勾當。孔家店裹老闆易打，孔家店裹小伙計卻不易打。如要打顏淵，顏淵誰懂得，也易打。但像今天大陸忽然上演海瑞罷官，海瑞只是孔家店裹一個小伙計，還輪不到二級三級，但這齣戲演來，大家都認為對，毛澤東也著慌了。因海瑞不是一貪官，他又敢於講話，不貪錢，不怕死，這兩件就夠。他已深入人心，叫你打不倒。我們且莫講東方文化和西方文化，題目太大，便由得你一人講；但遇到一個孔家店裹的小伙計，你要怎樣打倒他，卻會感到不易打。

因此若我們要講中國文化，該從多方面，長時期，集體合作，重新研究，不是講哲學便能講盡了中國文化，也不是講歷史、講文學、講藝術便能講盡了中國文化，並且在藝術、在文學、在歷史、在思想哲學各方面，還得各各分別研究。近代西洋，任何一門學問，都經過了一百、二百年，很多人心力，才有今天。即如讀一部西洋通史，從民初以來五六十年中，西方中學、大學裹所讀的通史已有了幾多變化，編了又編，改了又改，成為今天這個樣子。在我們只憑一兩個人，在一個短時期中寫出，到底不行。我們也要經歷一段長時期，多有人努力，又經自然淘汰，每一方面都有比較靠得住的人起來講話；如是集體合作，再經會合，才能對自己文化有個認識。我想「復興中國文化」這個重擔，應該挑在知識分子的肩膀上，但要有耐心，用苦力，不然我們會永遠比不上西方人。兩邊碰頭，問莎士比亞，他那邊總會有人源源本本詳詳細細來講。問杜工部，我們這邊眞要找一人能講，卻很困難。講藝術，你問他這幅畫，他會說。他問我這幅畫，我也要找一恰當人，能講能說。現在我們勝過他們的，是我們能看他們的書，講他們的話，中國人中要找能讀英文，能講英語的，多的是。你找一個美國人，問他中國字，就不行。可是現在他們也來慢慢地學中國話，讀中國書，將來中國方面的學問也要問他們。現在中國優秀青年到美國去讀中國文史藝術學位的人已多了。在美國得了學位，才能回到中國受人重視。所以我們的大學文科畢業生，也只有留學外國，才能有出路。若只在自己大學裏面畢業，大家看不起。我昨天去故宮博物院參觀，正在看象牙雕刻；這比看磁器，看書畫，要簡單容易得多；後面有兩個人在講話，一人說：「中國人能做出這麼精細的東西嗎？一定是外國進貢來的。」我想我們此刻要來提倡復興中國文化，遠的不講，講近的，先該能移風俗，轉人心。文化是不容易講的，即講文學，一首詩、一篇散文，有時也會講不明白好處何在，又誰肯來承認你講的價值。但是一個象牙雕刻擺在那裏，他不得不佩服，可是他又認為中國雕不出來。那麼怎會在中國的皇宮裏呢？他說：「這是外國進貢來的。」他能這樣講話，可見他也是一個知識分子，並非一無所知。

這些例，深深淺淺，遠遠近近，可以舉出很多。有一年在廬山避暑，一位朋友，第一次新見面，他問我：「在美國那個大學讀書的？」他是美國留學生，他說：「我怎麼不知道你呢？」我說：「我沒有到過美國去。」他說：「不必客氣，我和你很熟。」我說：「我們初次見面呀！」他說：「你不曉得，我在家裏教兒子讀論語，就選定了你的大著論語要略。」這位朋友自和一輩美國留學生不同，他要叫兒子讀論語，而且是他自己選定了我的那本論語要略，所以他說：「我同你很熟，你不要客氣。」

下面一句話，卻是一句時代的心聲。他看重我，所以想我也必曾去過美國。這是三十年以前的話了。一切事有前因，有後果。我們今天結了些甚麼果，都是有原因的。我們今天正是一個困難的時候，把中國文化丟在一邊也應該。

五

上面拉雜說了許多話，現在接講第二部分，如何來復興中國文化？我們縱是不認識中國文化，但我們的責任要來復興它。當前的問題，不能說要待我們眞了解後再來復興。要如此，時間還不知要等多久。但我們又要問：不知道中國文化，怎樣來復興？我想這事該兩方齊頭並進。復興中國文化，該可有兩條路。一是少數人的責任，須得高級知識分子，一輩學人來研究，這是上一時講的。現在要講另一條路，這在我們一般社會，全中國人來一個廣泛的運動。我認為中國文化裏，有最精粹的一點，是關於「人生修養」的。人生修養，並不是現代人講的「人生哲學」。西方人講人生哲學，中國人講人生修養。修養中寓有哲學，但與西方人講的哲學不同。其重要處在於中國哲學有一套修養方法，須由理論與實踐親修配合。講中國人的人生修養，主要在儒家，遠從孔孟，下到宋、明理學家，各有一套。其他如道家、佛家，亦皆由理論與修養配合，而成此一套學術。這是中國哲學最重要最特殊所在。論其精神，卻與近代西方科學相近。科學必有實驗，中國哲學也必有實驗，此即所謂修養。此刻我想講幾點我們大家所最易明白的。

第一點，我們要眞做一個中國人，才能來復興中國文化。復興中國文化這一責任，便在中國人身上。沒有了中國人，就沒有中國文化。此如沒有了希臘人，希臘文化轉移到其他民族身上，究已不是希臘精神了。在抗戰時期，我在成都華西大學一個茶會上歡迎某先生，談話中涉及到中國人問題，他說：「現在我們不是要做一個中國人的時候了，我們該要做一個世界人。」我說：「生斯世，為斯世人，自然我們都該做一世界人，但我們應以中國人身分來做世界人，不是以美國、英國人身分來做世界人。」若今天先抹殺了他是美國人、英國人、法國人、蘇維埃人、日本人、印度人、中國人等差別，來做一世界人，此事不可能。今天我們參加聯合國，也拿中華民國地位來參加，尚不能沒有其他國別，只有一聯合國。所以第一點說我們首先希望是大家要做一個中國人。把今天一般現象來看，我們中國人在其內心深處，好像並不希望眞做一中國人，似乎模模糊糊地在不知不覺之間便不像一中國人。中國人有姓有名，現在的中國人卻都改了名。C·P·黃、喬治張，這樣的稱呼早已很普遍。我在香港去看香港大學的中文系畢業試卷，全部中文系學生都不寫中文名字。如寫C·K·王，他還保留一王字，我知道他是個中國人。也有純粹用英文的，王字也不見了。我想這是那裏來了一大批青年來學我們的中國文學呢？我到馬來亞大學去，那裏的中國青年，姓名都變了更不用說。馬來人、泰國人很想把大街上中國店舖懸掛的中國字招牌都禁止，中國人很不高興，但中國人自己的中文名字卻先自取消了，這不是一塊十足的中國人招牌麼？在日本，那裏的中國字招牌卻還多。以前在大陸，縱使內地交通不便，外國人少到的地方，也有些店舖在中國字招牌上加上一些英文翻譯。好像沒有英文字的招牌便使這店舖地位降低，不値錢。我曾想，那些改用英文名的人，將來成了人物，寫進歷史，那不是明明一本中國史，也變成了英國史、美國史了嗎？我想我們此刻要來復興中國文化，不如先來一個運動，要中國人用中國姓名，不要改寫英文字。這個運動很簡單，我們暫不講孔子、孟子，這些太高了。我們且先做一個孔家店跑堂的，開門的，掃地的，總可以。我們先來做一個中國人，簡單一點，先來復興用中國姓名，好不好？

其次是講中國話。譬如在香港，中小學生都講英語，有時叫一輛汽車，開車的也講英語，這都不管。隨便說句話，中間不重要處用中國話說，遇重要處便定改用英文，好像用中文便表達不出這個意義；這一層影響可大了。我們自己的招牌改稱C·K·王，這可在外國通行，到外國去，入境問俗，把自己名字改一改，還可以。但他硬認為他心裏這個意思，用中國文字便無法表達，講中國話和他不對勁，不合他心意；如此一來，不僅中國是一次等國家，中國民族便是一次等民族。碰到學術上，理論上，高深一點的，非用英文不可。而且用了英文，他心裏會感到舒服、痛快，那影響卻眞不淺。我想我們能不能講話要講中國話呢？有些，如yes、no之類，講英文也不打緊，但講到一句重要話，就非講中文不可。如說「三民主義」便就說三民主義，「五權憲法」就說五權憲法，不該翻譯了英文講。像此之類，說仁道義，「仁」和「義」也是中國文化的一塊招牌，我們該用中國字講中國話。現代西方學者，講到中國學問，他們就只繙音，有時還注上一個中國字。如孔子講「仁」，老子講「道」，他們都繙音。中國人更客氣，認為他所講全是英、美人意思，不是中國人意思，所以簡直就滿口講英語！所以我說，要復興中國文化，先來多講中國話，好不好？

進一步，我們希望做中國人要做一個像樣的中國人。今天我們當然全都是中國人，可是已經不像樣。要做一個像樣的中國人，又要做一個能繼往開來的中國人。若我們做一個學者，當然要了解過去，適應現在，開闢將來。就如佛家禪宗不立文字，掃空一切，但也要講過去，或從達摩或從慧能講起。也要講將來，要說將來的人生就是佛教的人生，將來的佛教就是禪宗的佛教。任何一個知識分子，講一句話，不能沒有過去，沒有將來。可是今天我們講一句「復興中國文化」，立刻有人來責備說：「你不要想復古呀。」只要一講到孔子、老子，便是要復古。從前人儘講堯、舜、禹、湯、文、武、周公，他還可不失為是一通人，還可是當時社會裏一個人，還可承先啟後，做一有事業的人。我們今天，好像一講到中國的過去，就會關閉了將來中國的路。講過去也該罵，不該捧；只該批評，不該稱讚。這已成了風氣。我最近也曾寫過一篇文章，說到復興文化不是要復古，就得到好多朋友說好，說：「你講得對，這句話眞有道理。」但我並不歡喜聽這話，復興文化不是要復古，但更不是要蔑古，現在一般人，一聽你說復興中國文化，就恐怕你要復古。但任何一種文化，總有個來源，總帶有一些古的存在。你不能堵塞了它上面，專來講下面。我們似乎先有一種害怕，也可說先有一種猜疑，古總是復不得，中國已往一切總是要不得。你講中國文化，他便要問你：「對民主政治抱什麼態度呢？對現代科學又是什麼看法呢？」這些話叫人無法回答。在他心裏，顯然中國文化是反民主、反科學的。他在時代風氣之下，不知不覺存心如此，無法對他有解釋。有人說：「我們『總統』講復興中國文化，才是最好不過的，他也講民主，也講科學，民主是世界大潮流，科學是現代大貢獻，要講復興中國文化便不能不講科學和民主」。這是「五四運動」以來所謂德先生、賽先生。這幾十年來人人的腦子裏，只有這兩位先生，佔了很高地位，中國文化則所佔地位很低。若我們能有民主和科學，其實中國文化復興不復興是沒有關係的，這已成了一種社會心理，已經幾十年到如今。要轉移風氣，談何容易。

老實講，「復興中國文化」這六個字，從民國元年到今天，還是第一天正式唱出口。而居然在此地的知識分子，乃至無知識分子，沒有一人出來反對，這可說是民國五十多年來第一個可喜現象。我們今天，也只如在國外，儻使我們國家復興，明天回到大陸去，試問我們將帶些什麼回去呢？只帶了科學和民主回去嗎？倘使我們沒有一些中國自己東西帶回去，這和美國、英國人進中國有何不同呢？所以我們真能復國，最重要的應該即是我們今天講的「復興中國文化」這一句口號了。要復興中國文化，就該改造今天的社會，但也得慢慢地改。要發揚中國的文學和藝術，此事已不易。歷史則待後來人去寫。哲學思想須待新興的哲學家思想家來提倡。你要講一番孔子之道來給大家聽，其事亦易亦不易。但若演一部電影，能配合上中國文化的電影，便大家要看。人同此心，心同此理，此事似乎最易不過。為什麼大家愛聽紹興戲，勝過聽外國歌劇呢？這些我們該先提倡。而且也和科學與民主無關，無傷大雅，這樣便慢慢接近了中國文化，從這個門可以跑進那個門。孔家店裏的陳舊貨物，也可由此推銷。像大陸上演海瑞罷官，海瑞罵皇帝，便是一例。我想那些道貌岸然講民主、講科學的先生們，也不會站起來反對吧！

六

但我上面說及中國文化有一點最重要的，就是所謂「人生修養」。關於這一點，我還得再講幾句話。中國文化主要精神是以個人為中心的。這亦不是西方人所說的「個人主義」。在世界，在每一社會裏，會有一中心。從中國文化精神來講，此中心便是「我」。此話並不誇大。因這世界和社會的中心也可以是你，也可以是他，每個人都是世界一中心，甚至可是宇宙一中心。中國傳統文化所講重要的在這一點。今且問：此宇宙、此世界、此社會，究竟發動在那裏？宗教家說發動在上帝，科學家說發動在物質。但要再仔細講，也就講不下去了。我們再看，整個人生的一切，究該從那裏發動？若是由軍隊發動，這總不是我們的理想。若說由法律發動，法律只有拘束力，沒有發動力。若說由政治發動，政治要講民主，便該由每一人來發動了。或者說現在的世界操縱在工商業資本主義者的手裏，人生一切追求，其背後都由資本家操縱，這話卻有真憑實據。只要我們仔細看一看，想一想，便可知道。正為今天這個世界，一切人生發動力在資本主義者，則無怪反過來要有共產主義的崛興。但共產主義只是資本主義的反面，把反面來反正面，其實正反兩面還是一體。正如你的手，手掌手背，還是那隻手。若我們不要這一手，要另換一手，不講物質，不講經濟，其事卻不易。所以西方人到底不能徹底反共產主義，我們不要對此太樂觀。只要西方資本主義一天存在，共產主義也會存在。共產主義本也產生在西方，依然在西方文化體系裏面。西方學者卻說共產主義是東方思想，拿俄國給送到東方來。但馬克斯總不能說他是東方人。他寫資本論並不在東方。資本論中所根據的材料也不是東方的。英國一位文化歷史學者，硬要把蘇維埃送給東方，但馬克斯和倫敦關係太深太顯，他究竟送不走。今天美國的學者號稱中國通的，又要說毛澤東思想即是孔子思想直傳下來，中國共產政權便是中國歷史上從秦始皇以下的那一套政治。他們總想把共產主義推出自己那一邊，推到別人身上去，卻不回頭想一想，這個毛病究從那裏起。遠從法國大革命，西方社會這毛病已經見了，無產階級的運動從此開始。到第一次世界大戰以後，此項毛病便在俄國人身上發作。第二次大戰以後，法國、義大利等國家共產主義風起雲湧，那時中國才追上去。美國人拚命拿錢來收買，但錢究竟消滅不了共產主義。這一層卻須現代世界人類有一番共同的覺悟。

我們講一個社會，其背後的推動力究在那裏？宗教、政治、軍事、經濟，都是外面的。外面有一力量來推動我，我總有些不大甘心。因此要講自由，又要講平等，又要講博愛，但經濟錢財，不懂博愛，不會平等，又不許自由，目前的世界究是由經濟錢財在推動。中國傳統文化則認為推動一切的力量在於我，在於我的心。各人是一我，各人可以推動他四圍而成為一中心。那麼究是誰推動著誰呢？這裏面的理論讓我慢慢講下。我們且先講原則，在我有推動社會的一個力量，社會推動，能由我開始。這一原則，各人需有一自信，然後在社會做人，才覺得有意義，有價值。沒有這信仰的人，孔子稱之為「鄉愿」，「生斯世也，為斯世也善，斯可矣」。孔子說，這類人是「德之賊」，他們是賊害道德的。不能發展個性，失卻成其為一我。但人各有個性，大家發展個性，豈不成衝突？孟子說：「聖人先得我心之所同然。」心有同然，我這個心就是你這個心，孔子時代的心，實在還是我們今天的心。我們今天的心，仍和孔子時代之心相同，所以孔子可以了解到我們，其實我們也該能了解到孔子。我這個心可以了解別人的心，中國人稱之為「仁心」。因為大家同此一心，所以同稱為一人。仁者人也。我和你心相同，同此一仁心，故稱此為「人道」。人道只是一仁，可是你要得到這一個仁心，卻要修養。孔子說：「巧言令色鮮矣仁。」你碰到另一人，話講得巧，面孔裝得討人歡喜，這心便是不仁之心。你看重了別人的心，拿自己的心看輕了，遮掩著自己的心，來討好別人的心。巧言令色，一面奉承別人，一面卻又想欺騙別人，在人羣中相處，不夠直道，不夠朋友，不夠做夫婦，做子女，不夠做人羣中一人。我為何要抹殺了我來討好你？實際則又是在欺騙你，想要利用你。先抹殺了自己想來抹殺別人，結果人和我都被抹殺了，所以稱之為不仁。所幸者，這個不仁之心，實際並不是我的心。心有所同然。張眼一看，梅蘭芳上臺了，大家鼓掌，覺得他漂亮。放開耳朵聽，梅蘭芳在唱，大家心裏喜歡，他唱得好。這是一種藝術心情，大家自心發出，沒有外邊力量在推動。吃東西也一般，人家都說吃悅賓樓菜好。即顯推微，人人有一個共同相類似的心。你抓住了這個心，即等於抓住了我和他，抓住了一切人；因我這個心也即是你這個心，你抓住了我的心，不是我便會由你推動嗎？

中國人對於人心研究是高深的，此刻我們不能向深處講，且問人類這個心由那裏來？那自然說是天生的。西方人說上帝創生了人類，中國人說天降生了人類，又賦予人類以此心。因此我們也可說，我心即天心。天就在你我身上，就在你我心裏。天人合一，沒有天就沒有人，沒有人也就不見有天。莊子說：「惟蟲能天。」天生一條蟲，蟲無心，也可說蟲心簡單，所以他還保守著天生他的這一個眞，還是本來的一條蟲。天生人，卻反而失去了他的天。為何呢？人有很複雜的腦子，有思想，有慾望，有一切改進，但改進不已，忘了本然，失了這個天，想離開了天來獨立做人，還想打倒了天來自由做人。故莊子說：「惟蟲能天。」這是批評我們人由聰明而愚蠢了。一隻螞蟻，能不失天生本然，但人卻早已失去了他的天生本然了。中國人的理論，要人在天生本然上求進步。忘了這個天生本然來求進步，愈進步，離天愈遠。一棵樹，只從根上能開花，不在花上再開花。中庸上說：「盡己之性，而後可以盡人之性；盡人之性，而後可以盡物之性。」科學盡物之性，但先得要盡己盡人之性。一顆原子彈扔下，一切都完了，盡了物性，卻反了人性。人可以發明科學，科學不能發明出什麼來。正如一棵樹可以開花，花卻開不出什麼。現代西方人拚命造原子彈、核子武器、太空船登陸月球，只求科學無限進步，但忘了盡人性。好像一樹，花開爛漫，儘在花上想法，根卻壞了。今天的世界危機，實在很大。

從前我年輕時，人們穿一件袍子，不論窮富，年紀大一些的，穿十來年很普通。中國古代，像晏子，三十年只穿一皮袍。今天不行了，工廠裏爭著出貨，第二批來排斥第一批，過兩年一換衣是尋常事。有人在想種種方法使你非換不可。這不是我必要換，外面有一力量在推動。卻反說是我們幸福了。說穿一句是要賺你錢，賺錢成為人生目的。中國人也曾發明了印刷術，那是世界文化一道奇光。西洋的文藝復興，就是靠的印刷術發明。但今天的印刷術儘發展下去，又不得了，會變成洪水猛獸。在紐約每天看一份時報，這樣一堆紙，怎樣看？而且翻看後急得丟。新書不斷地拋出，舊書匿跡了。有些書，不到大學圖書館翻不到。舊書再版，眞是困難之極。但你到小菜場，五光十色，雜誌、週刊，擺得滿攤滿架，看得天花亂墜，卻說這是民衆讀物。但有些讀物卻是毒物呀！說電影吧，一部推出一部，但總不會叫你百看不厭，甚至再看第二遍。若一部電影，可以屢看不厭，那電影公司將會被關門。我小孩時看水滸，眞是看得百看不厭。但現在人說水滸是中古時期作品，是中國舊社會作品，現在是科學時代工商社會了，看小說也得看了一本又一本，把你心看昏看亂。現世界人類的智慧和品德，一切人生的意義和價值，就為出版物太多而受了損害。人的腦子負擔不了，又無法選擇，總有一個在推動、在塡塞到你腦裏來。電影明星也如此，三年、兩年換一個。你喜歡的，隔兩年不見了，又換上新的；再隔兩年又沒有了，又換上新的。我的情趣該懂轉換，但又來不及，你眞愛好誰呢？我們的這個心勢將無所寄託。女人穿衣服，一年一花樣；坐汽車，一年一款式；一切的一切，都這樣。商品拚命前擠後擁推出，人生外貌都跟著改，其實人生內容也在跟著改。說是推陳出新，其實陳的還未陳，新的也不眞是新，新的舊的一例得急速收起，再來推出，人的感情也一天天薄了，只有不在乎。飛機減價，環球旅行，跑得人頭昏腦脹，這裏住三天，那裏住五天，一下子週遊世界回來，腦子裏有什麼變化呢？還不是如此五光十色便算了。從前出門遠行，有多少困難，古代不要講，一條輪船到這裏，靠了岸，所見所聞，進到腦子的，印象還深些；現在的交通太快速了，給人的印象也太淡薄了。

一切物質文明，主要還不是賺錢？我荷包裏的錢你拿去倒不在乎，但把人的心變了，理智感情都淡薄了，既浮淺，又不定，人生變成一派慌亂。所以我曾說，從前有鬼，現在沒有了。諸位說，從前人迷信才有鬼，現在科學發明所以沒有鬼。我不是這樣說。我生時紀念這個家，這個村子，死後還想來一下。現在叫我紀念些什麼呢？這個世界儘在推陳出新！人則要追上時代，不能落後。今天變，明天又變；思想變，行為也變；到最後，感到一生在世無可留戀。從前朋友少，現在朋友太多了。從前寄封信很困難，要託人，三個五個月帶到你那邊；你拿到這封信，可說一字千金。現在電報電話一個字值什麼？生日做壽，四面八方電報來了幾百幾千，但人的感情只有這些，反而沖淡了。一切都是外面在表現，不是內裏有蘊蓄。耶穌誕的各地賀卡，掛得滿牆滿壁，這張由英國來，那張由美國來，你相交滿天下；若論感情，則天賦只有這一點，現在是分得愈淡愈薄了。

七

我這些話，也不是要把現代世界物質文明之急速進步拉下來。我的意思，我們要講教育，講人生，與此現代世界物質文明之急速進步中間，應該指出些問題來求解決。講到此處，也便是中國傳統文化與現代人生方面之問題。我認為現在推動社會的，主要是一個經濟。經濟問題不解決，人生一切都不能解決。但中國傳統文化觀點卻不同，認為推動人生社會的，應該是人的這個「心」。讓我們試問那些大企業家，今年這些出品，明年又是這些出品，究是要福利人羣呢？還是要發展你的企業呢？那問題，只要一反省，各人反問自己就清楚。

現在再問各人有各人的心，那麼我心怎樣能推動你心呢？中國人則說「盡其在我」。所以講忠恕，講愛敬。忠是拿我十分力對待你，恕是我所不喜歡的不加到你身上。講到愛敬，天下那有一人不喜受人愛，不喜受人敬？但我想孔子講忠恕講得更好，因我對你忠，對你恕，只盡了在我一方面的心。孟子講愛敬講得較淺了一點，較薄了一點。他說「愛人者人亦愛之，敬人者人亦敬之」。這當然也是個眞理。你不愛他，要他怎樣愛你？你不敬他，要他怎樣敬你？然而沒有像孔子講得更高些，我盡我力量忠於你，下邊一句沒有了。孟子要開導人，把下邊一句也講出來，說：「愛人者，人恆愛之。敬人者，人恆敬之。」也許有人問，別人不敬你不愛你又怎辦？這仍得回到「盡其在我」。我儘愛他敬他便是。若有人問為什麼要這樣？孔子說得諄厚，孟子加以明白發揮，直從人的心坎處加以發揮。所以說：「愛人者人恆愛之，敬人者人恆敬之。」又說：「盡心知性，盡性知天。」性是天生的，你怎樣能知道你自己的性？因此要盡你的心。自心不盡，天生給你的性，自己也不知道。盡了我心，可以知我之性；盡了我性，便可以知天。這叫做「天人合一」。天不獨只生我一人，你就知人家同我一樣，中國人講的最高道理在這裏，在從每人自己心上講起，「成己」而後可以成物。「知天」近是宗教，中國人有一種極高深的宗教精神。盡物性是科學。中國人所提前發展的是一套人文科學，最基本的修養工夫在「盡其在我」，「盡己之性」。從這一點發展出來，就可成為中國人講的世界大同，天下太平。在世界未大同，天下未太平之前，每人仍可自盡己心，修養到最高境界，便即是聖人。

八

中國儒家對聖人，有兩個看法。一是朱子，他說聖人難做，後代聖人更難做。朱子的話是聰明的，孔子在春秋時代做聖人省力些，若生在朱子時代要做一聖人就比較要困難些。若使孔子生在今天二十世紀的中國社會，要做一聖人怕會更難了。這是朱子的講法。另一個是王陽明的說法。孟子說

「人皆可以為堯舜」，朱子並不反對此說，只說是難。陽明則說得似乎比孟子所說更易了。王學後傳有羅近溪，他正在講臺講「人皆可以為堯舜」，外面一端茶童子走進來，把一杯茶放講臺上，出去了。聽講人問：「他也可做聖人嗎？」他說：「他已是聖人了。你們看他走進來，目不斜視，一心一意，沒有滑跌，杯裏茶沒有潑出，走到這裏，放下茶，他又如是走了，端茶是他的職，他已盡了他的職，也盡了他的心。若使孔子來代他端茶，也不會比他端得更好些。」這個道理，陽明早說過。陽明到了龍場驛，生病了，半夜裏想，我這樣的生活，若使孔子來做我怎辦？他想得大徹大悟，一跳起來，全明白了。「良知」兩字就是這時候提出的。我們看禪宗故事，也頗有這樣的趣味。禪宗也說人人可以「立地成佛」。但我們生到此世，雖也不能沒有人端茶，但不能都端茶。我們固要陽明講的聖人，也要朱子講的聖人。朱子講格物窮理，正心誠意，修身齊家，治國平天下，那一大套，這正是我們高級知識分子的責任。但不能要求每一人都成一高級知識分子，縱使我們自己要做一個朱子理想中的聖人，也該鼓勵欣賞人家做一個陽明理想中的聖人。而且我縱有絕大學問，也不一定能在社會上負擔一項重大責任，如治國、平天下這些大責任。這些責任不在我身上，到不得已時，我可做一個端茶童子，還是不失為一個聖人呀！大總統，治國平天下，也仍不過是一個聖人。中國人理想便由這些聖人來推動這個社會。而且人又是必該做聖人的。因此說：「不為聖賢，便為禽獸。」愈說聖人易做而不做，那就更見其為禽獸了。

我曾在日本和一位很有名的日本漢學家談中國文化，那位先生說：「我們日本人接受中國文化是深刻無微不至的。」我問：「從何而見，從甚處講起？」他說：「我們罵兒子常說：『你不像一個人。』這句話是中國來的，全世界沒有。」我聽了恍然，我們不是常說：「你這樣還算是人嗎？」中國人心裏的人，不是做上帝兒子的這個人，也不是法律上承認的這個人，更不是某人遺囑上接受他一筆錢財的這個人。天地生了我，我還得有理想有修養來做一個人。講難難到極，講易易到極，這即是中國人的「中庸之道」。我們這許多人，既非聖人，也非萬惡不赦的壞人，中間有一段很大距離包容著。這一極端是上帝，那一極端是魔鬼。上帝只一個，魔鬼怕也只一個，人在中間，有的九分近魔鬼，一分近上帝；有的九分近上帝，一分近魔鬼；但若這個人從魔鬼身旁轉移一步近上帝這邊來，這是善，這是在向上。儻使這個人從上帝身旁轉一步近魔鬼，這是在墮落，甚至是喪心病狂，是惡了。所以中國古人說，一念之間可以為「聖」為「狂」。後代中國人則說端茶童子也是聖人，又說「衣冠禽獸」。這些話不是極端話，卻是中庸話。

孫中山先生說「知難行易」，「知難」是近在朱子這一邊，「行易」是近在陽明這一邊。現代的中國人，最不成也沒有被魔鬼拉去。只要能自心一轉跨離一步，這就是復興中國文化的大道。這一步大家能移，這一心大家能轉。我們該拿這一點來勉勵自己，來勉勵我們的子女、學生、親友，乃至社會上大多數無知無識的羣眾。這條路，應是復興中國文化一條大路。努力知難方面，並不身分更高，責任更重。著意行易方面，並不身分更低，責任更輕。要更深更細來闡發中國文化，這需要學問，讓一些人到圖書館去多寫幾篇博士論文，乃及傳世鉅著吧！我們也來講復興中國文化，應該採取第二條路。換言之，我們應做中山先生所說的「後知後覺」乃至「不知不覺」，來從「行易」方面立刻起步。我這兩小時所講，提出了不少問題，請諸位批評指教。

（一九六六年十一月臺北陽明山莊講演，一九六七年六月香港人生雜誌三十二卷二期。）

六　中國文化特質

一

諸位先生，今天我的專題報告，是中國文化特質。

我將為中國文化安上一個新名稱，稱它做「唯心文化」。這「唯心」二字，並不像西方哲學上所稱之唯心。我只說：中國文化是特別注重人文本位的。而在人文本位上，則一切是以「人心」為主的。所以我特稱中國文化為唯心文化。

中國人把心分作兩項看。一項是「人心」，又一項是「道心」。其實只此一心。自原始人類為著向自然界爭生存而發展出的心靈作用，中國人稱它做人心。此項心靈作用，人人俱有，這是屬於軀體人生物質人生方面的。若沒有了人心，也不會有今天的人類存在。

但人類從最先的原始人演進到後來的文化人，人類生活便大不相同。原始人也像其他生物禽獸一般，他們的爭存手段，是各別自私的。即在人與人之間，也會互相爭奪，互相殘殺的。待及他們演進到文化人階段，在他們中間，有家庭、有國家、有社會，個人的各別謀生，變成為大群集體的共同生活。在大羣集體共同生活下，又演進出一項心靈作用，中國人則稱它做道心。沒有人心，便沒有了人。沒有道心，也便沒有了人羣共同生活的一切道。

所以，人心是原始的，道心是後起的。人心是自私的，道心是大公的。人心雖是大家同有，但只相似，不能相通的。道心則是大家同有，而又可以相通的。人心只是人各一心，道心則可人人之心合為一心的。一人之心，即可是千萬人之心。一世之心，即可是千萬世之心。可大可久。人類文化演進，主要賴此道心。人類賴有此演進，乃於物質人生外又加進了「精神人生」。

二

中國人本於他們所特有的「人心觀」，又演進出他們所特有的一種「人品觀」。人品觀是把人分類，又在每一類中再分等第。班固的漢書裡，有古今人表一篇，根據孔子論語，把人分作上、中、下三品，每一品中，又各分上、中、下，共九品。聖人為上上第一品，仁人為上中第二品，智人為上下第三品。下下第九品，則稱愚人。

中國人的人品分法，乃從各人的心上分，不從他們的社會地位與物質條件分。如富如貴，如財產權力，這些只在人生外部，可以向外謀取，但與其人之本身價值無關。人的本身價值，在其內部，在其心。中國人稱它做「德性」。人性應該人人皆同，是屬於先天的；德則有待各人努力修行、屬於後天。有些人有德，有些人無德。德又分大小，有小德，有大德。德是得之在我，所得的只是天地大自然所賦給人類所同有的那一分「性」。此一分天性，在人類內心上覺悟，又在它的外面行為上表現，始稱做「德」。如只在後天人生向外爭利奪權，凡其所得，只是暫時的，又不是真實的，故中國不稱它做德，又不列為分別人品之標準。

班固的古今人表，如孔子，列第一等，顏淵列第二等。他們在財富權利上，均無所得。至於帝王卿相，高踞社會人羣之上位，而列入下等下下等的甚多。至如財富商人，論其內心，只為自私自利，則更不列入人品分類之內。

中國人在人的德性方面，特別注重一「善」字。人類的天性，都是善的。在他的後天人生中，亦都是可與為善的，故曰「性善」。後天人生的一切諸德，亦總稱曰善。違於天性而無德的，則總稱曰惡。善與惡有一客觀標準，對人存好心行好事的則為善，對人存不好之心行不好之事的便是惡。如何稱做好，這亦有一個客觀標準，對人有好處，至少沒有壞處的便是好。反面的便是不好，便是惡。人人都希望別人對我有好處，無壞處，那裡會自己對別人卻總希望有壞處無好處的。在此便見人心同然，而人類天性之善亦見了。

中國人對人類德性上，主要在分別善與惡。在人品上，則主要在分別君子與小人。存好心，行好事，便是君子。存不好心，行不好事的，便是小人。在這人羣中，君子多過小人，便是合理想的好時代。在這人羣中，小人多過君子，便是不合理想的壞時代。但從人類長時期的歷史過程中看，不幸的是壞時代反多過了好時代。不然的話，在人類歷史上，那裡會來許多的戰爭殺伐，那裡會來許多的黑暗紛亂，那裡會來許多的亡國滅種。所以中國人的文化理想，主要在教人做君子，不做小人。存好心，行善事，來輔長此人類文化大道之演進。

中國人說：「為善最樂。」存好心，行善事，至少自己不吃虧。善的人生，從人心內部言，是可安可樂的。中國人教人尋孔顏樂處，孔子、顏淵兩人的人生，始是最可安，最可樂，而且又是不難學。每一人不能都成大富大貴，但每一人都能學得孔顏為人之人生樂處。主要則在知與不知，學與不學，這一分別上。

三

中國人的人生理想，或說文化理想，主要卽在找尋出一種「可欲」的人生，卽是可安可樂的人生，而又是人人可能的。其主要關鍵，卽在各人內部自己心上，而外面一切環境一切條件，皆可不計較。換言之，卽是外面一切環境，一切條件，都不能強迫我不存好心，不作好事，不為一善人君子，來過我這一分可安可樂的人生。若存惡心，行惡事，作為一惡人，在他個人論，此一分人生，究是不可安不可樂，不合人生理想。從大羣集體論，惡人惡勢力，縱能得意於一時，斷難維持於久遠。此為討論人類社會歷史文化問題所當首先承認的一項不可顚破的事實，亦為首先所當具有的一項不可搖動的信念。

中國人之文化理想卽在此。此處理想，並不從純理智的純思辨的哲學中得來，亦不從某一宗教的信仰中得來。至於近代自然科學，探討各項物理，縱極廣泛細密，凡其所得，只能供人類文化之使用，乃是功利性的，斷不能作人類文化之指導與主宰，因其非出於人類之共同內心的。人類文化理想，主要只能從人事上求，一切人事，主要只能從人心上求。但亦不能從各人個別的私心上求，只能從羣體大我共同相通的公心上去求。在大我公心中，仍可有小我私心之存在。但當由共同的公心來滿足各自的私心，不能由各自的私心來毀滅了大羣共同的公心。中國人此項文化理想，可由各人反身向內各看每一人自己的心，可以在同時廣泛觀察大多數別人的心，可以看古今中外的人類歷史，其間治亂興亡之大經過，則人類此一共通而廣大而悠久的心，此卽是人類的文化精神，便可昭然若揭了。

四

中國人此番理想，似若空洞，但極切實。似若遙遠，但近在各人腳下，即可當下起步。而且每一人可以不問外面環境條件種種複雜情況，只從其一己之內心而成為一君子，一善人，而獲得其理想圓滿的人生。即是說，每一人，在各別環境，各別條件下，可以各自完成為一上上第一等好人。因此，中國人此一番文化理想、人生理想，乃是極自由、極平等，而又是極博愛的。

但做人，須得每一人各是從頭做起，前人的經驗，只能做自己的榜樣，不能在前人的做人成績上繼續做下。不比財富權力，可以憑藉前人，富上加富，強上加強。因這些都是物質的。但物質上的進步，必有一限度，富強之極，轉為貧弱，甚至衰竭滅亡，歷史上不乏先例。至於精神方面之進步，與物質進步有不同。對中國文化理想有誤會的人，易認為中國文化守舊不進步，或疑其文化力量不充沛、不雄厚。其實中國歷史已緜延了五千年，在同一文化下所薰陶之人口，已逾七億以上，而又常能保持為一統一的國家，這都由中國文化理想可久可大之潛力所形成。在此期間，世界上不少其他民族，此起彼仆，或則停滯不前，或則消失無存。通觀人類社會歷史，到目前為止，求一能與中國民族已成歷史相比擬的，實尚不易。此實中國文化理想有其值得加以研討之眞價值所在之一項眞憑實據，不容忽視。

在中國歷史上，亦有不斷曲折，不斷反覆。有它的興盛期，有它的衰亂期。但每逢興盛期，中國民族常能適可而止，從不走上帝國主義、資本主義的路線。由於種種形勢相逼而走上了衰亂期，亦常能在其文化潛力中自求更生，蹶而復起，又回復到它已往的文化傳統，而繼續生長，繼續向前。

最近的我們，更是處在世界人類一個前所未有的大動盪之旋渦中，飽經憂難。對自己民族文化傳統理想，不免為一些淺薄的功利觀點所搖動、所引誘，人心惶惑。在其表面浮層，波濤迭起。幾乎像有一種一反故常的完全新面目出現。但此亦不過是一種時代的激變狀態，不要忘了在其背後，尚有人類歷史文化演進之大趨勢，與夫中國民族自身積累深厚之一番文化潛力。物極必反，事不在遠，在中國民族之內心深處，實都抱有一番堅強無比之自信，可以隨時暴露。

五

日本與中國，可稱同文同種。日本民族之成長，顯然亦如中國，同樣受了如上面所述同一文化理想的薰陶。在此現代世界之大動盪之旋渦中，日本民族亦飽受衝擊。此下如何保持與發揮此東方傳統，如何把此世界人類中一項難能可貴的文化理想善為宣揚，救己亦以救人，此則有待於貴我雙方之各自努力與並肩前進。故敢粗陳鄙見，以備參預本會諸先生之參考。

（一九七三年九月一日日本東京中日文化研究會專題講演預寫稿，九月六日刊中央日報、中華日報、青年戰士報，十一月中國與日本一五八期。）

七　中國文化之唯心主義

一

我將為中國文化使用一個新名辭來加以說明，我將稱中國文化為「唯心文化」。此處所用「唯心」二字，並不是西方哲學上所用之「唯心」。我此處所用唯心的「心」字，乃指人心言。中國文化以人文為本位，而在人文界中一切以人心為出發之基點，故說中國文化為唯心文化。

中國古人說人心，便把來分為兩部分，一曰「人心」，一曰「道心」。其實只是一心。人心是指人類有關軀體私生活方面之一切心而言。如食、衣、住、行種種物質人生皆是。此種生活，其他動物亦與人類相似，沒有了軀體與物質生活，即不成為生活。惟人類由於其軀體與物質生活之需要而引生發展出種種心智的活動，為其他動物所望塵莫及，故我們也有認為人類有心，其他動物無心的。但要之此心一切活動，仍只在軀體物質生活之範圍內，則人與其他動物依然無別。

但軀體生活是各別自私的，其所引起之物質生活，亦是各別自私的。如一杯水，一人飲了，他人即不得飲。一碗飯，一人喫了，他人即不得喫。而此一杯水一碗飯，亦只能解決每一人自己軀體之饑渴，不能同時解決別一人之另一軀體之饑渴。因此各別自私，乃是軀體與物質生活之惟一特徵。由於其各別自私，而引生發展出種種爭奪占有，乃至於戰鬥相殺。

但人類生活，漸漸由軀體各別之私生活演進到羣體共通之公生活，此乃人類生活與其他動物生活一種絕大不同點。其他動物，或多或少，亦有與人類相似之羣體生活。如一雌一雄配合，其他動物亦所多有。但不能如人類般由夫婦同居而演進到家庭生活，此是一相異。又如動物中之蜂蟻，有極嚴格的羣居生活，但發展了羣性，又犧牲了個性，不能如人類般乃由各別個性而演進到社會羣居生活，此又是一相異。

人與其他動物之最大區別，不在其軀體生活上，而在其心靈生活上。原始人類由於為其各別自私的軀體生活而謀取外面物質供養之方便，遂逐步轉入羣體生活，而人類之心靈生活亦隨之逐步展開，心靈超出了軀體，既能視人若己，彼我如一，復能看重他人，更勝過看重自己，於是人類於自己私心外又增上了大羣的公心；此在孔子儒家，稱此曰「忠信」，曰「忠恕」，又稱之曰「仁」。其實此種忠信心，忠恕心，仁心，都只是一種人己如一、彼我相通而有時重視他人更重於重視自己之公心。此種心，中國古人特加重視，又稱之曰「道心」。因一切人道，即是人羣同居合作之道，皆從此心生；而人類最先為著軀體物質生活而起之各別自私心，則稱曰「人心」。此乃是原始自然人，與後代演進而有之社會文化人不同。簡言之，必是先有了人乃有人之道，亦如先有了人心而後始有道心。此種經過後天演進而有的人類文化社會中之道心，乃為滿足最先原始自然人之各別自私心之最佳途徑。此一種演進，中國人稱之曰「人道」，亦曰「天理」。

二

中國古人說：「人心惟危，道心惟微。」此是說人類謀生，若只任此僅從軀體物質生活上起念的各別自私的人心來作主，此是危險的，連他自己也不易眞切認知此心而加以把握的。有時甚至可到喪心病狂的地步。這不是危險嗎？而人類的那一種人己如一、彼我相通甚至重人踰己的公心即道心，又常隱微不彰，並如微弱無力，既使人不易覺察，又若無力運使。於是遂使人類的生活依然常由其各別自私的人心作主，而永遠脫離不了危險的境地。

中國古人中之先知先覺者很早便提出此等說法，所以專為各別自私的，從物質方面爭奪占有與享受，如財利、權力，如富、如貴，此種生活，中國人頗不重視，不在此上來區別人生，而只看重人類品格方面之區別。「人品觀」在中國人之人生觀中乃是一種極為重要的根本觀點。故中國人極重君子、小人之分，在君子一類中又有聖人、賢人、善人等多項等第。班固漢書古今人表上，把自古歷史人物分成上、中、下三等，每一等又各分上、中、下三等，共成九等。如堯、舜、孔子同是「聖人」，同列上上第一等。伯夷、叔齊、顏淵，皆無功業表現，生活窮餓至死，但同為「仁人」，列第二等。「智人」列第三等。至於歷代帝王公侯卿相大臣，列入下上、下中、下下三等的，不可勝數。可見在政治上地位貴賤，並不在中國人人品分類之內。貧富亦然。富人家業大則多納稅，因其徒為私人牟利，更不列入衡量人品的條件之內。

中國人之人品觀，專一注意在人之內在生活，即心靈生活方面。至於種種外在的物質人生，財富權力，地位勢望，私人各別一時所得，生不俱來，死即俱去，僅塗附在人生之外面，與其眞實人生無關。眞實人生，主要在其人之內心，中國人稱之曰「心地」，或稱「居心」。塗附在外面的人生只供別人看。發自內部，存在其內部的，始為其人之眞實人生。中國人由此來衡量人品，亦稱此曰「德性」。德者，乃是其人之眞實所得，得在其心，如孝子、如忠臣，孝與忠，皆在其心，乃是其人之眞實價值所在。至於塗附在外面的種種物質與遭遇，並不是其人之眞實所得，故亦無眞價值可言。

人生一切美德，則總稱曰「善」。有善心斯為善人，始為有價值人。善心亦稱「良心」，中國人以此設教，以此制行，故中國人皆以做一善人為人生最高目標。因此中國社會，亦可稱是一善良的社會；中國民族，可稱是一善良的民族；中國文化，可稱是一善良的文化。此種善良之德，出自天賦，乃屬與生俱來，中國人則稱之曰「性」。人類一切善良美德，其本原皆屬天賦，皆出人類內心眞實所求所好，但亦經歷了人生長時期之演進而始透露成熟；由於共同之天性，而形成為各人獨特之品德。

三

中國人認為善則必可繼續，換言之，是可進步的。再換言之，是可推廣擴大的。所以，只有善良的人生，始是可久可大的人生。此種人生，始是與天合一，即是「文化人生」與「自然人生」之合一。若非有一自然天性在人生內部作主，則從原始人生，專為軀體物質各別自私之爭奪占有而鬥爭相殺之殘酷人生中，如何會演出忠孝仁義具有善良美德之文化人生來？

「人性善」成為中國人之共同信仰，性為天賦，善屬人為，德性合一，即是天人合一。能具此人生最高標準者，中國人稱之曰「聖人」。但聖人亦只是人類中一人，故曰：「聖人與我同類。」由於人同此性，故得人同此心，亦可人同此德。故「人皆可以為堯、舜」，即是人人應可同達此最高標準之人生。此是人類文化演進一大目標。要使人人能為堯、舜，人人能為最高標準上上第一等人，此始是人類大同太平終極理想的境界。

此一人類文化理想境界，途程遙遠，但開始即可從少數人起步。縱在極黑暗紛亂之時代中，每一人仍可各自完成其個人之理想，先自完成為一善人，乃至為賢人、聖人。此種作為，不在外面物質條件上，乃在其個人各自的心靈條件上。在堯、舜以前並沒有堯、舜，在孔子以前並沒有孔子，但在人類中，永遠有出現堯、舜與孔子之契機與可能。每一人只要從其內心能朝此方向而邁步，則人人可得為孝子，並不限舜與周公始得為孝子；人人可得為忠臣，並不限比干、萇弘始得為忠臣。若非人人得為，亦即不得奉為人類之共同理想與共同標準。所謂人人得為，必是無時地隔閡，無環境相異，無條件懸殊，只要出於各個人之有志與自願。故中國人之文化理想，乃照顧到人類大羣全體中之各個人而同有此可能。故可不必待大羣人全體起步，不妨由各一人各自起步。故中國人之文化理想，乃是最博愛、最平等、最自由的。

中國人在此，又特別指出一「人心之所同然」來。人心所同然的便是善，人心所不同然的便是惡。至少人人皆願自己所遇見接觸的是一善人，當然也不願自己單獨做為一惡人。一人之心如此，人人之心皆然，乃至千萬年以上以下之人，凡具此心，則無不皆然。但何以在實際上，人類社會中究是善人少，惡人多？中國人亦非無視此事實。當知人生是由長期演進來，由草味到文明，非一蹴可幾。最先只求自己先自完成一善人，自己先是一善人了，乃可與人為善，使他人亦得完成一善人。此一風氣得勢，即為「君子道長，小人道消」。此一風氣失勢，則為「小人道長，君子道消」。君子道長，則為一通泰之世。小人道長，則為一否塞之世。驗之古今中外人類歷史，無不皆然。

但縱在小人道長之否塞世，仍不害每一人各自可以單獨完成為一君子、一善人。故曰：「窮則獨善其身，達則兼善天下。」不得進而兼善，仍可退而獨善。中國人又說：「為善最樂。」人生樂處，不在外而在內，不在物而在心。個人如此，大羣亦然。物質生活縱然進步，依然可使人心不樂，舉世騷然。物質生活縱不齊備，人生依然有可樂處。而且積善降之百昌，積不善降之百殃。善與惡還可影響後代。此亦驗之一人，驗之一世，驗之千萬世，而總見此一事實之可信。若使惡人惡勢力可以長久存在，則人類社會歷史文化，終將斷滅。此當為討論人類文化問題最先所當具有之一信念。

四

故中國人的文化理想，不由哲學思辨來，不由宗教信仰來，不由自然科學各種物理探討來，乃只在人文社會中之一種實際經驗，經過人類心靈之自覺自悟而獲得。極平凡、極中庸、極篤實、極誠摯，只教人好好做人、做好人。中國文化理想，主要即是做人理想，做人必然該做好人，做好人先該有好心。如何培養人類好心，使之發揚光大，使人類全體各得為一好人，是其終極目標，而最先乃親切降落在每一人之心上，使每一人之獨善，來培育出大羣體之同善。

但做人有一特殊條件，即須每一人另開始從頭做起。財富權力，下一代可以憑藉前一代而繼續經營，富益富、強益強；但物質形勢必有一巔峯狀態，達此巔峯，不僅不能再進，抑且有轉趨崩頹之勢。人之德性完成，則父不能傳子，兄不能傳弟，須每一人從其內心自己再經驗。若我們要學孔子，必得從孔子早年「十有五而志於學」的階段從頭學，不能接續著孔子晚年「七十而從心所欲不踰矩」

的階段續步向前。不瞭解中國文化理想的人，每認為中國文化守舊、少變化、無進步；不知物質文明，可以求變求新，日見進步；人文精神須有常、須能繼，須能在此通天人、通彼我、通古今之同一精神下而各自從頭做起來完成此一人。若使做人亦惟知求變求新求進步，求今日必將不同於昨日而勝過了昨日，此一心情與此一努力，其勢所趨，將可使人做成不像人，不是人，而回不過頭來。中國文化中所重人品人德人性，貴同不貴異，貴常不貴變。君子善人，在本質上只如此，在數量上希望盡人如此，世世代代有增無減；決不能說今日之善，明日變成了惡，今日之君子，明日卻變成了小人。

在中國歷史上，亦不斷有曲折、有翻覆，但此一文化理想，緜亘了五千年，擴大到七億人口，非求變求新，乃是有常能繼。在其治平盛世，對外軍事，常是重防禦遠勝過重侵略，因此從不走上帝國主義的路線。在商業上，也只注重貨物交流，不重剝削牟利，絕不走上資本主義的路線。亦有衰亂世，或則經長期治平後，人心頹靡，失於振奮；或則外力驟淩，和平社會急切不易抵抗。但中國文化最富堅韌性，正為在任何時期地點、任何環境條件下，每一人可以擔負起復興文化大責，所以此一文化傳統，總是蹶而復起，衰而又盛，不致中斷。

最近我們是處在世界人類前所未遇的一個大變動之下，飽經艱難，但對自己民族文化傳統理想，則依然堅信，認為「剝極而復，貞下起元」不在遠。此即是中國文化之主要精神、主要生命所在。

（一九七三年九月一日日本東京中日文化研究會專題講演後改稿，並改今題名。）

八　從歷史文化看時事筆答錄

第一篇

問：為什麼一個民族要有歷史觀？

答：世界上任何一個民族，都是由歷史來完成的。沒有歷史繼承，沒有歷史積累，就不成其為一個民族。倘使這個民族不看重自己的歷史，不看重以往完成這一民族歷史的一切記憶，這就不能形成為一個鮮明而堅固的民族。

但「民族觀」與「天下觀」，又是相因並起的。果使沒有民族觀，便亦不能有天下觀。因民族觀是彼我並起的，自知己為一民族，便並知彼亦一民族。彼我民族並存，即成一「天下」。換言之，沒有民族觀，便無天下觀。沒有天下觀，亦無民族觀。

所以我們中國人，「民族觀」與「天下觀」是同樣看重的。今天的我們，尚知有民族以外的天下觀，而不知看重自己的民族觀。甚至對於一個民族該不該有歷史觀，亦成了一問題。試問今天整個天下，那一處，那一人，不附屬於那一個民族的呢？而當前的中國人，只看重其他民族，看不起自己民族，亦可謂是僅存了天下觀，而湮塞了民族觀。就變成一個不重自己民族的天下人了。試問不看重自己民族，而僅為一天下人，這一天下人尚何意義價值可言？所以歷史既有民族史，亦必同時有天下史。一內在，一外在。內外相合，實成一體。那有有內無外的民族？更也何有有外無內的天下？所以「民族」與「天下」，是相互並起，一體相成的，中國古人稱之曰「天人合一」。觀於中國二十五史，夷夏並列，內外交詳，便是其例。

問：為甚麼在現代社會中，仍要有歷史？換言之，在今天利益、工商掛帥的社會裏，歷史有何助益？

答：西方人重向外通商，所以也知重經濟觀，而比較不看重歷史觀與民族觀。但是每一社會總脫離不了其民族性。不看重其民族觀，此一社會也總不能持久不衰，當前西方社會卽犯此病。只有懂得看重自己民族的，纔是一個可以長久進步的社會。不懂得看重自己民族，便不能長久進步。這就如現在只講工商掛帥的歐洲人，最主要的像英國、美國，豈不仍保存有他們各自的民族嗎？而其民族情感，則不甚深厚。所以他們的工商掛帥，雖也有他們一段旺盛的歷史，而不能持久。有盛必有衰，一衰則不復起。這最大原因，便因為他們的「工商觀」更深更厚於他們的「民族觀」，於是他們的「個人主義」，纔代替了他們的「民族主義」，而才有此現象。他們的心知太專門太褊狹了，只關注於個人分別的工商方面。在這方面，表現了其長處，但亦同樣流露了他們的短處。所以只懂講工商掛帥的歷史，亦不得長有他們工商掛帥的將來。

中國人講歷史，是從民族的大體本位來講的。全體性，非片面性。所以在許多方面，有時像不如他人。而論其民族之全體性，則長歷五千年，世界更無其他民族可與相比擬。以往如此，以後仍將如此。這是我們中華民族所可以極端自慰的。試問沒有永久的民族精神，又如何來永久的工商掛帥呢？所以專從工商掛帥一個片面觀點上來講歷史，來講社會，都要出毛病。

問：對臺灣四十年來的發展，感想如何？那些值得珍惜？那些今後要避免再犯？

答：臺灣四十年來的發展，似乎在物質生活上，在商業經濟方面，有出乎意想的進展。但在人文精神上，在羣體生活的教導上，與其物質生活似乎開始要走向一條正相反對的路，這是我認為最可擔憂的。

我覺得四十年來開始能服從一個政治領袖的領導，像故總統蔣公，獲得全體臺灣人民的愛敬。這一段歷史，是最值得珍惜的。臺灣之能有今天，不能不說是當年那種上下一心攜手共進所埋下的基礎。

現在似乎個人主義的意味逐漸伸展，由合到離，由和到爭，這也是最可擔憂的。

問：若從歷史中借鏡，臺灣應如何掌握未來的方向？

答：臺灣問題最主要的還是一個民族問題，臺灣人徹頭徹尾應該是一中國人。所以全部的中國文化傳統觀念，應該是臺灣人所當尊重保留的。臺灣將來的前途，同樣在全部中國民族歷史的前途中。遠離了中國民族傳統的精神，臺灣的前途便會感到可憂可怕了。換言之，臺灣人沒有廣大深厚的「中華民族觀」，就沒有前途可言。他決不能脫離了中華民族大體，而單獨有他臺灣人自己的前途。

臺灣是屬於中華民族的，中華民族未來的方向也就是臺灣未來的方向。我認為臺灣脫離了其民族大體，即中華民族，是決無可喜愛可希望的前途的。

當前臺灣與大陸對立，大陸共產政府正在毀滅自己中國傳統文化，轉向西方。而臺灣的立場，正在要求保存中國固有文化，發揚廣大，來對大陸加以挽救與革新。故當前的臺灣，尚不能以僅只保留中國固有文化為滿足，更當加以發揚光大，在此世界的新形勢中，來一番自己傳統文化的更新與創闢。不僅要把來對付大陸，更應該能把來對付全世界異民族的新潮流與新形勢，這纔是當前臺灣自力更新的大責任大希望所在。

問：我們該如何培養年輕一代的歷史感？

答：如何培養年輕一代的歷史感，主要就在培養年輕人的「民族情感」，便該培養年輕人民族歷史民族文化的觀念。其他一切有關此方面的，如道德、倫理、文學、藝術等各種創闢各種修養，都是極關重要的。從具體方面講，最主要的，如固有的家庭制度、宗族觀念等方面，皆應盡力提倡，善加保護。

臺灣是中華民族的一部分，不遵守不發揚中華民族的歷史傳統文化精神，是無前途可言。而對年輕人的教育，則更屬重要。最感關切者，在乎培養青年的「歷史觀」。必該先讓他們知道，「歷史」是有極深極大的「民族」界限的。非此民族，即不能有此歷史；非研究此歷史，卽不能瞭解此民族。兩者是一而二，二而一的。所以主要在加深青年的民族感，才能加深他們的歷史知識。同時加深他們的歷史知識，也卽是在加深他們的民族感。倘把歷史僅當作一種專門知識，而和民族精神脫離了，則此種知識決非眞合理想的歷史知識。「民族情感」與「歷史知識」亦是一而二，二而一的。不再提倡民族精神，而僅求明白歷史經過，那是極空泛極不合情理的一件事。

（一九八八年九月答某雜誌問，時年九十四歲。）

第二篇

問：臺灣數十年來最初只在經濟發展，現在又講民主政治，先生是否可匡其弊？

答：人生最重要的是「文化」問題，並不只是經濟與政治問題。所以人生最應看重的是「民族文化」的傳統，政治與經濟只是包含在民族文化內的兩項。與整體民族文化比較，政治與經濟只是次要的問題。

如單就經濟與政治兩項來講，也應有先後緩急之不同。經濟只應附屬於政治之下，不應把來放在政治之上。

幾十年來的臺灣政府，太看重經濟了；現在又看重講民主政治，民主政治是應該在經濟問題之上，但不以民族文化作基礎，一切政治都會有流弊。政治不能穩定，徒求發展經濟也流弊極多，不勝枚舉。今天的臺灣，已經顯現出種種流弊了，不需再多加說明。

問：今後之中國如何再造華夏生機？

答：今天的中國人，無論信奉資本主義或信奉馬列主義，要之，都違離了中國文化傳統。你問我此後的中國人如何再造華夏生機？我認為只能從尊重歷史本源、發揚文化傳統做起，除此之外，沒有第二條路可走。

說到尊重自己本國的歷史本源及發揚本國文化傳統，首先要從「認識自己」做起。這又是一個大問題，不是三言兩語說得盡的。譬如中國古代井田、封建等制度，本是中國自有的共產主義，但今天大陸主要依靠西方的共產主義，中國古代一切措施，如井田、封建等制度，他們便全不放在眼裡。今天的共產黨，把一切不合意的都稱作「封建意識」把來打倒，而不求瞭解。這要來推行中國自己的民族文化，便就困難了。

以上我只是舉出一點來說明。要認識自己本國的歷史本源及文化傳統，當然不只是這一點，這該多讀中國書，才能逐漸一一認識。這是無法用簡單幾句話說明的。

問：何謂中國人的風格？

答：你問何謂「中國人的風格」？這又不是三言兩語可以回答的。簡單的說，我認為中國人的風格在大陸。你不要誤會，我所說的大陸並不是指今天中共政權下的大陸，我是指自古以來傳統的大陸。中國古人說：「天時、地利、人和」。人的風格也應與天地相互調和而產生。中國大陸的天時、地利與今天的臺灣大不相同，但也與當前主張共產政權下的大陸不同。不同在那裡？過去的大陸，天時、地利是與傳統文化相配合的。換言之，即自然與人文相調和。今天的共產大陸推翻了一切傳統文化，一切自然與人文遂失卻其調和。徒求模仿西方一些榜樣，失去了自己傳統，也就談不上所謂「風格」了。

問：中國統一之前提為何？

答：我堅信中國必將統一，必將是「和平」的統一。我認為將來統一的主要前提，在我全體國人對自己民族已往傳統文化之自尊自信，以及略知隨時改進上。除此以外，國家不會有前途。這一信念，是我終生所信奉的。

至於如何來培養國人的自尊自信，以及如何懂得隨時改進？這有關整個國家的教育問題，說來話長，無法在此作詳細的回答。簡單的說，中國傳統文化精神看重人的「性命」勝過看重傳授知識，所以中國傳統教育精神重在教人做人，重在教人如何與大羣相處。從做人的角度出發來講教育，才可培養出自尊自信，愛國家愛民族，在家能為賢子弟，在社會能為奉公守法的好國民。不幸的是，我們今天的教育已遠違了這一傳統文化精神。而大陸的教育，更徹底摧毀了這一傳統精神。所以我常說，從近處看，國家前途多艱，難以樂觀；而從遠處看，我是充滿樂觀的。因為我堅信國家未來前途只此一條路，沒有第二條路。我更深信將來國人必會回歸此途。這問題只能談到這裡。我過去已說得太多了，沒有更多的話可說。

（一九八九年三月答某基金會問，時年九十五歲。）

第二編

一　中國的哲學道德與政治思想

一

所謂哲學思想，乃是一種尋求宇宙眞理、人生眞理的思想。中國人尋求宇宙眞理，乃及人生眞理，其思想方法，亦復與西方人不同。西方哲學是純思辨的，先在思辨中尋求建立出一套眞理來，再回頭來指導人生行為求能配合此眞理。

因此，他們說：哲學是一種「愛知之學」；因此，便不免把「知」與「行」先就分成兩橛了。中國人尋求眞理，貴在知行並重，知行相輔交替而前進。中庸云：「博學之，審問之，愼思之，明辨之，篤行之。」學便已是一種躬行實踐。學了行了才有問、有思、有辨，而終極階段仍在行。

因此，中國人之哲學，並不能脫離了其自身之躬行實踐而先自完成為一套哲學的。中國人的哲學，實際上只是一套人生實踐之過程。

因此，中國哲學，主要並不在一套思想，而毋寧說是一套行為。

因此，中國哲學，早就與實際人生融凝合一了。

因此，在中國，好像有許多大哲學家，如孔孟、如程朱、陸王皆是。但若尋求他們的哲學體系，則又像是零碎不成片段，換言之，好像並無思想體系可言。

其實，他們的哲學體系，乃是完成在他們的全部人格上，表現在他們的全人生之過程上，而並不只表現在其所思辨與著作上。

因此，在中國人的固有觀念、固有名詞裏，則只有「哲人」，並無「哲學」。「哲學」一名詞，仍是由西方語迻譯而來。

中國的哲人則必然是一善人，必然是一有道之人。因此，中國哲學實在是與中國人所重視的「道德」融凝合一了。

政治乃人生一大事，修身齊家與治國平天下一以貫之，徹頭徹尾，仍是一道德活動。孔子曰：「政者正也」，脫離了道德，便不再有政治。故孟子言「仁政」，言「善政」，政治之終極標準，仍脫離不了一善字，一仁字。就中國歷史言，大政治家項背相望，卻沒有一位可稱為政治思想家。一則中國學人，實際多數都已參加了政治。二則實事求是，不在多言。三則學貴融通，政治不能脫離了人生大道而獨自成其為政治。因此，在中國文化傳統裏，乃不能有一個關著門專門從事於著書立說的政治思想家。

若說中國沒有一套完整的政治思想，正猶如說中國沒有一套完整的哲學思想般；但自秦以下二千年，中國文化在政治事業上所表現，實已超越尋常了。這一層，近代中國也僅有孫中山先生，能對中國傳統政治有其卓見。此外，到西方去學得一些西方政治學皮毛，不僅疑中國無政治思想，抑且疑及中國歷史兩千年來，除卻帝王專制，乃無政治事業之可言。

近代中國，在其傳統文化精神之大體系之內，先自失掉了政治精神之一傳統，不能不說是近代中國一大損害。

二

我們也可說：中國人的哲學精神，即其求知精神。如實言之，不如謂是中國人的求道精神，卻最近於西方現代的科學精神。西方現代科學精神，最主要者，在能逐步求證驗，然後再逐步擴大，逐步向前；而中國人講道德，也正是逐步求證驗而再逐步擴大向前的。

中庸云：「在下位，不獲乎上，民不可得而治矣。獲乎上有道，不信乎朋友，不獲乎上矣。信乎朋友有道，不順乎親，不信乎朋友矣。順乎親有道，反諸身不誠，不順乎親矣。誠身有道，不明乎善，不誠乎身矣。」

此一道，便是在逐步證驗，然後再逐步擴大向前的。

從低處近處，一步行得通，有了證驗，才向高處遠處更前一步。

人生高遠處，不可窮極。也只有從眼前腳下低近處，如此般一步步行將去，故曰「吾道一以貫之」。

人總是個人，道也總是個道，無論對己對人，修身齊家治國平天下，全只是在人圈子裏盡人道。人道則只是一「善」字，最高道德也便是「至善」。

因此說，中國的文化精神，要言之，則只是一種人文主義的道德精神。無論是社會學、政治學、法律學、經濟學、軍事學、外交學，一切有關人道之學，則全該發源於道德，全該建基於道德，也仍該終極於道德。

此是中國傳統文化中一最高理論，亦可說是一最大信仰。因此，在中國傳統文化的大體系中，宗教與哲學，是相通合一了。如何來考驗此理論，如何來證實此信仰，只要是個人，只要在人圈子中，盡人可以隨時隨地逐步去求證驗。

社會只如一實驗室，人生便是在實驗中。因此，在中國傳統文化的大體系中，科學精神也就與宗教哲學精神相通合一了。亦可說：中國傳統文化中的道德精神，實際也是一種科學精神。只是屬於人文科學，不屬於自然科學而已。

中庸云：「盡己之性，可以盡人之性；盡人之性，可以盡物之性。」若說盡己之性是道德，盡人之性是社會科學，盡物之性是自然科學，則中國人理想，乃將從其道德學以貫通達成於社會科學、自然科學者。

近代西方人，多主張本於自然科學之精神與方法，以貫通達成到人文方面。然自然科學本用於對物，本於對物之學，以貫通達成於對人方面，其間終不能無病。惟對物、對人則必有相通之理，而本末先後之間，則中國人理想，似更較妥當些。

正因中國人理想，重在本於對人之理以對物，故中國傳統文化中，自然科學較不發達，而發達轉向於藝術。

中國人之藝術與文學，均都充滿了道德之精義。此後西方自然科學在中國生了根，亦當滲透進中國文化傳統之道德精神，此事可無疑。此當為將來人類所最希冀之新科學，此事亦無疑。

中國傳統文化中修身齊家治國平天下的一貫理想，正因其對於自然科學方面之發展較遜，而使中國文化力量之表現，始終停滯在「治國」階段，而未能再前進。然徒仗西方近代科學，縱極進步，亦難望於「平天下」。將來人類眞望能達於「平天下」之理想，則必待近代科學與中國傳統文化相結合，此實中國傳統文化對將來人類莫大貢獻之所在。

三

中國傳統文化，雖是以人文精神為中心，但其終極理想，則尚有一「天人合一」之境界。此一境界，乃可於個人之道德修養中達成之，乃可解脫於家國天下之種種牽制束縛而達成之。個人能達此境界，則此個人已超脫於人羣之固有境界，而上升到宇宙境界，或神的境界，或天的境界中。

但此個人則仍為不脫離人的境界而超越於人的境界者。亦惟不脫離人的境界，乃始能超越於人的境界。在此人羣中，只求有一人能超越此境界，便證人人能超越此境界。能超越此境界而達於天人合一之境，此始為大有德之人，中國傳統則稱之為「聖人」。聖人乃人中之出類拔萃者。然正為聖人亦是人，故證人人皆可為聖人。人人皆可為聖人，即是人人皆可憑其道德修養而上達於天人合一之境界。具此境界，謂之「德」。循此修養，謂之「道」。故德必然為「同德」，而道必然為「大道」。

中國傳統文化之終極理想，乃使人人由此道、備此德，以達於大同太平。而人人心中又同有此天人合一之一境界，則人類社會成為一天國，成為一神世，成為一理想宇宙之縮影。到此境界，雖仍為一人類社會，而實已超越了人類社會。亦惟仍是一人類社會，乃始能超越人類社會也。

此乃中國傳統文化中近於哲學上一種最高宇宙論之具體實證，又近於是宗教上一種最高信仰之終極實現，又近於是科學上一種最高設計之試驗製造完成。

但中國人心中，則並無此許多疆界分別。中國人則僅認為只由各個人之道德修養而可各自到達此境界。亦惟有由於各個人之道德修養而始可各自到達此境界者。

故謂中國傳統文化，徹頭徹尾，乃是一種「人道」精神、「道德」精神也。

四

最後要一談中國傳統文化中之「人文修養」。此乃中國文化一最要支撐點，所謂人文中心與道德精神，都得由此做起。

所由保持中國傳統文化，與夫發揚中國傳統文化者，主要胥在此。

大學云：「為人君，止於仁。為人臣，止於敬。為人子，止於孝。為人父，止於慈。與國人交，止於信。」此乃中國人所講人文修養之主要綱目。

所謂人文，則須兼知有家庭、社會、國家與天下。

要做人，得在人羣中做，得在家庭社會國家乃至天下人中做。

要做人，必得單獨個人各自去做，但此與個人主義不同。

此每一單獨的個人，要做人，均得在人羣集體中做，但此亦與社會集體主義不同。

要做人，又必須做一有德人，又須一身具諸德。

父慈子孝，君仁臣敬，亦非有上下階級之不平等，此乃所謂「理一分殊」，易地則皆然。慈、孝、仁、敬、信五德，皆發源於人心，心同則理同，故分雖殊而理則一。亦可云德殊而心則一。

人心與生俱來，其大原出自天，故人文修養之終極造詣，則達於天人之合一。人處家庭中，便可教慈、教孝。處國家及人羣任何一機構中，便可教仁、教敬。人與人相交接，便可以教信。故中國傳統文化精神，乃一切寄託在人生實務上，一切寄託在人生實務之道德修養上，一切寄託在教育意義上。

中國文化之終極理想，則全人生變為一孝、慈、仁、敬、信之人生，全社會變為一孝、慈、仁、敬、信之社會。天下則是一孝、慈、仁、敬、信之天下，宇宙亦如一孝、慈、仁、敬、信之宇宙。此惟人文中心、道德精神之彌綸貫徹，乃始能達到此境界，完成此理想。

今天的中國，似乎已是禮樂衰微，仁道不興。但「禮失而求諸野」，「為仁由己」，在家庭、在社會，依然仍有其文化大傳統可尋。而其主要責任，則仍在現代中國的知識分子，能知得、能信得、能守得、能行得。道在邇而求諸遠，孔子曰：「未之思也，夫何遠之有？」復興中國，其道只近在眼前。

昔顧亭林先生有言：「有亡國，有亡天下。」「天下興亡，匹夫有責。」苟非深切明白到中國傳統文化之體系與精神，便不能明白到亭林先生所言「天下興亡匹夫有責」的一番深情與至理。

孟子曰：「待文王而後興者，凡民也。若夫豪傑之士，雖無文王猶興。」今天的中國，則正貴有豪傑之士之興起，來興民、來興國、來興天下。

（一九七四年三月新時代十四卷三期）

二 中國歷史與中國民族性

個人生命的發展，未必全受理性的指示，也並不全為環境所限定。各個人成就的差異，常被指為由於「個性」之不同。各民族間歷史進程的差別，大體上亦可把「民族性」的一觀念來說明。

中國民族的歷史，似乎遭遇到一個不可計量的損害。自始很少乃至於絕無一個有同等文化地位的異民族來與比較，遂致養成中國民族一種自傲自大的心理，幾乎以謂上天下地，惟我獨尊。最近期的中國民族卻不然了，他開始接觸到優越的異族文化，逼得他不得不把幾千年的舊心理徹底改換。然而近幾年來的情形，似乎又是矯枉而過正吧！

我們現在無從再夜郎自大，我們不得不承認乃至於接受異族文化的長處。然而我們將來的種種，雖可虛心學步；但是我們已往的歷史，則如鐵一般的鑄定，無法改變的了。一位有經驗的教育家，他應該要知道一些被他指導的人的以往經過，以求認識其個性。我們縱使決心徹頭徹尾學習他人，但對我們已往歷史的瞭解，應該算不得頑固。

不幸而我們近來治歷史的，似乎犯上了一種弊病。我們雖不能將已往的歷史全部改過，換言之，即是不能叫我們的歷史也來學他人；但是我們卻似乎努力想把別人家對歷史的看法和說法移用到我們自己的歷史上來。固然歷史自有許多共通性，然而也不免有許多特異性。把別人家對歷史的看法和說法來看我們自己的歷史，來說我們自己的歷史，總不免有看不準、說不通的所在。倘使抹殺了或不注意到我們自己的民族性，而把異民族、異文化的眼光或批評來繩切自己以往的歷史，則雖不能改換我們的歷史事實，而卻已改換了我們歷史事實的意味。這一種改換，似乎並不是我們的虛心好學，而卻是一種誤會與曲解。

前清末年談政治的，莫不謂國體有君主、民主之別，政體有專制、立憲之分。此本西國學者針對他們自身歷史實況而言。今移用之於我們的歷史，以為我們自秦以來，有君主、無憲法，則我們已往政體必為「君主專制」無疑。當時用此鼓盪人心推翻滿清政府，未為無功。然若遂謂此說眞得我國歷史眞相，則似猶有辨。姑舉唐代政制為說。

唐代中央政府的最高機關，由中書、門下、尚書三省合成。尚書省有六部二十四司，分掌全國各項行政，庶務皆會決於都堂（尚書省的大廳），而令僕射總其成。然尚書省只負行政之責，無制命之權，宣旨出命則在中書。中書令、中書侍郎以下，有中書舍人，遇軍國大事，舍人得各陳所見，謂之「五花判事」，然後宰相審定之。然中書雖掌敕旨，而門下省重有封駁之權，於宰相建白例許駁正。唐制宰相常於門下省議事，謂之「政事堂」。尚書僕射亦得加「同中書門下平章事」及「參知機務」等名出席。復有他官參掌者。此種制度，雖於唐代亦屢有變更，然大體言之如此。豈得便謂之「君主專制」？

即以用人一端論，唐代有勅授、有旨授。勅授者，五品以上，宰臣商議奏可而除拜之；旨授者，六品以下，吏部銓材授職，然後上言，詔旨但畫聞以從之，而不可否。其權不在尚書則在宰相，並不由君主專制。韋貫之嘗言：「禮部侍郎重於宰相。」憲宗詰之，曰：「侍郎是宰相除，安得重。」曰：「然而為陛下柬宰相者，得無重乎。」是帝王任用宰相，亦有客觀標準。南朝宋營陽王景平元年，詔豫章太守蔡廓為吏部尚書。廓謂傅亮曰：「選事若悉以見付，不論。不然，不能拜也。」亮以語錄尚書徐羨之，羨之曰：「黃散以下悉以委蔡，吾徒不復措懷。自此以上，故宜共參同異。」廓曰：「我不能為干木署紙尾。」遂不拜。則晉宋以來吏部職權可想。

此不過偶舉一例，聊見中國自秦以來之政治，雖無憲法，而君主政權，實有種種調節，並不能即謂「君主專制」。即以專制目之，此「專制」二字之內容，亦必以歷史事實加以清楚之界限，並不能說此種政體即是黑暗。

所謂中國史上雖無憲法，而君主政權自有種種調節者，舉要言之，如公開的考試制及客觀的銓敘制等是也。這兩種制度，一面使人民普遍得有參加政治的機會，而另一面則君主不能過分有好惡用人之特權。這是中國史上沿用得很久的兩個制度。前清末年以至最近數十年內，國人醉心立憲、民主等等新名詞，詬厲專制；然而革命以來，國民公意選舉的新制度，因國情不合，一時並不能運用有效；而公開的考試與客觀的銓敘，則不幸而一筆勾消；政局混亂，濫用私人，光明何在？所謂「打倒二千年專制黑暗政體」一語，以供當時革命黨人作為口號之宣傳則可，若援此認為事實來指導政治實際的改進，則頗嫌不足。

政體改革以後，繼之以文化運動，於是又憧憬於西洋史上之所謂「文藝復興」。但中國並沒有宗教教會之束縛，因亦不能有像西洋史上所謂文藝復興一般之姿態。因而國人以謂中國學術思想尚在中古時代，未走入近代路徑。最近國內學術思想各方面，全都落後，此固無容諱言。然因此遂謂自秦以下一段長時期的學術思想史，正與歐洲中古期相當，似乎仍有未的。中國只在西周乃至春秋一段貴族封建政治之下，宗廟的祝史曾統帶了學術；然而孔、墨以下，百家並興，早已與貴族宗教絕緣。秦人焚書，禁止民間自由講學，獨留朝廷博士官，直轄於太常（主宗廟祭祀的）之下，似乎像恢復了古代政治、宗教、學術合一的舊轍；然及漢武帝聽董仲舒建議，改設五經博士，那時博士官的內容，已經一番極大的澄清，以前各種方術如占夢求仙長生等，皆得為博士之選，至是則博士漸漸變為研究古代政治歷史教育各種學術的專門學者了。又為博士設弟子員，循此補郎補吏，遂使西漢政治從軍功、貲選的局面下，轉入文治的階段。這是中國史上一個極大的轉變，亦是一個極合理的轉變。然而近代治史的反而罵漢武帝表章六經，使中國學術思想一同走入專制黑暗的路上去，此豈情實之談乎？

此以制度言，請復以學術言。司馬遷為太史，自稱「文史星歷卜祝之間，主上以倡優畜之」，此非憤語也。漢代太常屬官，有太樂、太祝、太宰、太史、太卜、太醫六令丞。太樂之下自有倡優，與太史、太祝諸官，同為宗廟祭祀所必需。當時人看史官，上言之則為卜祝，下言之則為倡優。而司馬遷並不以此自限，發憤為史記，乃以孔子春秋自況。其書為國人稍治史學者所共讀，其奇偉之見解，開明之眼光，即以最近西洋史學上的理論與著作相繩，此書恐還是要站在前線的，此處不用詳論。即以其對當時朝廷帝王卿相以及種種政治事態，毫不掩飾坦白忠直的描寫，其人之膽識氣魄，可想而知。然而司馬遷並不以史記獲咎戾。此後漢廷雖說史記是一部「謗書」，卻並不毀滅他、改動他，還讓他自由地保存。班固繼史遷作漢書，雖曾一度下獄，不久即許其繼續工作，並命其家人續完。自從馬、班以後，中國史究竟能從帝皇的宗廟裏爬出來而得站在一個比較上可說脫離帝王私人勢力而獨立存在的地位。

南北朝、隋唐時代，佛學盛極一時，歷朝帝王卿相誠心皈依的不乏其人；然而寺院和佛經，並不曾統制中國人學術思想信仰的自由。元、明以下，以程朱經說取士，然而講學的儘可講陸王，甚至以陸王的思想做進八股，反駁程朱，亦同樣可以為功令所錄取而得仕進。中國學術思想史的演進，在這種狀態下，自難有一種劃時代的文藝復興。

繼文化運動之後而起的，便是社會革命的鼓盪了。因為要效法人家的社會革命，便也進而效法人家提倡社會革命的歷史理論。說中國自秦以來，直迄今茲，依然是在「封建社會」的階段裏。「封建思想」和「封建勢力」等等名詞，好算最近最習見的名詞了。若說目前軍人割據的局面，是中了封建思想的遺毒，他們要想重樹封建勢力，此等話千眞萬確，最恰當沒有。然若因此遂認中國史自秦以下始終未脫封建階段，則恐未必。依中國史的立場而論，秦、漢以來，既有一個大一統的中央政府，直轄全國各郡縣，並無世襲貴族分割土地各自為政，即算封建制度之告終。若以社會經濟而論，秦、漢以下之所謂地主，亦全與封建貴族不同。漢代封君，僅能衣租食稅，其封地及封戶之統治權，國家另派官吏。直到最近，佃戶欠租，田主亦須申送地方官法辦。佃戶與田主，不過是一種經濟契約上的關係。中國自戰國以來，井田制度既廢，民間田畝許得自由賣買；土地兼併，其實只如近代西洋買機器開工廠的所稱為「資本家」一般。田地契約，即是資本，並不能因為田主佃戶之存在，而竟說他們是「地主階級」。要知在政治上、法律上，田主的田地，遠不是秦以前貴族的采邑，何從說上封建？若謂只要沒有近代大規模的工商企業組織，即是封建社會；正如說只要沒有明定的憲法，便是專制；只要沒有反抗宗教的呼聲，便是中古思想；一樣的邏輯。

我們若用讀西洋史的眼光來讀中國史，不免要認中國史常是昏騰騰地老沒有長進，看不到如火如荼般的鬥爭，看不到劃界線的時期。然而中國史自有其和平合理的進展。古代的貴族、平民兩階級，到戰國時漸漸地消融了。秦始皇併吞六國，混一海內，為中國有史以來第一個大皇帝，然而他竟聽取李斯等異國游士的意見，不再封建，其子弟宗室與庶人同伍。漢高祖得了天下，雖不免稍稍像要回復到封建的路上去，然而一得天下，即下令解兵歸田，一面下詔求賢，願與共天下；那種態度，究竟與古代貴族親親的分封世襲制不同。下詔求賢的習慣，到武帝時竟收到異樣的結果。武帝聽取了董仲舒的一番話，把博士官整理一番，開始從宗廟狹隘的意味裏解放出來，成為一個政治上正式的諮詢機關。又建設了國立大學的基礎，開始有官吏的考選。公孫弘以東海的牧豕老，一旦為相封侯，打破自秦以來軍功封侯拜相的變相貴族擅權制，而漢代漸次走上文治的道路。這些都是在古代史上值得鄭重注意的事，而在當時卻極和平極自然地一步一步的演進，絕沒有幾許驚心動魄的鬥爭的陣容和血跡可以看到。

一到東漢，官吏仕進之途，幾乎全在地方太守的察舉。這較之古代的血統分封制，固為進步；即是秦、漢早期的由親貴子弟以及貲技投奔的郎衛士進用制下，變到地方官選舉吏民之材德，這不能不說是一種合理的演進。然而依然是一種和平的演進。只為察舉制度推行一二百年的影響，把古代遺傳下來的準貴族階級的王室和親貴之特權逐步削滅，逐步消滅，而新興的士族勢力起而代之，這便是以下的所謂「門第」。門第在當時，較之古代封建貴族，尚為合理的。

曹魏以下，察舉制廢，便有一個九品中正制來替代。九品中正制雖不免為當世詬病，然而到底亦算得是一個有客觀性的用人標準，限制了帝王卿相個人的特權；南北朝幾百年天下，還賴這個制度來維持。從這個制度演變出來的是普遍公開競考的科舉制，自隋、唐、宋、明以迄清末，古代封建貴族世卿漸變而為白衣舉子的天下，這裏邊實在有一條進展的路。這一條進展的路，到底還算得上是合理的，而其進展則是和平的。

中國史上亦有大規模的社會下層掀起的鬥爭，不幸這種鬥爭往往是紛亂、是犧牲，而不是有意義的劃界線的上進。秦末劉、項之爭是例外，從黃巾起引出了五百年的中衰，後來著名的如黃巢之亂，張獻忠、李自成之亂，都只是混亂、是倒退。只有明初羣盜，算是驅除了胡元，亦算得上一個上進的轉變。唐代的隆盛，從北周以至隋室，種因在上層，不由混亂來。

不僅大規模的鬥爭引不起上進，甚至於過分激急的變動，亦往往招意外的失敗。正如王莽與王安石，他們理想並不差，只為是過分激急的變動，要為歷史打開一劃界線的時期，而不幸都失敗了。中國史似乎應該在和平而穩健的步伐裏上進。

我因此想說一空洞的譬喻：中國史如一首詩，西洋史如一本劇。一本劇的各幕，都有其截然不同與驚心動魄的變換；詩則不然，他該在和諧的節奏中進到新的階段，令人不可分劃。所以詩代表了中國文學的最美處，而劇曲之在中國，到今還說不上文學的優美。西洋則甚至以作劇為文學家的聖境。

讓我們暫時脫離民族而重回到個人的身上來，蘇格拉底一杯毒藥，耶穌一個十字架，而孔子則晚上做了一個夢，早上還是在門外扶杖逍遙，而還吟了一首歌。三位民族聖人的死去，景象如此其不同。所以中國史到底沒有西洋史那般有力，刺激人，有驚心動魄的變換，而中國史到底是和諧而深厚。孔子說：「吾十有五而志於學，三十而立，四十而不惑，五十而知天命，六十而耳順，七十而從心所欲不踰矩。」孔子生命的進展，似乎可以象徵中國史的逐步進展，無劇烈的轉移與不和諧的跳躍或翻滾。似乎孔子「十五志學」的時候，已經朦朧地若覺若夢的直感到「七十從心所欲」的境界裏去。這或是中國民族文化之沉著遠到而不失其靈敏處。

國難深重已極，我並不想守舊頑固，故步自封。我們種種不如人，但願國人大家邁步競進。然而我們有志邁步前進，卻不必定需先蹧蹋了我們已往的歷史。對於已往歷史之誤解與曲說，對於我們之決心向前，並不有多大幫助，或竟至於有意外的損害。倘能眞切瞭解中國史，對於指導中國民族之前進，該不至於全無用處。我覺得「推翻二千年專制黑暗政體」、「打倒舊文化」、「全盤西化」、「無產階級武裝起來奪得政權」等等口號與辦法，以歷史經驗來說，不是鞭策我們前進的好辦法。現在的事實，也已經逐漸告訴我們了。我覺得我們這一個時期的不能長進，或雖有些長進而不能如我們的期望，實因我們當前另有幾許眞實病痛未能拔除；卻不必因此埋怨整個民族四千年來積累的文化，而想激起些與歷史民族性不合的激急變動。這是我草此文之微意。

三 中國史上最近幾個病源

一個國家和一個民族的歷史，並不依著直線上進或後退。他往往常走成波浪式，有時上進，有時後退。要把兩個民族或國家的歷史互較並論，更顯困難。我們找不到兩個國家或民族的歷史恰恰能成一種平行線的。有時這一邊在上進，而另一邊或正在後退。但是有時這一邊後退，而另一邊卻正在上進。若橫切任何一點，而來推論兩邊的全線，自然靠不住。不幸現在講歷史的，似乎正在橫切一點而加以推論。最近的中國史，無疑是走上後退的路，而且後退得很大。而西洋史在最近，則正是他們全線一段最燦爛的時期，對於以往形成一個極急劇的前進。然而歷史並不是自始命定的，每一段的變化，有每一時期人的聰明與努力為其因素。正如個人的生命，有時健康有時病，各有其臨時起居生活上的原因。歷史由人創造，近代中國史的後退，自然是由近代的中國人種因。近代西洋史的激進，亦由近代的西洋人種因。若因最近中國不如西洋，而推論中國與西洋史的全部，好像西洋從希臘以下處處早已伏定了今日的因，而中國則自唐、虞、夏、商以來，亦處處栽的是今日的果。如此說來，中國已往歷史，既已無從改變，重新另造，豈非中國只有永墮地獄，無路超升？所以主張全盤西化，徹底改造中國舊文化，而甚至於主張廢漢字，改用羅馬拼音等，好像是一種積極的前進論，實是一種極端的悲觀主義。若在中國自身已看不到生機，尋不出希望。我曾為此種思想設一淺譬，正如病人求醫，醫生說：你由母胎出世，早已命定了今日的病，非將你已往生命改換成別一人的不可。天下無如此的醫理，亦不該有如此的文化與政治指導。這只可說是一種戲論，一種絕端悲觀的戲論。而他們自認為是最積極最奮發的，以為惟此才有生路。

最近的中國，需要改革，並需要大改革，而此種改革自有需於虛心效法西洋，此層可無爭議。但我們還應該注意，中國之需要改革，是中國自身內部問題，並不因接觸到西洋而後才有此種需要。儻使西洋勢力與中國不接觸，中國依然閉關而治，然而自乾隆以下的清室政治，早就走上了絕路。川楚教乃至洪楊之接踵繼起，已十分暴露清室政治之腐敗。道、咸以下，縱使沒有外患，內亂決不可免。難道沒有西洋通商，滿清政府還可依然統治，聖帝神孫，綿綿不絕嗎？不幸而在此時期，又遇到有史以來未見之外患。中國政治機構，早當徹底改造，卻因此不能徹底改造。一則因外患方深，內部自有顧忌。二則使中國一部分惡勢力，得賴藉外力而存在。病源不去，生機不復。在此狀態下而高唱維新，高唱西化，西化維新縱算是一服延年益壽的最好大補劑，然而其人尚在病中，早服補劑，正以益病。醫者先當細心考察病源，病源既祛，再事培補。今在大病中急投補劑，其人所以猶得不死，正以其生機尚在，生命力猶可掙扎之故。若待其生機斲喪既盡，生命力日告衰縮，則雖有萬金良藥，亦無起死回生之望。今以西化維新不見速效，妄謂中國舊文化作梗，非一切剷除不為功，正是見病人不受補，乃欲并其生機而窒塞之。

所謂中國最近病源，舉其首要者，厥為近三百年來之異族統治。自滿清入主中國，一切措施，盜憎主人，全是猜防壓制誘脅愚弄。稍讀康、雍、乾三朝歷史的，自可知道滿清政治對於中國文化之影響。然而康、雍、乾三朝猶得為中國近代史上一段小康時代者，其一是康、雍、乾三世自身，不失為幾個英明能幹的帝王；在其統治下，雖斲喪了中國民族永久的元氣，然亦造出當時一時的榮華。其二是中國士大夫，慘遭明代亡國之痛，其從事興復的運動雖歸失敗，而他們內心一番懺悔，卻深深地存留下來；一面遇到異族英明君主的統制，一面也是智識階級官僚分子自身轉變，不肯過分貪奢墮落，勉強形成康、雍、乾三朝之吏治。然而此種情形，並不可靠。滿族自嘉、道以下，統治勢力日趨腐化，而中國士大夫經滿清一百五十年的猜防壓制誘脅愚弄，故國之痛早已忘了。明末遺老的一段懺悔精神，事過情遷，漸淡漸失。所謂學問，只有考據訓詁，在故紙堆中討生涯，與國家社會人生渺不相干。偶涉及實際問題的，便易受滿清統治者之疑忌而得禍。做官的以狐媚狗偷為藏身，為得計。上層統治者及一般智識分子所謂士大夫的，他們全惡化腐化了，政治日敗日壞，而社會發生搖動。若依照中國史慣例，川楚教乃至洪楊之接踵繼起，即是告訴我們清廷必覆，不久應該來一個澄清的局面。然而中國史已開始走上複雜的環境，世界棣通，使得中國的上層政治不能如其所應得的澄清，而造成中國近代史上一個障礙前進的勢力，至今還存在。

二百四五十年的異族統治，對於中國文化上之束縛與迫害，時機一到，中國人民立刻覺醒。民族革命的潮流，是壓不住的。然而難題連帶而起，西洋的民治思想，同時傳播到中國，使中國驅除滿清政府以後，不能如明太祖般再來一個皇帝。而中國民治的基礎，則在二百年異族統治之下，不僅沒有培養長進，而且正在背道而馳。一旦清廷退位，中國開始遇到的困難問題，便是逼得他去試驗一個絕無準備、絕無基礎的新政體，即民治政體，而無法在其中選擇一條比較緩進的漸變的路。日本的明治維新，在此點上，較之中國，他們獲到很大的便宜。天皇一統，在日本的歷史和民眾觀念中，並無十分劇變，而漸次走上憲政的路。中國要擁護滿清政府，讓其存在，而滿、漢種族之見，在當時是驟然不能消融的。滿族親貴用事，民治終難告成。要中國民族奮發自救，除非先排除滿清政府，排除滿清政府後，不得不走上一個政體上急劇的變動，這是中國政治近年來一個極大的苦痛；而居然冒險地渡過了。然而中間如洪憲稱帝，宣統復辟，幾許曲折，消損了中國前進的元氣不少。若是滿清政府在中國，並不有已往種族之見，文化之極端壓迫，與其親貴之狹隘把持，中國擁戴一個虛君，而推行憲法，或亦能如日本般順利。

滿清政府在咸、同以後，其實質與已往本已大變。地方督撫的擅權自專，中央無力駕馭，早已造成割據的風氣。政治雖腐敗，然中國已處環球棣通的新局面之下，腐敗的政府，亦得借外債，買軍火，練新兵，使得革命的民眾無力翻騰。中國的革命，雖是把滿清政府取消了，然而滿清政府所遺留下的督撫擅權、地方割據的情形，當時的革命軍並不能將其徹底澄清，而且還利用其勢力以期革命工作之順遂進行。所以民國以來，武人弄權地方割據的形勢，轉見增長。直到最近，引起不斷的內戰，斲喪中國社會之元氣，障礙中國政治之進步。這是一個更顯著的病源。若使自辛亥革命以來，至今二十六年，中央統一，各省全受中央統治，不在某派某系軍人割據之下，試問中國最近情形，應該成何種樣子？

武人割據，並非政治上一種不可排除的情形。正為政治沒有一個中心力量，而武人割據始得延長其生命。在滿清末葉，政治的中心勢力，早已逐步沒落。革命軍推翻滿清，當時所揭櫫的是民主共和政治，而中國實在距離民治的階段尚遠。孫中山的黨治訓政的理論，並不為一般人所理解。而且革命黨人，未必全宜於從事建設的政治工作。中國的政治，以其廣土眾民之故，譬如一大洪鑪，當時的革命勢力，只使舊政治分解，沒有使舊政治勢力全部下臺。因而革命勢力一旦在和平的處境下投入政治，正如洪鑪點雪，經不住化了。下層民眾，自然呈現不到政治層來。實際的中國政治，應該操在中層智識分子的手裏。而不幸當時的中層智識分子，在二百四五十年異族統治下，開始抬頭，八股小楷的素養，升官發財的習氣，一時是擺脫不盡的。外洋留學生，帶回來的全是外國理論，並不切於當時的中國。平等、自由、民權諸新名詞，生吞活剝。結果也等於八股小楷。其名則曰政黨民權，其實則是結黨爭權，於是中層的智識分子，分途依附於地方武人割據勢力之下，而互為利用。辛亥革命的結果，並不是政權之解放與公開，而實是政權之潰決與失墜。這其間負最大責任的，應該是我們中層的智識分子，而此輩智識分子，亦只是滿清異族統治二百四十年後在驟然的政治中心大動搖的局面下應有之紛擾，並不能說是他們正式的代表了我們中國四五千年來文化的正統，而為其結晶。然而一批一批吸收西洋新思潮的志士，並不肯細心看一看中國自身的實病。於是繼續政治革命而起的，遂有文化革命，社會革命，離體愈遠，而實病仍在。這一點，日本的明治維新，比較中國，又佔上幾許便宜。第一是日本的政權，從藩府到天皇，並不如中國一樣的變動得激劇。第二是日本在藩府統治下的封建道德，如武士道的忠君敬上守信立節，移之尊王攘夷，並無須大段破壞與改造。而中國士大夫經滿清二百四十年之猜防壓制誘脅愚弄，所謂士大夫立身處世之綱領節目，早已貌是神非。油滑、貪污、不負責任，久成滿清末年官場乃至儒林之風氣。一旦政體改變，名為民主，實則全須士大夫從政者的良心自負責任。而中國的士大夫，久已無此素養。所以日本留學歐、美的，回國後自有上軌道的政府，可以束身貢獻。中國留學生，出遊歐、美，回國後無上軌道的政府，只得改頭換面，另謀出路。第三是日本小國寡民，數十個志士，其力足以轉移一國的風氣。而中國地大民眾，政治機構遠非日本之比，病菌散佈，新生機不易戰勝。

根據上述，中國近數十年來的病源，只在其政治機構之不得不變；而一度激劇變動後，驟難走上軌道。這是一個簡單的病狀，並不是全民族數千年文化本身有了致命傷。若說要喚起民眾，實副民主政治之眞精神，此是百年大計，而卻非對症之良藥。稍能眞實觀察中國社會實況的人，試問喚起民眾，實行眞實的民治，其事何可遽企？若謂「先富後教」，「衣食足而後知榮辱」，此對一般社會民眾言則可，至於當官行政的，不能借此躲藏其罪過。而且政治不上軌道，官方士習不徹底澄清，科學實業也永遠不能有堅固的基礎。新中國的創興，首要是在政治上軌道。要望政治上軌道，首要是在中央政權之統一，地方割據之取消，其樞紐則在全國政治中心勢力之造成。而其負造成全國政治中心勢力之大任者，並不能望之民眾，亦不能求之軍人，而在中層階級智識分子對於國家責任觀念之覺醒與努力。要望全國中層階級智識分子對國家責任之覺醒與努力，應該有一個培養。這種培養的重任，即是國家的教育，與政府的紀綱。而不幸自清末以來，國家教育的最後最上的一級，全已付之歐、美，而自己卻不問不聞。受歐、美教育的，是政治上乃至社會上第一流的人才。國家自身並無教育，政府又何從能有紀綱？政府的紀綱與國家的教育，應該站在同一個立場，而後此種紀綱，乃能有眞實的威嚴。或者在無紀綱無教育之現況之下，而試欲擁護某一領袖，造成獨裁，豈不仍是不診病源，亂投醫藥之舊套？

幸而中國民族還不是不成器。在此數年國難嚴重、創鉅痛深的狀況之下，漸漸走上了統一的道路，政治已有一線光明。我希望一輩智識分子，不再要唱不切實際的高調，對症下藥，在擁護統一、解消割據的過程中，急速謀中層智識分子之對國家民族責任之覺醒。好從這裏建設起國家的教育，與政府的紀綱，來造成更穩固的政治中心勢力。從此自得逐步獲到科學實業之建設，乃至民主政治的實現。

（約作於民國二十六年）

四　革命與政黨

中華民國這四十年來，一切人物、一切思想言論行動，幾乎全捲入了「革命」與「政黨」之兩個對象與活動的圈子內。我們應該把此兩觀念，再重來加以一番分析和檢討。

革命的初意，本是專指由社會來革政府的命，而後來卻演變成由政府來革社會之命，這兩觀念顯然不同。社會向政府要求民主，爭取自由，於是而有革命。照理言，在那時，只該有革命黨，即來領導社會從事革命的黨。革命黨卻並非普通的政黨。要待革命完成，民主自由的政府建立起來，那時才因社會羣眾政見之不同，而有分組政黨之必要。政黨與政黨之間，只有政治活動，而無革命行為。社會對政府有革命，政黨對政黨，則只在爭取政權而無所謂革命。這是指革命與政黨之常態的分析而言。

馬克斯主張無產階級革命，革命完成，即是無產階級專政。在無產階級專政之下，應該也可有政黨。因為那時全社會只有無產階級，更無資產階級。無產階級專政的政府，照理應該即是一個全民政府，如是則即是一個民主政府。民主政府應該讓社會以自由。無產階級專政，應該讓無產階級以自由。那時的無產階級，即是全社會。全社會對政治意見有不同，自該有政黨活動出現。蘇維埃的革命，並不如馬克斯所想像的所謂無產階級革命，而是在革命完成以後來強力製造無產階級，於是變成了由政府來革社會之命。這自然不許社會另有政黨。而那一個政府黨，卻變成依然是一革命黨，而非普通之政黨。今天的共產黨，即以此一姿態而出現。

孫中山先生所倡導的國民黨，最先本是一革命黨。革命黨應該代表著全民的共同意嚮的，即向上層政府革命而爭取全民之民主與自由。「能言距楊墨者，皆聖人之徒也。」只要嚮往民主和自由的，全是革命黨，全是同志。因此革命黨遂不同於普通政黨。在普通政黨間，不妨有政見紛歧。革命黨則只有共同目標，更不必再分黨。待革命完成，革命黨即功成身退，普通政黨即接踵繼起。這即是孫中山之所謂「還政於民」。

孫中山在北京臨終時遺囑所云「革命尚未成功」，在當時是眞實的。待到國民革命軍北伐勝利，組織成了國民政府，全國大體上統一了；那時的國民黨，卻仍誦總理遺囑，仍說「革命尚未成功」；那豈不形勢顛倒，變成了要由政府來革社會的命嗎？政府要革社會之命，這一政府，必然會變成一黨專政之政府。而此一政府黨，則並非普通政黨，而依然是一革命黨。這又與共產黨分別何在？社會成為政府革命之對象，這叫社會如何能放心此政府？無怪那時的中國共產黨，要乘機再以在野革命的姿態而出現。

抗戰勝利，中共的勢力逐步抬頭。那時他們的口號，是爭取民主、爭取自由。他們是在野革命。

只要反政府的，他們都盡力爭取拉攏，認為是他們的同路人。今天中共已確實掌握到大陸的實際政權了，於是才正式開始它第二步的革命，即由政府來革社會之命。此是在朝革命。因此他們對外是一面倒，對內是人民民主專政，經濟上的殘殺鬥爭，思想上的極權改造，極盡其在朝革命之能事。於是迫得中國社會要再來革中共之命。

今天退避到臺灣的「國民政府」，就法理言，它是中國唯一合法傳統的政府。但就實際情勢言，國民政府又應該是一個處於領導國民革命的立場而求重返大陸、推倒中共極權統治的革命組織。如是則今天的國民黨，實處在一複雜困難的局面中。它該認清目標，改變作風。就法理與實情，雙方兼顧，來打開一出路。今天它不僅是一個在朝的政黨，而又應該是再做為一個革命黨，縱使它一時擺脫不了一個普通政黨即平常政治上的所謂在朝黨之任務。

負起時代需要它對大陸革命的職責，而同時它必須善盡其為平常所謂的在朝黨，有它一套政治意見，而為全國民意所擁護，而獲得其在朝掌握政權之地位。今天的國民黨，實際上已失卻其在中國大陸掌握政權之地位。今天大陸民眾已無表示其是否擁護國民黨政治意見之自由。因此國民黨儘有最好的政治意見，已無法獲得其所應有之政治地位。於是只有迫得它改取革命黨立場，即不論自己的政治意見，只要反共的，只要爭取自由的，大家集合，來共同革命。這是革命黨的姿態。今天的國民政府，固不能不顧到法理傳統，但亦不能不顧到情勢要求。它總該有一變通與改革。只有希望革命成功，大家的政治自由重新獲得，到那時再各有各的政見，各黨從事各黨的活動，來爭取民意，獲得政權。那時才是普通政黨活動之場地。

國民黨往日的錯誤，在其已獲得政權之後，不能明朗地變成為一個普通的在朝黨，而仍夾雜有以往革命黨之氣味。國民黨今天之錯誤，在其又不能切就實情，變成一革命黨，而仍保守其以前在朝黨之作風。

然而國民黨到底可變，而中共則不可變。共產黨在其先天本質上，其在社會下層向上革命，只是其手段。而獲得政權以後之從政治上層向下革命，始是其目的。換言之，共產黨只以運用政治為手段，而以遂行革命為目的。普通政黨則以從事革命為手段，而以運用政治為目的。國民黨自當為一普通政黨，而今天國民黨之重大任務，則並不是專在臺灣行使其政權，而更要的乃在如何重返大陸，完成革命。我們切盼臺灣的國民政府，不要牢守為一個僅由國民黨組織的普通的所謂政黨政府，而該使其變成一積極領導全國性的革命的政府。蔣總統之為主持全國革命運動之領導人，其意義將重大於其為國民黨之總裁。

現在再說及所謂第三勢力。目下則實際並無此一勢力，而且就實際情勢言，殆並不可能眞有此一勢力之產生。而我們亦且不復希望眞有此一勢力之產生。今天的迫切要求，是在面對大陸中共之極權統治，而急速茁壯成一個革命的力量。革命的力量不妨來自多方面，而革命的目標是唯一的，則革命的力量應該是團結的。若使有兩個以上之革命力量，而抱有兩個以上之革命目標，則此種革命力量，勢必互革己命，把力量自我抵銷，而把目標混淆轉移。顯然的，今天全國人心之革命對象是中共，我們只有在此唯一目標下集中力量，加緊團結。我們只盼用許多力量對同一目標而革命。我們不盼分散力量，對許多目標而革命。今天的所謂第三勢力，亦如上述國民黨的處境，有它實際形勢上之困難。第三勢力應該是革命的，但今天我們應該瞭解，中國今天實在還有一個合法合理的政府之存在。然若使第三勢力不是一革命的，而僅只是一個普通的政黨，則此種勢力，我們自然也只盼其於革命完成後出現。

這裏有許多實際問題，在今天臺灣的「國民政府」與一輩急切希望有一種第三勢力出現之熱心革命人士中發生分歧與摩擦。然而若使我們能共同認識當前之唯一大目標，即向中共政權爭取自由之革命的目標；以及分清步驟，即在獲得政治上的自由之後，再發揮各自之政見而互組政黨，而從事合軌道的政治活動之一種應有步驟；則我們認為其他的分歧與摩擦，實在也並無不可解決之眞實困難存在。

（一九五一年十二月八日新生報）

五　新三不朽論

一

今年適逢孔子二千五百年的誕辰。孔子的自然生命，雖在二千五百年之前，但孔子的精神生命、文化生命則至今尚在，抑將永遠無極。就自然生命言，社會亦不是一個薄平面的。有幾天幾個月的嬰孩，有八十九十的老人，同時並在。若你一檢點你的精神生命，你有刹那現前的感覺，有十年二十年前的記憶，乃至遠從千百年流傳下來的觀念信仰等，雜然並陳在你的腦際。這正如縱目平野，有朝生夕死的小草，有春榮多萎的花卉，亦有幾十年的樹木，亦有幾百年以上的老松與古柏。長長短短，同時進入你的眼簾。一個文化生命更其是如是。你若輕易地說孔子早已死去，你便是不懂得「精神生命」與「文化生命」的意義。

人孰不願不死，神仙長生術的試探，現代科學家尚無此勇氣與興會來繼續古人的幻想。但人類除卻百年大齊的自然生命以外，實在可以有一個不朽的精神生命與文化生命。這也並不是如宗教家所想像的「靈魂不滅」。在孔子以前，中國人已有「立德、立功、立言」的三不朽說，這實在是人類祈求不朽的最合理的觀念。孔子平日的行事與教訓，可說直從他以前那種三不朽說遞傳演變而來。我們今天來紀念二千五百年前的孔子，我想莫如再把這一種人生不朽的理論來重新闡發一遍。

我在約四年以前，曾有一篇靈魂與心的文章，用意即在闡發中國人歷古相傳人生不朽論的精義。這篇文章，擬把前篇靈魂與心的文章中所未及之義，再加申述。本文取名「新三不朽論」，擬從西方歐洲人對於不朽的觀念，以及佛教裏面的不朽論，用來與中國人歷古相傳的三不朽論，經孔子乃及此下儒家所發揮完成的一番人生理論相互比較，以見世界哲人對此人生如何可以不朽的儘可能已有的幾種想法與說法，來貢獻於當前這樣的亂世。大家正草草地過活，深苦於求生不得求死亦不得的當兒，這或許是我們來紀念孔子二千五百年誕辰的一個較有意義的題目吧！

二

讓我們先從西方較古的希臘哲人柏拉圖說起。柏拉圖本亦信有一種靈魂輪迴說，我已在那篇靈魂與心的文章中提到過，此處不擬詳說。此文所要說的，則是柏拉圖學說中那番最著名的關於觀念的理論。

就常識言之，人生如朝露，世事如浮雲，總沒有歷久不變的。若再深刻言之，世態永遠不息地在變，而且頃刻頃刻地變，剎那剎那地變。前一形態消失，後一形態出現。即在它出現的頃刻，便已是它消失的頃刻。自然界萬象如此，人生一切又何莫不如此。中國哲人莊周已說過：「萬物方生方死，方死方生。」這是說，在他生的當口，便是他死的當口。在他死的當口，便又是別一個生的當口。自然界萬象乃至人生一切，莫不是刻刻生、刻刻死。換言之，即是刻刻在變。變是一種相異無常。所謂相異無常者，即是說前一刻即異於後一刻。每一刻的存在，僅存在於這一刻。別一刻的存在，決不與這一刻之存在相似。刻刻變異，即是刻刻無常。這一個眞理，無論古今中外，只要你稍稍認眞，能用你的眼睛仔細一看，能用你的頭腦仔細一想，此乃一種自現不爭之眞理。無人不會不瞭解，也無人不會不首肯。然而人生在此相異無常的世態中，卻總想把捉到一個一如眞常的境界。否則人類在此刻刻變、時時變的情況中，實在將感到無法生存，無法過活。這並不是一種不近人情的哲學家之空談。好在我們正生在這一個驚濤駭浪變幻不測的亂世，人人要感到後一分鐘的世界，與後一分鐘的我，極度搖蕩，像時時有一個不可預知的變動緊逼相隨。上述的一番哲理，更容易使我們領略，不煩細論。

柏拉圖的觀念論正是針對著這無可奈何的相異無常的世態而發。即如你眼前見一紅色，你必將口裏說或心下想：我見了一紅色。其實紅色是相異無常的，刻刻在變，息息相異。若認眞說來，前一秒鐘的紅色，決不與後一秒鐘的紅色相同。紅色是無常的。說得明白一些，在這世上，可謂根本並無紅色存在。當下存在的，當下即消失了。後一刹那之所見，並非即是前一刹那之所見。凡屬存在的，全是無常。凡屬無常的，即是不存在。人生無常，只有百年，百年後即不存在。此乃一種常識，並不的確。我們該說人生無常，只有刹那，刹那後即不存在。人生如此，世態亦如此。現在你說見一紅色，你將感到紅色確然存在，而此刻為你所見；如是你將設想別人同時也可見此紅色；而且你在異時，仍可見此紅色。其實在你同時，別人所見，決不與你相同，而你異時所見，也決不與你此時所見相同。若凡有所見一切不相同，即不該與以一個一同不異的名呼。現在你說此是紅色，其實並非在你外面有此一紅色，而是在你心裏有此一觀念，而名呼之曰紅。自從人類在其刹那相異頃刻無常的所見中，開始產生觀念，總之曰「色」，渾之曰「紅」。於是把一個相異無常的實境，一轉瞬變成一個一如真常的幻想。火的紅、燈的紅、太陽的紅、桃花的紅、血的紅、女人嘴唇的紅，先後所見，彼此所見，其實各見各不同，而你用一個同一的觀念來會通為一，呼之曰紅。這一個紅（指觀念言），是永不褪色的，永遠存在的。紅永遠是紅，紅色將時時復活（其實是紅的觀念時時復活），時時再到我眼前，時時再上我心中。好像外面世界裏真有一個紅色之存在。

同樣說到形。你說我見一方形。其實方形各各不同，此一方並非那一方。而在人心中自有一「方」之觀念產生，遂覺世界上實有一個方之形永遠存在永不變形。唯其永遠存在，所以時時能在人之眼前心中再現。再現即是復活，復活即是永生，永生即是不朽。只要世界不滅，此紅色、此方形，必然常存、必然復活、必然永生。實際則只是人心中自造的一觀念。

形如是、色如是，人類之所謂種種眞理，亦莫非如是。譬如說二加二等於四，此非形，亦非色，亦非專指某一堆的實物，而為超形色、超實物之一種眞理。古如是、今如是，萬萬世之後仍將如是。東方如是、西方如是，凡有人類居處莫不如是。豈獨如上云云，若使火星或他天體有生物、有算理，二加二仍是等於四。此謂眞理，一如眞常，不能說其頃刻無常，剎那相異。其實此種眞理，亦出自人類心中之觀念。若人類心中根本無此觀念，則世間根本上亦並無此等眞理存在。

如此牽連而下，勢將涉及玄理，我們不妨就此勒住，再來說柏拉圖的意見。柏拉圖的觀念論，並不像我上文之所述。柏拉圖乃眞認為有一觀念世界在此現實世界之上，或說在此現實世界之先。此一觀念世界，乃一眞常不變者，因此亦為圓滿無缺者。由此觀念世界墮落下降，乃始有互異無常、變幻缺陷的現實界。柏拉圖把由人類心中所產生的觀念，倒裝在自有宇宙萬物世態人生之前。這一理論，其眞實與否，此處暫不討論。惟有須特別一提之點，當知西方哲學界，直到今天，仍然主張物質世界之上或先另有一精神世界存在。此一精神世界不斷在此物質世界裏展衍開露。這一種說法與想法，實在遠從柏拉圖思想導源。此一派思想，普通都稱之為「唯心論」。而即在唯物機械論一派接近自然科學的哲學家們，也都想在此互異無常的現實世界之背後，來尋出一個一如眞常更不變動的眞理，作為這一個互異無常、變幻不居的現實世界之本體的存在。「唯物論」雖若與「唯心論」主張不同，其實他們的思想根源，也可說還是與柏拉圖的觀念論血脈相通。

以上述說，只在柏拉圖的觀念論，以及近代西方的哲學科學思想，都有在此變動不居的現實世界裏面找尋一個一如眞常的不變本體之要求的動機。換言之，此是一種想望「不朽」的動機。惟此種不朽，縱使眞實，也只是外面世界的不朽，卻非人生本身的不朽。深入言之，則此種不朽，只是一種觀念的不朽，或說是理智的不朽，卻還與人生不朽隔一層。如是則仍與人生要求不朽的眞動機隔一層，仍不足以滿足人生之眞要求。所以歐洲人無論在哲學界、科學界，都還不夠滿足人生，不得不別尋出路。

三

讓我們轉移目光，來一看他們的文學。西方文學有一特殊色彩，即是他們的文學，始終脫離不了男女戀愛的題材。男女戀愛在西方成為人生問題中一極嚴肅極認眞的問題，這並不是偶然的。愛情正是人生在互異無常中屢屢重複出現的一件事。中國人也說：「海枯石爛，此情不變。」人生在戀愛中，卻眞可嘗到一種不朽的滋味。就如上文所說，觀念的不朽，以及理智的不朽，都是一種形式的。所謂形式，是指其為抽象非具體的而言。非具體的，即是指其不包有任何內容的。如紅的觀念，只是一種形式，抽象而不具體的，不包任何內容的，並不專指著火之紅、燈之紅、太陽之紅、血之紅、女子嘴唇之紅之任何一實體之紅而言；乃始成為一觀念，超出現實，而獲有一如眞常之地位。若一落入現實中，則任何一種紅色，永遠在變、時刻在變，又且永無再現之機會。永不再現，即是變幻不實，正是人生所求逃避與擺脫的。男女之愛，無論其如何眞摯、如何純潔，卻必有一對象。有對象即有內容，即落具體；對象消失，即愛情變成悲劇。東方人則較著重於夫婦之愛，較不著重於男女之愛。這裏邊有一分別。男女之愛，不能無對象、無內容。夫婦之愛，則比較超對象、超內容，而漸接近一種形式化。只要是夫婦，則瞎眼也該愛，缺嘴也該愛。形式的是空洞的，因而可以少變，因而可以是一如眞常。如是言之，夫婦之愛，已由愛情轉入了道德。西方哲人像康德，主張道德是一種先天性的；道德的最高境界，應該到聖人復起無以易此的地步。這便是說，無論何人處此境界，他的所作所為，必定像我今日般，沒有變異。這猶如二加二等於四，這即是一如眞常。這即是說，只要我的處境復活，我的那套行為也必然復活，再無更動。此即是一種不朽。而此種不朽，仍然屬於形式的，仍然是一種理智的不朽。像康德般的講道德，勢將如東方人之講夫婦之愛。理性的容易是形式的，形式的容易是空洞的、冷靜的。人生之眞要求，仍不能在此上得到滿足。

讓我們再轉移目光，來看西方之宗教。斯賓諾莎在男女戀愛上失敗了，卻轉移精神到對上帝的愛情上面去。男女之愛不能沒有一個特殊對象，因此，即落具體。一落具體，即不能眞常一如。不能眞常一如，即陷於變幻不實。宗教的愛是愛人類，正如紅色、如方形，是一個觀念。觀念可以不落具體，可以一如眞常。只要人類不滅，則此種愛即復活，能復活即是永生。耶穌在十字架，即是此種人類愛之最高象徵。只要人類不滅，耶穌在十字架的那番心情，必然會復活、必然會再現。所以耶穌在十字架，便是人生之眞實不朽，即是永生之最好的模樣。

然而人類的觀念，一樣容易陷入形式、陷入空洞。男女之愛並不是男的愛女，女的愛男。他之所愛，一定有一個可愛的具體條件。男的或愛女之風流，女的或愛男之英俊。有條件才能生動。愛人類是無條件的。耶穌十字架兩旁的竊盜，也在耶穌之愛中。世界上凡屬人類，全在耶穌之愛中。何以人該有此無條件的愛，這便須有一理由。形式的總容易是理性的。耶穌教認為人人是上帝之子，所以人人盡該愛。正如上述東方人道德觀念，他是我的妻或夫，所以瞎眼也該愛，缺嘴也該愛。既是理性的，則容易是冷靜的。其中道理，不難自明。在這上面，我們可以說明，何以歐洲人在哲學上、科學上都不能滿足人生之眞實要求，而必有待於宗教與文學；而宗教與文學又是一樣地不能滿足人生之眞實要求，而互相有待。耶教高唱博愛精神，而每易流入不容忍，甚至於互相殘殺，如宗教革命時期之所表現。正因其是一種偏形式、偏理性的傾向。其實西方耶教與西方哲學科學還是同根連理，一鼻孔出氣。而西方人的男女戀愛，永遠得成為他們人生偏枯之一服大溫補劑。要之則為人類對人生不朽之一種內心的深邃要求，則四者同於一根。

四

現在再說一些佛教的理論。小乘宗的靈魂不滅論，也已在我靈魂與心的那篇文章裏說過。現在要說的，是大乘佛教中所提出的涅槃理論。「涅槃」是一種心理境界，是人心的一種寂滅境界。上文說過，世態人生，刹那地在變，頃刻不住，瞬息無常。此一種現象，也都在人類的心之覺識上認取。所以佛教常說：「三界唯心，萬法唯識。」人生最感痛苦者，即是那瞬息的變，瞬息的不住與無常。歐洲人用理性來尅滅這一種不住與無常。佛教則不用理性而改用「觀照」。世間更無刹那的理性，只有永恒的理性。愈是永恒，愈見其為理性，刹那的決不成為理性。而佛教正在教人捉取此刹那。刹那刹那相異，刹那刹那不住，若你果能在此刹那上觀照，則上文已說過，刹那存在，同時則是刹那消失，消失、存在，同此一刹那。因此刹那觀照，並無內容可言。既無內容，自無同異可論。既無同異，亦無消失、存在可辨。不住即住，住即住此不住。無常即常，常即常此無常。此之謂「寂滅」。寂滅只是在觀照上不起波瀾，不生變化，永永如此。此即是涅槃境界，並非取消形式，而實為一種絕對的純形式。歐洲方面的形式是理性的，而佛教的形式則為一種非理性的。理性即可謂形式的無內容之內容，今從形式中排除理性，所以稱之為絕對的純形式。

佛家對此絕對的純形式之觀照，有時由體言，稱之為「識」，有時由用言，稱之為「念」，亦有時稱之為「見」。你在刹那頃必有所見。你若稱此見為紅，或稱此所見為太陽之紅，此即賦所見以內容。此即是你之觀念，亦即是你的理性。此在你所見上已起了一波瀾，已將你此刹那所見，與前一刹那所見勾搭連合，由你理性組織之，而始有此紅的觀念在你心上浮現。其實前一刹那早已消失，何得與此一刹那勾搭連合。而且此一刹那亦已在此一刹那頃消失不復存在，更何從說此一刹那你有所見，而且所見又是紅色，又並是太陽之紅呢？然而此一刹那實有所見，此一刹那頃之消失，即是此一刹那頃之存在。所以說「色即是空，空即是色」。色如是，聲亦如是，形亦如是。人生一切盡如是，生亦如是，死亦如是。若專就見而論，即是見性不滅。若統就識而論，即是佛性不滅。人人具有此識，所以人人具有此佛性。所異者，佛能使此性寂滅，而眾生不能。正因眾生有理性，佛則並此理性而空。然亦只是空此理性，並非並見與識而一切空。若並見與識而一切空，則是枯木死灰，成了無形式的，而非純形式的了。佛家之純形式的觀照，即是佛家之最高理性。佛家之最刹那的觀照，即是佛家之最永恒的眞常。

現在再明淺申釋：你若見所見為色，便與見形互異。你若見所見為紅色，便與見綠色互異。如是則使你墮入無常的煩惱中。你若只是此當下現前之一見，莫思前、莫想後，不加識別、不加思維，則此一見，本性空寂，並無內容。當知你認為是所見之內容者，並非眞屬所見之內容，而是將你以前另外之一見，勉強塗附，而始見其有內容。無內容而有此見，乃為純形式之見。亘古亘今，只要有一眾生有一見，將無不與此見相同。見與見之所由不同，乃由於人在見上加進了內容。此之謂「我見」。內容盡屬我見，有內容便相異，有相異便有生滅無常之苦。無內容便無相異，無相異始能一如眞常。如是人便到達了涅槃境界，此是滿足了人生不朽的要求。我將名此種不朽為「寂滅的不朽」，以示別於歐洲人「理性的不朽」。

理性在歐洲人，常視為用來滿足人生欲望的最佳工具。數理是最形式的、最理性的，然而同時也是最功用的。火之紅，可以燃。燈之紅，可以照。太陽之紅，可以煦。女子嘴唇之紅，可以吻。一切的名呼識別，一切的觀念與理性，其背後都有某種人生欲望為之驅遣調排而始成立。即有生理上某種欲望之要求與滿足，始產生心理上之某種識別與記憶。因此一切觀念、一切理性，並不與外面事物之眞象相符合，卻只求與自己內心的欲望要求（即我見）相符合。一切觀照內容，全由觀照者自心之欲望而塡入。然而欲望將永遠不得終極的滿足。一欲望滿足了，另一欲望即隨之而起。佛家的人生觀，即在根本掃淨一切欲。人欲淨盡後之觀照，始能達到純形式的境地，始能符合於當下現前事物之眞象。我們對佛家理論，同樣不想從此再往深處敍述。

即就上文所論，可見佛家必然地將由宗教的轉變而為哲學的，又由哲學的轉變而為人生日常心智之操習與修養方面去。但佛家這一種心智之操習與修養，將永遠走不上歐洲方面科學的途徑。而佛家對於男女愛情，勢必徹底排除，始能到達他們所理想的觀照境界。至於佛家對於全人類的人生問題，既是如此關切，他希望人們完全由他所指示的路向而到達人生不朽境界，那便算是佛家的大慈大悲了。

茲再將上述印、歐兩方對於人生不朽論之大義重加申說如次：自然生命是無法不朽的。所能不朽者只在精神生命與文化生命。而所謂不朽，則只是求其能在人生中再現。一番再現，即是一番復活。而所謂再現，則只是形式的，而非實質的。人生的某項形式，若能在人生中普遍再現，恆常再現，這即是一種人生之廣大與悠久。就實質論，刹那變滅，互異無常，只有超實質的形式，始能普遍再現，永恒復活。人類的精神作用與文化功績，便在其能超實質而趨向於形式化。然而形式必附帶有內容，附帶有實質。精神生命與文化生命必依著於自然生命而始有其切實之存在。因此形式乃超實質的而同時又必為包涵有實質的。形式價值之高下，即由其所包涵之實質量之多少而為判。因此精神生命與文化生命之價值高下，亦一視其所包涵的自然生命之實質容量之多少而為判。人生現象中，最能普遍再現永恒再現者，莫如人與人間之相互的愛。其偏傾於實質方面者，莫眞摯於男女之愛。其偏傾於形式方面者，莫偉大於全人類之愛。然因男女之愛所包涵之實質內容量太重，常使其不能超脫內容而躋於理想的形式化。全人類之愛，則又因其所包涵之實質內容量太輕，往往易於陷入形式化而漏卻了眞實的內容。男女之愛，形成一種文學的人生。全人類之愛，形成一種宗教的人生。各有其不朽的價值，而亦各有其偏弊。

五

孔子的人生教訓，亦注重在一種全人類之愛，此即孔子之所謂「仁」。惟耶教之全人類的愛，必通過上帝或上帝之心而始有其可能。上帝或上帝之心，則只是一觀念，只是一理性。換言之，即只是一形式。耶教的弊病，往往容易在上帝或上帝心之形式中轉把實際的自然人生漏掉。因此歐洲人不得不把男女之愛來填補此缺洞。然而男女之愛，又嫌對自然人生之實質上的願望與要求太濃厚，不免要損礙了精神人生之純潔的形式化。孔子的全人愛，並不須一上帝作仲介，並不要透過上帝之心而始到達全人愛之境域。孔子亦不過分提高男女愛之價值。孔子只在自然人生中指點出一個親子之愛來過渡到全人愛。親子之愛所包涵的自然人生之實質量並不見其輕減於男女之愛，而實更為一形式性者。男女之愛，可以自由挑選對象，在愛的對象上附有自然人生種種實際條件。此諸條件，則盡屬自然人生種種具體的欲望與要求所形成。親子之愛，在基本上不再有條件，不再有另外具體欲望之羼入。男女之愛的對象，可以自由轉換。轉換的動機，則起於自然人生中某種另外的欲望。親子之愛的對象，將不可能自由轉換。親永恒為親，子永恒為子。親子間的愛情，出於自然。親子之愛，乃以自然純潔之愛為基礎，為出發點，而容許其增入某種相互間之欲望者。男女之愛，則往往由某種相互間之欲望為基礎，為出發點，而始達到於愛之領域者。耶教認上帝為天父，此乃象徵於自然人生中的親子之愛而轉換到另一種形式，才始到達其全人愛之境域。儒家思想則只主「老吾老以及人之老，幼吾幼以及人之幼」，即由自然人生中的親子之愛，直接推廣、直接引伸，而達到全人愛之境域。故耶教之人生不朽，必由自然生命中超脫逸出，而始到達於精神生命。此種超自然的精神生命，以其過分用力擺棄自然生命，而容易有害於文化生命之發展。孔子教義則即在自然生命中獲得其精神生命，故於文化生命之進展可無妨礙。

歐洲耶教人生中，不免要有一番「文藝復興」的運動。此種運動，簡率述說，則為一種由上帝靈魂之愛轉向於男女肉體之愛之一種運動。自有此種運動，乃始有近代歐洲之新文化。然而男女之愛，又不免偏傾於自然人生之實質方面，容易陷入變幻消失之苦惱。於是遂有機械唯物論一類極端理性的主張，以及重新創建上帝心的近代哲學界之一番努力。孔子教義始終未曾超脫自然人生，而已到達精神人生之境界。即由自然生命為基層，而向上建築其精神生命之園地。故在中國實不須有，亦不能有像歐洲般的一種文藝復興。中國人對男女之愛之價值觀，常常輕於夫婦之愛，而又以夫婦之愛隸屬於親子之愛。在中國人觀念中，對於男女之愛，實不需如佛教教義之徹底剷滅，亦不需如歐洲思想在文藝復興以後之過分抬高。中國人觀念中之男女之愛，仍有其存在，而僅次於夫婦之愛，而夫婦之愛又次於親子之愛。所以有此分層，則為顧全到達於全人類之愛而不得不然。

如是則易於使人認為孔子教義為全屬一種道德性者。然孔子與儒家思想中之道德觀，仍復與西方近代哲人如康德的道德觀有分別。康德之道德觀，乃想像有一個超越自然生命以上之精神界，發出一種先天必然的命令，而始於自然人生中有道德的意識。孔子教義，則即在自然人生的基礎上，建造道德人生，而完成精神生命之領域。故歐洲人之文化觀，常見為精神生命戰勝自然生命之一種產物；而中國人之文化觀，則為即從自然生命中創造出精神生命而形成。換言之，歐洲人的精神生命，乃超先於自然生命之上之外，而中國人的精神生命，則植根於自然生命之中，而逐次發展完成。故由孔子教義論人生不朽，實即不朽於自然生命之裏，而非必須超脫自然生命，擺棄自然生命，或剋制戰勝自然生命，而始有其不朽。科學在孔子教義裏，也有其地位，而亦將為次級性者，不能如在歐洲與宗教相對立。此為孔子教義中之人生不朽觀，所由與印、歐雙方絕大不同之相異點。

然則孔子教義，實為一種形式與內容並重、抽象與具體兼顧、自然與精神交融的一種教義。故在孔子教義中，理性的價值不得不減輕，而仍有其地位。功利的觀點不得不降低，而仍有其存在。道中庸而極高明，人人在親子之愛、夫婦之愛裏面，可以領略到人類的一如眞常的愛的情景與滋味。人生之最眞切處為情，而情的最眞常處為愛。愛必在人生中普遍再現，永恒復活。只有領略到人生的愛的情味者，始有其不朽之存在。愛必然是具體的，有實質的，有內容有對象的。而同時又得不害其是抽象的、形式的，無內容與對象的。我愛父母，只因他是我的父母；我愛子女，只因他是我的子女；更不在父母子女之外另加條件，另加具體內容，必具某種條件某種實質之父母子女，而始有我之愛。此種愛則加進了我之欲望，而附帶有理性與功利的觀點者。男女之愛，常不易脫出此種具體條件與具體內容，故男女之愛終必帶有一種理性，終必帶有一種欲望與功利觀點。只有親子之愛，中國之所謂「天倫」，乃始純粹屬於自然人生之支配。而即就此自然人生中自然創造出精神生命。人類文化進展，即由此植基，由此導源。

故孔子教義，專以「孝弟」為「仁」之本。必在此本源上，乃始許有理性之運用與功利觀之活動。理性與功利觀全屬次級性者，不能先由理性乃始引導出愛，西方宗教人生裏的上帝信仰，則是先由理性而導出人類之愛者。亦不許先由功利觀點乃始導出人類之愛，西方文學人生中的男女戀愛，實是先由功利觀點乃始導出人類之愛者。此處可見中國人心中所認之理性與功利，與歐洲人心中所認之理性與功利之相異。故在孔子教義中，上帝信仰與自由戀愛，皆不重要。而亦非必然將剷除其地位與價值。

六

有人懷疑孔子高提親子之愛，將不免有時要違逆人類的理性。其實宗教人生中之上帝信仰，雖必經人類理性之洗煉而成，又何嘗不有時違逆了人類的理性？文學人生中的男女戀愛，雖經由人類的功利觀點與欲望要求而發展，又何嘗不常常與人以苦痛與束縛？但在人之理性上，可以不能信有上帝之存在。在人之功利立場上，可以永遠找不到一戀愛之對象。若在男女異性愛之自然疆域中，便無失卻對象之虞，可見自由戀愛已超越自然人生而進入精神人生中，而此種精神人生，則實為挾有功利觀點者。惟此處功利一語乃廣義用之。而在自然人生中，則自然必賦與一親子之愛之自然心境而無人不可得。孔子偏講孝，不偏講慈，亦為此故。人人必得有父母，卻不必人人可得有子女。故在中國人生中，人人盡可得此一份不朽人生之經驗。

而在歐洲人生中，雖人人可見有一不朽之外界存在，而不必人人盡可得此一份人生不朽之經驗。在佛教人生中，人人若經一番心境界之操習與修養，應可人人盡獲一份人生不朽之經驗；然佛教教義，乃在排斥自然生命而始獲有此種精神生命之經驗，乃亦由此精神生命而復將取消文化生命之展衍者。孔子教義則即在自然生命中教人獲得精神生命，而復由此精神生命走上文化生命的悠久前程。孔子這一種不朽論，我們可以稱之為「人文的不朽論」，亦可稱之為「性情的不朽論」。孔子講愛，即在自然生命的性情上講，即就自然生命中之性情上建立起精神生命與文化生命。

今天的世界，全在極度動亂中。尤其是今天的中國，更在極度動亂中。人生草草，今日不知有明日，今日也不能回想到昨日。那裏說得上性情？那裏說得上文化？然而剎那存在，即是剎那變滅，世態人生的本質，早就如此。人生之可貴，正為能在此無住不常的變動中找出一個一如眞常的境界來，好讓人安身立命。我們在今天那樣動亂的世界、動亂的中國來講一些不朽人生的眞理，來講一些仁與愛的不朽眞理。尤其在今天的中國，仇恨鬥爭殘忍殺伐的氣氛瀰漫著，民族文化到了存亡絕續之際，來紀念孔子二千五百年的誕辰，來講孔子的人性文化的不朽眞理，我想也該是頗有趣味，頗有關係的。

（民國三十八年九月民主評論一卷六期孔子誕辰二千五百年紀念）

六　學與人

一

欲求瞭解一民族之文化，當先瞭解此一民族之人生，即此民族中人之所以為生者，而更要則在瞭解其所學。若使人而無學，則其生常在自然原始階段，將無文化可言。

今試舉中國與西方為例，而先提出一問題。究是為了「人」而始有「學」，抑是「學」可以外於「人」而存在，為了尋究此「學」而始須「人」之努力從事？換言之，究是由學來完成人，抑是由人來完成學？再換言之，一切學是否為人之主觀而引起，抑有其客觀自存之地位？由於對此問題之答案相異，而遂引起雙方文化之莫大相異。請繼此略作申論。

其實此兩答案，亦若各有理據。苟非人，如何得完成學；苟非學，亦如何得完成人。而且此兩面，亦是相互會通。由人來完成學，由學來完成人，如一條線，由這頭到那頭，亦可由那頭到這頭。

循環相通，彼此如一，極難說誰是而誰非，或誰先而誰後。然而在此共同道路上，或從這頭起，或從那頭起，各自向前，可以愈走愈遠。回頭來看，可像各走一線，渺不相涉。而且距離日遠，難於會合。

西方人似乎很早便看重到各種學問之分類，似乎認為每一項學問，都有其客觀之存在，與其各自的終極境界，而有待於人之分別探討。因此學與學間，分疆分道，而待人以各不同的方法，各走各路，而形成為各種學問之專家。如哲學家、文學家、藝術家、宗教家、自然科學家等皆是。如此，則是由人來完成了學。當然，此諸學，亦同樣可於社會大群有其各不同之貢獻。但深一層言之，則是學為主而人為從。各種學問，各有其客觀之存在，即外於人而存在。而人之努力，則只為發現此學蘊奧之一工具。此一趨勢，直到近代，愈演愈烈，循至為了學而失卻了人。因每一人只附屬於每一學，而又是附著於每一學之分枝小節上。皓首腐心，循至除卻其所學，乃不見其人之存在。學問上的分工愈細，而從事於學的人，則奔馳日遠，隔別日疏，甚至人與人不相知。會通合一在其學，而不在其人。而人之從事此學者，又多不知此學之會通合一究何在。若有知者，乃屬少數中之尤少數。故使學愈大而人愈小。人之地位，乃為其所學所淹浸而吞滅。

二

中國觀念則不同。中國人似乎很早便認為學只為人而有。一切學之主要功用在完成人。人的本身則別有其存在。此一存在，則自有其理想與目的。即是說，人必該成為如何樣的一個人。而其從事於學，則只為追求此理想、到達此目的之一種手段與工具。因此，在中國觀念中，重在為人分類，如聖人賢人，大人君子，善人惡人，智者愚人，非常人與庸俗小人等。而一切學問之分科分類，則轉屬第二層次而忽略輕視了。

在中國觀念中，好像一切學之共同出發點是人，其共同歸宿點仍是人。人是主體中心，由此主體中心之種種需求而展演開放出種種學，學本非外於人而存在。種種學既無其獨立客觀之存在，故無為之嚴格分類之必要。換言之，人為主而學為從。每一學之背後必有人，人之重要遠勝於其學。治學者，貴能從學之後面來認識人，再來完成其自我。待其既完成了一人，自會由其人展演出一套學。因於各人才性不同，所生時代所遭環境又不同，於是其所展演完成之學亦不同。而主要尤在學者之所志，與其及身當世之習俗與風尚。故孟子曰「知人論世」，亦即所以論學。要之學只包括在人事內，不能超出於人事外。

姑舉孔子為例。孔子博學而無所成名。極難說孔子是一思想家或哲學家，亦不當說孔子是一政治家或教育家。孔子心中只想學做一人，而後世亦只稱孔子為「聖人」。孔門之學分四科，曰德行、言語、政事、文學。政事中又分理財治軍等，言語乃謂國際外交之應對辭令。此皆指實際行事言。文學乃實際行事之已往經驗之種種記錄。德行則包括此三者，而能會通合一。所謂「君子不器」，不偏陷於以一專長自限。而尤要在「用之則行，舍之則藏」，不汲汲於求表現。如閔子騫、仲弓，皆曾在政治上小有所試。而閔子曰：「如有復我者，則我必在汶上矣。」可證其人格之完美與傑出。而顏子尤為德行之選。要之在學之上更有人。顏子曰：「如有所立卓爾，雖欲從之，末由也已。」此指孔子其人，不指孔子之學。顏回深知於此，故孔子尤稱顏回為「好學」。

孟子曰：「乃吾所願，則學孔子。」而又曰：「禹、稷、顏回同道，易地則皆然。」皆然者，同為一理想的大聖與大賢。做人是第一事，做了人始能處世，始能成學。顏回若易處禹、稷之地位，顏回亦必有一番表現，非謂顏回亦必成一水利專家與農業家。禹、稷若易處顏回之地位，則亦將一簞食、一瓢飲、在陋巷，此皆指其為人言，不指其成學言。

屈原在後世，被稱為一文學家。然屈原當生心中，並不想成一文學家。屈原關心君國，有所憤鬱，偶爾發洩，遂形成一種絕上乘之文學作品。若屈原在孔門，既兼言語、政事、文學之三科，而亦上躋於德行之一科。若必以後世所謂文學家相繩，則屈原弟子宋玉，庶乎近之。因宋玉只知學屈原之為文，不知學屈原之為人也。

更下如司馬遷，亦不能僅說其是一史學家。司馬遷之史學，亦如屈原之文學，乃其人生過程中之一種流露。在司馬遷史記之後面，更當知有司馬遷其人。其作為史記，乃學孔子之作春秋。然司馬遷心中，主要在學孔子，不在學孔子春秋之一書。故曰：「高山仰止，景行行止，雖不能至，心嚮往之。」不知司馬遷，而徒讀其史記，是未為能善讀史記者。

三

根於上述，皆證中國傳統，重人更過於重學，學不外人而存在。故所重在為人之品格分類，不重在為學術分類。直至劉向、歆父子之七略，及班固漢書藝文志，亦僅為書籍分類，而稱之曰「王官學」與「百家言」。百家中分儒家、墨家。凡此皆仍從人事分，不在分學之內容。魏晉以下，始有經、史、子、集四部，然所分仍是書之體裁，非關學之內容。就書論，此書可歸入經，此書可歸入史。若就著書人論，則其人自可分類，卻不能專就其所著之書分。

此一層，可再就後世舉例說之。如北宋學者歐陽修，其人究是一文學家，抑史學家，或經學家，或思想家，或政治家，此殊難分。彼之著書，可分別歸入經、史、子、集四部。彼之為學，則確然成其為歐陽子之學；而其為人，則確然是一賢人與學者；如是而已。若必目歐陽修為一文學家，在彼心中，必所不受。彼時時提到僅知從事為文之不當與無價值。若必謂歐陽修為學從韓愈入，則歐陽修心中所重，乃韓愈其人，非僅屬韓愈之文。韓愈自稱：「好古之文，乃好古之道也。」是豈僅好於文者。故曰：「並世無孔子，則不當在弟子之列。」此亦自重其為人，非自重其為文也。韓愈極稱孟子，而曰孟子「大醇而小疵」。孟子拒楊墨，韓愈闢佛老。其學皆歸於人事。韓愈之為文，亦僅是韓愈人生過程中之一種流露。中國人向來論文，莫不如此。故曰：「流落人間者，泰山一毫芒。」韓愈、歐陽修之為人，是一泰山。其所為文，則泰山一毫芒耳。非知此，則不足成為中國傳統中一具有最高理想與最高價值之文學家。文學必從人生來，非第一等人，即不得為第一等文。李白之遜於杜甫，柳宗元之遜於韓愈，皆在此。故專攻文學，不得成一文學家，專攻史學，不得成一史學家。治學必重其為人，此是中國人觀念。

下及清代，有人把學問分為義理、考據、辭章三大類，亦有人增入經濟一項為四大類。其實此種分法，仍不是就學之內容分。考據應是考其義理，辭章則是義理之發揮，經濟乃義理之實際措施；則不啻謂一切學問，皆以義理作中心，而義理則屬做人之道，仍是重人過於重學之見解。

四

欲求瞭解中國文化，當先求瞭解中國人，而更須瞭解中國人之學。惟其中國人之學，主要在如何培養一理想完整之人格，故在中國文化體系中，乃不發展出宗教，因宗教功能，已在中國傳統觀念的「學」之範圍以內。而自然科學之發展，在中國文化體系中亦受限制。如天文、數學、醫藥、農事等，在中國傳統觀念中，終屬一才一技，雖人羣社會有此需要，然於教育一完人之理想上，則屬較次之階層。孔子曰：「古之學者為己，今之學者為人。」所學在技，皆是為人。技而進乎道，乃是為己。如禹之治水，稷之治稼，則是技而進乎道者。即如文學、史學等，可以分門別類成為專家之業者，皆非所急；聖賢之學，不在此枝節上著力。如陶潛、杜甫之於詩，司馬遷、歐陽修之於史，亦庶幾乎技而進乎道矣。故陶潛於詩稱隱逸，杜甫於詩稱詩聖，而司馬遷與歐陽修皆不得專以史學目之。

古希臘人言：「智識即權力。」中國傳統亦無此想法。權力當在人與人相通之知、仁、勇三德上，當為自忠恕孝弟向上所達之理想完美之人格上。惟大人君子，聖賢中人，乃為於人羣社會中有眞力量，決不限在智識一端。而「權力」二字亦非所宜用，人與人相通在「道義」，人與人相制乃需權力。而法律與財富，亦不為中國傳統觀念之所重。此之謂中國傳統文化中之人文主義。中國傳統中一切之學，皆從此出。

不瞭解中國文化，即無以瞭解中國人之學。而不深通於中國人之學，亦無以深通於中國傳統文化之大體系，及其意義價值之所在。今欲如何接受西方新學，以為中國文化釋回增美，此是近代中國學人一大責任。若分別學與人為二，僅知從事傳入西方之所學，而昧失了中國自己所以為人之道，則人之不存，學於何有！若人與學而盡求西化，則民族亦將不保。此雖非急切所可驟睹，而事有必致，則尤值吾當代學人之警惕。

（一九六〇年五月美國哈佛大學東方學術研究所講演，原題「學與人」，改寫後改為今題。）

七　人生三講

談人生

一

天地間最尊嚴者是人。最值寶貴者是人之生命與生活，即人生。

但人沉浸在此人生大海中，卻不識此人生大海之深廣，甚至不識此人生大海之實相。

聊舉兩例為譬：

兩人出門奔馳，一是逃人，一是追者。

兩人同飲酒肆，一為歡樂，一為愁苦。

此兩人之生活，外形相似而內心迥異。

今試問人生究應重外，抑重內？究應以形為主，抑以心為主？中國古書列子中有一寓言：一王者夜夜夢作苦工，勞倦不堪。一工人夜夜夢為王者，其樂津津。此王者願與此工人互換生活，但此工人拒不接受。

當知日間此王者所享受，只是肉體的、物質的，在生活之外面。其夜間夢境雖虛，卻是內心的或說是心靈的。此屬生活之內裏。感受深切，像是虛假，卻更真實。

肉體只是人的生命的一套機械或一副工具，因此肉體生活，其實只是人生一憑藉。或說是一層外皮。

心始是人生之主，心始是我之真吾。心生活才始是我們的真生活。

二

今問心究何在？

前人指人身內之心臟為心，今人指人身內之腦細胞為心。其實心臟之與腦細胞，同屬人身肉體之一部分，並不是我上說為人生之主為我之真吾的心之所在。

心究竟何在，到今仍為人生一大謎，許多人並不能解答此一謎。

若我們真要覓心所在，應該從實際人生中去尋覓。所幸求覓此心者即是此心，當下現在，人人可以不言而喻。

孟子說：「人有鷄犬放，則知求之，有放心而不知求。」此一說，至今仍見其眞實。

但只要你知求，此心即在。

因此，孟子所說的「求放心」，實是人生一件大事，但卻非人生一件難事。只須一提醒，大可不煩多說。

三

在宋人小說中有一故事說：

一人出門遠行，以其家託一友，以三年為期，許其友就此家宅自由作主。一切經濟收入，盡交此友自由使用。

此友量度此家宅，覺有兩缺點：一是缺少一花園。一是毛厠太不講究。遂刻意修建改造。

三年後，其人返，其友為其家宅興造了一所花園，改建了一間毛厠，恰抵完成，而心力俱瘁。在此三年中，卻未過到一天安逸與享受，爽然自失地離開此家宅。

此故事言淺意深，可知人生不外有三態：

一，如此友人，不知為誰辛苦為誰忙，到頭一場空。一，是沉溺於物質生活中，醉生夢死，心為形役，到頭不知把己心放何處。

此兩態，全是孟子所謂之「放心」。

除此兩態外，應有第三態，教人能把心恰放在好處。

如何把此心恰放在好處，此是人生惟一大道理，亦是人生惟一大學問，有待我們各人在各自的實際人生中去參究，去體悟。

四

臨了，讓我再講宋人另一小說故事。

一解差押送一和尚，同在途中。有一晚，和尚設法灌醉了那解差，私自易服脫逃，待解差醒來，身上穿了僧衣，頭上戴了僧帽，一時糊塗，大叫說：和尚猶在此，而我（解差）卻走失了。

此一故事，同樣指點出人生一眞理。

今天的世界，大家為著物質生活而忙迫，大家盡心一意去奉侍此肉體，因此一切生活只都粧點在外皮上，更不知有人心眞生活所在。我姑名此時代為「我走失了」的時代。

這世界中，到處見有一個個的人，其實都是以外形肉體為主，在其生活中，卻覓不到一個眞吾，即是為人生之主的心。這可說是心走失了，或說是我走失了。

在此茫茫人生大海中，興風作浪，發號施令的，全為著有關於外面物質方面的，而人之眞心卻絲毫作不得主。

作為我之眞吾之心，實際上早都墮落而為奴，為物質生活之奴。更可悲的，連此奴之存在這一層，也已為人們所遺忘。

人之生活，都只見了物質，卻不見有心。

有志救世的惟一最緊要的，只該先求回此心，把它來放一恰好處。

要使人人知有一眞吾，人人有一眞主人公，安居在自己家宅內，先把自己家門以內安排妥貼，自己得救了，再來整理外面。如此始是正辦。

我上面所講，或許太抽象，但具體的一切，正待我們在各人之實際生活中去證認。這貴在我們之能反身內求。

五

中國文化傳統講人生道理，最主要的便是講這一層。

諸位若瞭解得此大意，再來細讀中國各時代各派重要思想之著述，都可迎刃而解。

諸位若聽此講演，覺得有意義，要更進一步來探求此中一切更深道理，自然會更重視中國文化傳統之內蘊。

談人格平等

一

昔人問孟子：「天下烏乎定？」曰：「定於一。」「孰能一之？」曰：「不嗜殺人者能一之。」

今天西方帝國主義殖民政策正在退潮，世界日趨於分離，誰也不能來一天下。

但天下總須定。烏乎定？曰：定於人類之平等。

依照中國人理想：一家人平等謂之家齊，一國人平等謂之國治，天下人平等謂之天下平。

但人類有許多事實上問題，根本不可能平等。

論功業，功業不可能平等。一個政府，同時不能有兩元首。一個軍隊，同時不能有兩統帥。同一機會，為此一人佔了，那一人即無望。機會有限，建功立業，只屬少數人有份。

論財富，同樣不可能平等。在千萬貧人中產出一富人。所謂平財富，只是一理想，到頭所能平者極有限。而且平財富，易於叫大家窮，難於叫大家富。

不僅功業財富，不可能有平等；即體力強弱、智力高下，天地生人早就不平等。但人總是人，大家是人，人與人間理該平等。

近代西方人所倡之平等，只在法律上。有法律上之平等，同時有機會上之自由，平流競進。法律以外之不平等，儘多存在。

二

依照中國人理想，人類平等乃指「人格平等」言。所謂人格，乃指人之所以為人之內在價值言。故一提到人格，則不論地位貴賤，不論財富高下。法律只是消極的。不犯法，不一定有人格。機會只是世俗的。沒機會，也不一定沒人格。

人格只辨有無，可以不分等次，更亦不要競爭。此人有人格，便是人，或說是好人。此人無人格，便不是人，或說是壞人。好人有人格，此事人人能做。孟子說：「人皆可以為堯舜。」南朝時高僧竺道生說：「人皆有佛性，故人人皆得成佛。」明代大儒王陽明說：「聖人只爭成色，不爭分量。」這一理論，演出「滿街都是聖人」之說。因此說端茶童子也可以是聖人。

陽明困在龍場驛時曾說過：「若使聖人來做我，更有如何好做法？」端茶童子也可說：若使孔子來代我端茶，他更有如何好端法？不論地位高低，不論財富多少，人生職業中，端茶總還是人做的事。

仰不愧，俯不怍，八字著腳，雖不識一字，也可堂堂地做個人。

此一端茶童子，正可如此自安自慰。

然而這只是理論如此，而事實上則並不然，毛病則正出在人之功利觀點上。

人人想立功業，人人想獲財利，功業財利未可必得，而各人把自己人格先看輕先丟了。

王陽明傳習錄卷二中有一篇答顧東橋書，其末後一大段所謂「拔本塞源」之論，正是發揮了此道理。

三

今天的世界，則正是一個不折不扣百分之百的功利世界。

人人只就功利著眼，試問人如何能平，又如何能不爭？

儘相爭而仍不能平，則這世界又如何能和，如何能安？

故欲救當前世界病痛，莫如提倡中國文化傳統中所重視的人格理想。

老子曾說：「六親不和有孝慈，國家昏亂出忠臣。」此話本亦不錯。我們從另一角度看，也可說在儘不合理想之時代，儘不合理想之社會裏面，仍可有合理想之人格出現。

縱使外面一切失敗，功業失敗了，財富失敗了，甚至法律無可幫忙，一切機會全沒有了；但光明、偉大、充實、圓滿的人格，一樣可以由他完成。

中華民族的傳統文化何以能維持四五千年，歷經危難而仍屹然長在？正為不斷有此等人格在衰亂中在黑暗裏出現。

中華民族的傳統文化，不僅能長時期維持不絕，而且還能不斷地向外擴展，向裏充實。也正為有此等人格不斷在衰亂中、在黑暗裏向中國四圍散佈，而中國文化亦因而隨之向外在衰亂中、在黑暗裏不斷向內充實，而中國文化亦因而隨之充實。

陸象山曾說：「東海有聖人出，此心同，此理同。南海有聖人出，此心同，此理同。西海、北海有聖人出，此心同，此理同。」

四

中國人的文化理想，即上面所說「人格平等」的文化理想，大可推行於全世界，全人羣，使四海之內，四海之外，不斷有合理想的人格，最高人格，即「聖人」之出現。

循至於人人都是聖人，人人在其人格上獲得平等。到那時，便是世界大同，天下太平。到那時的人類，才能有眞安定，有大安定。

而且在人格平等之理論基礎上，並不曾抹殺功業，又不曾抹殺財富，更不曾抹殺法律與機會。何能說此理論便是不合時宜。這只待於我們自己之努力呀！

談學問

一

學問浩如煙海。

人之於學問，只能如鼷鼠之飲河，各求滿腹而止。

但學問底大範圍，我們亦不可不知。

學問可從其對象分四大類：

一對「天」，一對「物」，一對「人」，一對「己」。

二

此世界，此宇宙，必有一更高絕大之主宰，而為人類智力之所不能窺測而知者；世界各大宗教則皆從此一信仰上建立。

雖則世界各大宗教說法各不同，要之人類對此至高絕大不可知之主宰，則必應懂得有「謙遜心」，有「敬畏心」。

此為人類對天之學所應共有之態度。

在中國文化傳統裏面並無自創之宗教，但其培植人之謙遜心與敬畏心，論其成績，則決不差於世界任何一大宗教之所能。

在此一不可知之最高主宰之下，人與萬物並處。

人應懂得萬物所各具之性能。積極方面，可資人類之利用；消極方面，亦可知有所戒備。近三四百年來，西方自然科學，突飛猛進，使人類對物之學有輝煌之成就。

但同時產生了兩流弊：

一、是把對天與對物的界線泯滅了。

因於對物有成就，而自信過甚，誤認為只憑人類自己智慧，便可主宰天地，管領萬物。

認為宇宙間至高無上者即是人類，不再認在人類之上尚有一更高而不可知之主宰存在。於是把人類對天之謙遜心、敬畏心都消失了。循至驕矜自滿、狂妄自大，把自己當作至高無上、有己無對。當前人類此一心理，即可貽禍無窮。

二、是把對物與對人的界線泯滅了。對物之學，本為人類福利而起。但少數國家，憑其成就，來欺侮同類，壓迫他人。近三四百年來，西方人之帝國主義與其殖民政策，亦與其自然科學之進步並駕齊驅，使自然科學僅利於少數人，而反為多數人之害。

又因人類太注重於對物，在其心理習慣上，亦漸把人同樣當作物看。循至人對人冷酷無情，只知利用，沒有恕道。將使這世界全變成功利的、機械的。無情無義，人道淪喪。

此為人類對物之學之誤用。

三

人類處身於天地萬物中，而每一人又必處身於人羣中。

因此對天、對物之學以外，又有對人之學。

對人之學與對天、對物之學不同。其主要特徵在學者與其所學之對象為同類。

對人之學，最主要中心乃學「為人之道」，即人與人相處之道。

中國文化傳統，在此方面，講究得最透徹。

中國人分人與人相處之道為五倫：一父子，二兄弟，三夫婦，四君臣，五朋友。

君臣一倫，近代社會似乎沒有了。其實就中國傳統觀念言，「君者羣也」，我處在此團體之內，此一團體即是我之君。又「君者尹也」，一團體必有一代表主管人，此團體中之一代表主管亦即是我君。

如此言之，國家即是君，國家之元首亦是君。推而言之，一公司是君，此一公司之總經理亦是君。只要我處在此國家或此公司之下，也即應有君臣一倫之存在。其他四倫不待言。

要講對人之學，必從此五倫始。

因其是最具體的面對面的人與人相處。從此最具體的面對面的來教人與人相處之道，則首應知有同情，有恕道。

中國儒家稱此人與人相處之道為「仁道」，仁道即是「人道」。若不從人與人相處之道即仁道上立本，而憑空來講國家天下事，將會使人無同情，無恕道。人與人間全變成權謀術數與威力財力之運用，不仁之極，而人道遂大壞。

四

今日世界大病，正在要把對物之學移用來對人。一切對人之學，皆主張運用自然科學的方法，而輕視了「仁道」與「恕道」。

把「人」與「物」同等看，自會釀成人類之大災害。故要講對人之學，主要又應先講對「己」之學。己與人同類，不懂得己，如何懂得己以外之人。不懂得對待自己，如何懂得對待別人。只要把自己為例，平等來對待別人，便有所謂仁道與恕道。懂得了具體的面對面的對人之道，才始能懂得抽象的對待大羣之道，如治國平天下、政治學、經濟學等。

總而言之，對人之學即是為人之道，而為人之道則自「為己」之道始。因此對己之學，乃是對人之學之基本與中心。

關於這一層，只有在中國文化傳統裏闡發得最深切，教人實踐的方法最周到。在中國古書中庸裏有一段話說：「盡己之性而後可以盡人之性，盡人之性而後可以盡物之性，盡物之性而後可以贊天地之化育。」這可說是對上述四類學問，即對己、對人、對物、對天之學，在中國文化傳統理想中所定下的一種先後緩急之序。

有人說：中國傳統文化，反宗教、反科學、反社會大羣，只顧到自己一身。那眞是無的放矢之談。請諸位莫為此等妄說自限自誤。這是我此一講演之最低期望，進一步則待諸位大家自己努力。

（一九六五年馬來亞檳城三次講演大綱）

八　人生四階層

一

世界是一所大學校。

人生是一項大學問。

每人自初生便被送進這所學校，到死始離去。

有許多人並未得在此學校畢業，只如告長假休學。

孔子曰：「朝聞道，夕死可矣。」所謂「道」，即指人生大道言。所謂「聞道」，則算在此學校畢業了。

歷史上能提出人生大道來教人的，太有限了。孔子、釋迦、耶穌、穆罕默德，只此數人。

今天所講，乃我個人一種暫時的想法，聊以提供大家討論。

二

我認為人生可分為職業、閒暇、理想與道德之四階層。

一、「職業人生」，也可稱為工作人生，或服務人生，或規律人生等。「職業」涵義古今不同。中國古人認為人莫不有職有業，如為父有父職，為子有子職。有職即有業，慈是父業，孝是子業。

近代社會一切以經濟為指導中心，故以偏於生產謀利者為職業。此觀念甚有病，將來仍應有改變。

今專就目前現狀言，則人生第一大事，首在求得一謀生活命之職業。故我列職業人生為人生之第一階層。

二、人生第二階層，可稱為「閒暇人生」，亦可稱為消遣人生，或自由人生，或藝術人生等。

就目前現狀言，職業工作，亦只佔人生活動中一部分。

此外，有其業餘閒暇的時間。

閒暇時間可由人自由支配使用。

此項自由閒暇人生，至少與職業工作人生，有其平等之重要性。

而且，生活之享受與樂趣，多半寄託在自由閒暇中，不在職業工作上。

更重要的，是人品之高下貴賤，亦多半判定在其自由閒暇的生活方面，而並不專在其職業工作方面。

而且，每一人之職業工作之進退成敗，有時亦視其人之閒暇自由活動而定。

更深言之，人類文化之演進動力，亦常在自由閒暇中，遠勝過其在職業工作中。

從來歷史上大人物、大事業，亦都在自由閒暇中產生，很少在職業工作上產生。

因此，每一人固然急需於爭取其一分職業與工作，但既得之後，則更應注意爭取並善為運用其業餘之閒暇。

就每一社會言，除卻為其社會中各分子發展職業工作外，亦更應注意保留其各分子之業餘閒暇與自由，而設法誘導其善為利用。

但正因此項閒暇，屬於各人之自由，故更應多留餘地，好讓各人好好自為調度；而不應由社會來作強制規定。如何調度使用此閒暇，乃一項極精微之人生藝術，故我又特稱之為「藝術人生」。

工作人生是粗淺的，藝術人生始是精微的。工作人生是共通的，藝術人生始是個別的，惜乎人們不知注重此藝術人生之一階層，此乃人生一大憾事。

三、第三是「理想人生」，亦可稱為創造人生，或精神人生，或未來人生等。

上述兩項人生，職業的與閒暇的，其實還都是眼前現實的。人生若長陷在眼前現實中，便易起厭倦，成墮落。欲救此弊，須在現實人生外，另有超現實的理想人生。上述職業與閒暇兩人生，其本身也應接受理想人生之指導。

現實人生多屬物質的，理想人生則是精神的。現實人生即在眼前，是具體而肯定的。理想人生則展望到將來，並不具體，並不肯定，而多留著各人心情上之自由想像與自由創造之餘地。

惟其能超現實，有創造，人生始不斷有進步，不生厭倦與墮落。而且，有了自由而沒有理想，這樣的自由，是空洞的、貧乏的。換言之，此項自由實是要不得。又若有了眼前現實，沒有未來展望，此一現實亦是淺薄、短命的，僅如曇花一現，易變易動，實是靠不住。

因此，有了第一、第二人生，必須更有第三人生，即理想的人生。

但理想有屬於個人的，有屬於團體、社會或民族與時代的。最理想的理想，是合此五者而為一。當前的自由社會，所短在缺乏理想。職業多以牟利為目的，業餘自由多以消遣為目的，只有實利主義與享樂主義，都屬於眼前具體方面，談不到除此以外更高的人生理想。

就眼前論眼前，不憑藉階級鬥爭的共產主義，似乎是人生的一項理想，因其使人人得職業。但縱使是不憑階級鬥爭的共產主義，仍是一個團體理想，或社會理想。在此團體與社會中，不許個人有自由。剝奪了個人自由，便是斬斷了理想之根苗。因此，此項理想，最多亦是短命的。共產主義又不許個人有閒暇。剝奪了閒暇，又是窒塞了人生理想的泉源。因此，此項理想，最多也必會是空洞的。

共產主義要求能繼續存在，便不能許人同時有其他主義；有此一理想，便不許人有其他理想；此乃共產主義最不合理想處。

眞合理想的理想，應該可以多多益善，可以並行不悖，可以相得益彰。

我們要從舊現實中產生新理想。

新理想產生，舊現實自可改觀。

不必定要推翻舊現實，始可創生新理想。

現在的共產主義，其實並不主要在創造新的，而主要在打倒舊的。這又是共產主義一項不合理想之理想。

但所稱為自由社會的，若非眞有新的理想出現，則此項不合理想之理想，仍會流行。當知共產主義乃從舊的自由社會中產生，可知此一舊的自由社會，必然會無奈共產主義何。以上只說明了人生不能僅有自由而無理想。無理想的自由，只是一種不充實的假自由。因此，第二人生之後，必繼之以第三人生。

四、第四人生是「道德人生」，或可稱之為眞理人生。此乃一種理想與現實，自由與規律，同時兼顧並重的人生。

三

上述的人生前三階層，一職業的，二自由的，三理想的，此三者是歷階而上，層累而升的。人類社會必先有了基本職業，始有自由可言。有了自由，乃始有理想可言。在理想人生中，依然仍有職業與自由。其實所謂理想人生者，只是賦與職業人生及自由人生以一項新的理想；而非在職業人生與自由人生之外，又另有一項所謂理想的人生，超然獨立與孑然存在。

但上述三項人生，有一共同限制，即必須其人生為道德的。亦有一共同目標，亦即是必須其人生為道德的。

所謂道德乃是人生眞理。

合於人生眞理的，始是道德的。

無職業非人生眞理，不自由非人生眞理，無理想也非人生眞理。因此，道德人生亦只在此三者之內，而不在此三者之外。

惟此三階層之人生，則必須以道德人生為宗主、為歸宿。

職業不可不道德，自由不可不道德，理想也同樣不可不道德。

茲再略言理想與道德之不同。

理想可以超現實，甚至不現實；但道德則須與現實相一致，道德應即在現實中。

理想可以人各不同，道德則必具共同性，務使人人可以易地而皆然。

理想有成有敗，有能實現與不能實現。道德則有成無敗，不實現的不得稱道德。

理想可以隨時而變，道德則外形變而實質不變。道德永遠是道德。眞理永遠是眞理。

人生四大教主，如孔子、釋迦、耶穌、穆罕默德，他們的人生理想，或各有不同；但其從道德出發，以道德為歸宿，則並無異致。

因此，我舉道德人生在理想人生之上，而奉之為人生四階層之最高一階層。

四

上述人生是一項大學問。

在此人生四階層中亦各有學問。

有關第一階層中的學問，最低淺、最狹窄，可以人人各習一業，乃至互不相通。

有關第二階層中的學問，較廣大，較融通，其所佔地位，實較高於第一階層者。

第三、第四階層中之學問更如此。

有關第三階層中之學問，較之第二階層中者，更廣大、更靈空，遂使人誤認為其中無學問。人們常認為：謀一職業不可無學問，但處閒暇，則可以無學問。至論理想，則更可無學問。想到那裏，便成為理想。當知閒暇的人生，正如名畫之空白處，畫中山川人物之靈氣，即在此空白處胎息往來。「小人閒居為不善」，皆因其欠缺處閒暇的學問。

惟其不知理想亦應有學問，不知理想亦從學問中來，故遂至不能有理想，卻只有空想與幻想。空幻則即是虛無。虛無主義的人生，則決非理想的人生。

有關第四階層中之學問，較之第三階層中者，更落實，更靈空。人們更不知道德亦由學問來，遂誤認學問自學問，道德是道德。好像學問是自我追求的，道德只是在外約束而來的。其實道德更應從學問中來，乃是人生學問中一項最高最大的學問。

此後人類應能注意著重於創造有關第二、第三、第四三階層人生中之各種學問，則人生始能有更進之前途。

如目前之學問，可見於各處大學中之所講究，則最多皆是偏重第一階層者。人生之種種動盪與種種苦難，其種因皆在此。

中國文化之大特點，則正在於知有人生第一階層之學問以外，更知更重於人生第二、三、四各階層之學問。

（一九六六年五月香港人生雜誌三十一卷一期）

九　人生三階層

一

今人言人生，大意指人的生活言。有生命，斯有生活。下自微生物，中經草木昆蟲魚鼈鳥獸，上進至人類，無不皆然。惟人的生活，當分三階層。一曰生活，二曰行為，三曰事業。此三者，通言之則一，別言之則三。

衣、食、住、行，皆屬生活。人與禽獸，無大別。人類自茹毛飲血以至今日，下自乞丐上至帝皇，種種生活千差萬異，要之限於六尺之軀，百年之壽。一死皆完，並無二致，佛教言四大皆空，耶教言罪惡降世，實皆指此。今可稱之曰「物質自然人生」。

若行為便不同。論語言：「弟子入則孝，出則弟，謹而信，泛愛衆而親仁。」此始是行為。可稱為「心靈人生」，「人文人生」。與物質自然人生不同。禽獸生活中亦微見有行為，但遠不能與人比。

人文行為須經教養進化，至少已歷百萬年以上，乃始有今日，亦可謂禽獸亦有心靈端倪。但心靈進化而至今日之人類，可謂在自然物質中一大奇蹟。心靈仍不離自然物質，但不能謂自然物質卽心靈。

行為進而有事業，此惟人文人生中乃有之。就禽獸言，如鳥構巢，獸掘窟，亦可說事業端倪，但不能與人類歷史人文事業相比。人生自幼稚開始，已有行為，事業則從長大成人後乃有。乃至耄耋晚年，精力就衰，不能復有事業。但不能說其無行為。故行為乃與生活相終始，而事業則惟生活中之某階段乃有。

生命必傳遞。如後一代之生命，卽從前一代生命來。但生活則各別獨立，非可傳遞。嬰孩有嬰孩之生活，卽一日三餐亦各獨立，後一餐決非前一餐。其他一切皆如是。前一人之生活，亦與後一人之生活各別分開。故在全部人生中，生活屬最基本的，卻亦是最無常的。

行為便不然，如孝則是一貫的，不能謂前後孝行可以各別分開。因行為本於心。心雖瞬息萬變，但亦終始如一。孝子有了一片孝心，自知冬溫夏清。冬溫夏清，心乃一貫而來，不能謂其各別不相關。

事業則更不然，如孝子因冬溫夏清之心而為父母蓋一屋，冬得溫，夏得清，乃由行為轉為事業。此一屋，不僅可供其父母數十年居住，並可數代傳家，至其孫曾輩而此屋尚在。夏天進一冷飲，冬天進一熱杯，此層物質生活，其事轉瞬卽逝。夏清冬溫心，發為行為，可以數十年持續，而並引出事業來。

生活只在物質上，父母子女，各自飲食起居，可以分開。行為則轉入心靈上，子女一片冬溫夏清心，乃放在父母身上，父母心亦因得安慰。可使父母子女心相通合一。事業則又從心靈轉歸到物質，建一屋，父母的物質生活亦隨而變。而子女孝心亦具體著實了。

二

人生具有生活、行為、事業三階段之遞進，具如上述。但生活人人應有，行為人人可有，而事業則惟少數人遇機緣始有，其間需加以闡申。

無生活即無生命，故生活人人應有，但行為則須人之自由自主自動，非此不得稱行為。如夫婦結合，乃行為。西方人言自由戀愛，此仍是一種自然生活，其他禽獸皆有之。夫婦結合則經人類之自由自主自動而有，非是天造地設即有夫婦。近代人又提倡性解放，此是由人文人生還歸到原始自然人生一種反動消極的行為。嚴格言之，性解放不得稱是一行為，仍只是一種自然生活。性解放已夠妨礙了人類婚姻使非徹底破壞不可。無夫婦、無家庭、無父母子女、自有歷史文化以來之一切人文行為，將為之全部破棄，到那時，人類將只有自然生活。

近代人又好言父母子女間有代溝，不知世代差異乃自然事，人類有了家庭，加進了人文行為，父慈子孝，雙方心情融通合一，卽無所謂代溝。又如個人自由，乃一切人文行為之總起源。原始人類在未有夫婦前，當有某些男女先成夫婦。在未有父子前，當有某些老幼先成父子。此非自然，乃從少數人自由領先，繼以多數人慕效追隨，於是成為風俗，定為制度，乃若與自然生活一般，無分別。今若專一移轉個人自由於自然生活上，則情形又大不同。

事業與行為又有別。農業必配合天時地利，非專賴人力，故農人之耕稼勤勞，只是行為，不得視為事業。又因農人散居，分地而耕，有些事業，多非一人一家之力所能。對物者，如水利灌溉；對人者，如宗法井田，皆歸政治事業，不屬私人。然農人一椽之屋，百畝之田，可以傳家百代，此卽農人之事業，故生活、行為、事業三者，緊密相繫，融成一體，實惟農業人生為然。亦可謂農業人生，乃是人生中一項標準的人生。

都市工商人，居家製造，出門貿易，都是其事業，不得目之為行為。行為如孝、友、睦、婣、任、邺，本身卽是目的，可以當下完成。而事業則另有目的，如製造貿易，皆不以本身為目的。故屬事業非行為。又如農戶散居，事業方面常多合戶合力為之。故其事業多賴行為。都市集居，然每戶必分別各有其事業。故工商人多不注意行為，而轉富事業心，其事業又多僅是手段，另有目的。故貴臨時能變，又多機械心。且每一事業，多是各為其私，於是事業與事業間，生比賽爭競心。必求己之事業超出他人之上，只謀己占其益，不顧人蒙其損。如是種種，不易成大事業。故凡屬工商立國者，多不能成為廣土眾民之大國。多缺乏千百年以上之大計。工商業發展，先是私家製造，繼以工廠，廣招傭工。獨利廠主，事不可久。其對外貿易。寖假變成帝國殖民。此皆專一注意事業，而號之曰進步。至於連帶而起之一切行為，乃盡成為手段。其最終目的，則只落在生活上，其生活理想，亦只在物質上權勢上，都屬外在。換言之，仍是一種變相的原始自然生活。近人分別社會進步為石器、銅器、鐵器、電器等各時代，其實此等亦只是事業進步，而非行為進步。

農業生活似較都市工商生活若較為原始的，然易於轉進到行為上去，由自然人生轉進到人文人生，卻是人類生活上一絕大進步，而都市工商人生轉有不逮。中國儒道兩家，皆從行為上論人生，不從事業上論人生。因事業必從行為中展出，不能離開行為，而把事業作單獨之衡量。由行為展出事業，此為道義的。撇開行為，或僅以行為作手段，而單獨衡量事業，此為功利的。道義自可涵有功利，功利不顧道義，則可成為無功利，抑且反功利。

三

故人生必應分三階層演進，先生活，次行為，最後乃有事業，事業與生活，並不親切，其間尚隔行為一層，行為與生活始是親切的。事業應從行為進一步而有，不能徑從生活上來打算事業。此種三階層之人生，始是理想的，亦可說是藝術的，文學的。中國傳統文化，建本在農業，故對此獨有深切之瞭解。先言藝術，中國人看藝術，不作一種功利事業看，只作一種人生行為看。如商周古鐘鼎彝器，至今仍得目為是一種無上藝術精品。然此等古器物，本不作商品用，主要用在祭祀，次之用在家庭日常生活上，而求其可以傳家延世，故曰「子子孫孫永保用」。故中國藝術品，其精益求精，可謂從行為來，從人倫道義來。不從功利事業來。

又如中國古代之陶瓷與絲織，皆成為極高之藝術品，然亦如鐘鼎彝器般，應用在家庭，上及祖先，下及子孫。又自私家日用轉到政府朝廷之公共使用。粗視之，若中國藝術都為實用的，其實乃是由自然生活中展演出人文行為，而在人文行為中乃展演出此等藝術品。此等藝術品，並不關注在自然人生之物質生活上，乃是從人文人生之人倫道義中展演而出。自有此等藝術品，於是自然人生乃益見轉進到人文人生的境界。而人生亦彌見其為可以是藝術的。

中國古代文化演進，應是藝術在先，而文學次之。中國文學最所歌誦者，亦在行為上，如詩經三百首，風始關雎，歌詠婚姻，卽是歌詠行為，其中乃涵有甚深之人倫道義。又如豳風七月，乃詠當時豳地之農民生活，其實亦是歌詠行為。而在行為中，亦涵有甚深之人倫道義。小雅之首為鹿鳴，天子燕羣臣嘉賓，仍是行為而涵道義。大雅之首為文王，受命作周，此等似應歌詠其事業。然讀其詩，仍屬行為。故曰：「穆穆文王，於緝熙敬止。」此顯屬行為非事業。此後中國文學，亦絕少歌詠事業。苟其歌詠事業，主要仍在歌詠其行為，歌詠其道義。其次如生民，尊祖后稷，其間不免微帶神話成分，然終歸於稷之掌穡，主要仍落在行為上。頌之首曰清廟，祀文王，依然是詠行為，不詠事業。詩經三百首，大可據此類推。要之，中國古詩所詠，主要是在人生生活、行為、事業三部分中之行為部分上。

以下中國詩人都循此途。如飲酒，本屬生活一面事，但中國古人，每逢飲酒必加進許多儀文禮節，於是飲酒遂成人生中一行為，非可歸入純粹生活之一面。詩人詠飲酒，所詠亦多屬行為，不屬生活。如陶淵明有飲酒詩二十首，其中所詠，全屬行為方面，不能謂其所詠只是一種生活。蘇東坡嘗拈出淵明談「理」之詩有三，一曰「采菊東籬下」，一曰「嘯傲東軒下」，又一曰「客養千金軀」。皆以為知「道」之言。此三詩，皆在飲酒二十首中。可知淵明詠飲酒，乃詠其在人生大道中之所悟所踐，即自詠其行為，豈可謂只詠生活！

即如中國人作畫，如畫人臨溪而坐，或畫人扶杖而行，或畫人撫松而立，或畫人隱几而臥。此等皆求畫出其人之行為，決非專畫其行坐臥立之自然生活。如畫衣食，亦為畫其人生，乃在其生活以上，連帶而畫出其人之行為。顧長康畫人，或數年不點目睛，人問其故，曰「傳神正在阿堵中」。孟子曰：「存乎人者，莫良乎眸子。」畫家正貴畫出此存乎其人者。少陵詩「落月滿屋梁」，詩評家謂其句為太白傳神。惟有神處始是眞人生。此必在生活上加進行為始見。然決非為事業。除卻行為，生活便成無意義，尚不如畫花鳥蟲魚，畫其生活，即可兼畫其情趣。

人生不能為了生活，為了事業，而毀壞其行為。如古埃及人築金字塔，至今尚被目為一大事業，然須幾千萬人被迫勞苦工作，豈能算作是此輩人之行為。又如馬其頓之亞力山大、羅馬之凱撤，擁師征伐，亦是事業。但當時被迫充軍役者，獻身疆場，亦不能算是此輩人之行為。近代科學發展，如製造原子彈，亦一大事業，但何能算是人生中之一行為，最多亦只能算是人生中一不正當行為。何以在人生中，乃至需要製造原子彈，或至於不可缺乏原子彈。此種人生，必是不正當的，與藝術文學人生大不同。須從藝術文學的人生中展演出事業，始是人生中之眞事業。因中國古人對人生有眞認識，故舉立德、立功、立言為三不朽。德在前，功次之。缺了德，即無功，只成罪。明得此次序，乃始有當於立言。行為則屬德而可有功。故中國文學，主在歌詠行為，而歌詠事業者特少見。

四

中國人言人生，有兩要項，一曰性情，一曰品德。物必具性，有生無生皆然，是其同。一物一性，是其異。同處相交乃見理。如水流濕，火就燥。此見水火之性，亦見水火之理。理有常與變。失其性乃見變，性分賦在各物，理合見於一處。分處見是物，合處見是天。故曰「理一分殊」，亦曰「天人合一」。天從一生出「萬」，人則貴能由萬歸到「一」。人屬有生，但從無生中醞釀而來。人之生命，乃從大生命來。

如耳目同在一身，同一生命，但耳司聽，目司視，其小生命不同，其大生命則一。人身亦只是一小生命，不可不知其所自來之大生命所在。父母與己身，小生命則別，大生命則同，己身之小生命，即從父母之大生命來。推而廣之，大生命之上更有大生命，故曰：「民胞物與，萬物一體。」到此處，則只是一「天」，亦只是一「理」。

萬物一天，而物各不知，惟人始知之。萬物無生有生，雖不自知，而要之同是一天，中庸謂之「誠」。人始知之，中庸謂之「明」。天生人是由誠明，人知天是由明誠。所謂「知天」，實乃是由自己小生命知道自己以外之大生命，亦即是知性知理，即知天。

饑知求食，渴知求飲，亦是知性知理而知天。惟昧於天與理者，只知是我之小生命則然，不知自有人類，凡屬於此大生命者，無不同此知。抑且鳥獸草木，凡屬有生，亦無不同此知。只須由我當下此知一推便知。故我當下此一小生命，同時實即是此大生命。求食求飲，當下保存此一小生命，同時亦實是保存此大生命。

故生命亦當分為三，一曰自然生命，一曰物質生命，一曰心靈生命。自然生命，即此廣大悠久之大生命。此為天地萬物，或稱宇宙。物質生命，乃此大生命所寄，此為有生物。心靈生命，則在此生命中同時寓有一分知。故人生第一大任務，應求知性。性即同時包有有生與無生。中國人從來研討人生眞理宇宙眞理者，要端即在「知性」上。

由性乃生情。無生物既有性，亦必有情。如水流濕，火就燥，可謂即是其情。亦因情而見性。若從此推廣言之，亦可謂萬物同是一天，同是一自然，實亦同是一生命。亦可謂同是一性情。不必定要說從無生命中醞釀出生命，實只是天與自然之大生命中之有此一變而已。今依語言方便，姑謂由無生命中醞釀出生命，在生命中更見有性情。而人類之鍾情乃特富。故人所貴在能自知此情。否則饑求食，渴求飲，為了此情，卻妨礙傷損了其他一切之情。知有此「我」，不知我外尚有千萬億兆之我。知此一「時」，不知此時外尚有千萬億兆之時。知有此身某部分片刻之小生命，乃不知宇宙之廣大無垠悠久無疆中之大生命。中國人研討人生，在此處，極端注重。

如夷齊居首陽山，采薇而食，終於餓死，豈不違背了自然生理。然孔子稱之曰「仁」。因夷齊乃寄情在人類萬古之大生命上。認為武王革紂命，只寄情於當前之一時，而可有損於此後之萬世。其間事理判斷之得失是非，此暫不論。而夷齊當年這一番心情；則獲得了孔子之同情，而以「仁人」稱之。

采薇餓死，是夷齊當年之生活。義不食周粟而隱於首陽，則是夷齊當年之行為。中國人傳統觀念，行為遠重於生活。若不明人生之性情，不從人生大處深處遠處體會，而僅知我身片刻之小生命者則頗難與言。即如孔子，飯疏食、飲水；顏淵一簞食，一瓢飲，在生活上講，則僅維生命而止。但孔顏樂處，永為千年後人追慕。此等樂處，不從生活來，乃從性情行為來。又如子路、冉有、公西華言志，皆在事業上，獨曾點「浴沂風雩詠而歸」一番心情，得孔子欣賞。正為中國人重視人生之性情，乃能使人生走上藝術文學的路上去。

五

西方哲學有宇宙論人生論之分別，中國傳統思想則可謂更重「性情論」。把性情開放到大生命去則是「善」，把性情拘閉在小生命裡則成「惡」。如子弟之孝弟謹信愛親，皆是其性情，但已把小生命逐步推擴到大生命中去。行有餘力，則以學文，則是必在其心情上、行為上，感觸到我身以外的大生命，有此修養，乃可進而透入社會歷史，人類大羣文化體系中去接觸證驗此大生命。由此乃有學問。若認學問是一事業，則此事業必從行為性情中展演而出。在其幼年時，必先有孝與弟、謹與信、愛與親的一番心靈生活，即是有了此一番行為，乃可進而透入文章學問的事業去。否則若不經幼年這一番心靈生活即行為，而徑求進入學問的事業中去，則此種學問與事業決然是功利的，易於為了事業而損傷到人生，是要不得的。

人生應由生活展演出行為，乃由行為展演出事業。行為乃是人生之中心柱石。近代人乃亟亟要由生活中徑自展演出事業來，又只由事業來照顧其生活。一若由生活展出事業，由事業回到生活，人生之能事已盡，而不知生活與事業間，尚有作為其中心柱石之「行為」一項。如此則使全部人生，將終歸於倒塌，撐持不起。近代人生大病即在此。而中國文化傳統中之人生觀，則主要正在寄放此全部人生之中心柱石在人的行為上。

人類一切行為，本於其性情。由其行為與性情而判定其人之品德。「品德」有高下大小之別，因此人生不得平等。天生萬物，同本一天，本屬平等。如陶瓷製成碗碟瓶罐，形體雖別，取材則一。中國古人分天地萬物為金、木、水、火、土五行，或動或靜，或有生或無生，其背後原料則一。中國古人稱此同一原料曰「氣」。惟其同氣，所以同理。相生相剋，皆有一定。若使五行有各別之本質與各別之來源，其體既別，卽不能有相通相合之種種現象，要之，在萬物之上，將不能同有一天。就生物言，由微生物到人類，其間種種差別，其背後之生命體則同。不得謂人類有另一種生命，與其他生命有不同。其不同處，只拘礙在各生物之形體上。同此生，卽同此天。故莊子曰：「唯蟲能蟲。唯蟲能天。」道家只主回歸於天，卽回歸於此大自然，萬物不論有生無生，既同是此天，同是此大自然。故只回歸於己，卽已是回歸於天與大自然了，更不煩別有追求與作為。然如此，則不免要把萬物各自封閉在其各自之形體內，而更不顧及萬物在其各別之天與自然之上，乃另有其開通解放之更上的一面。

六

人生之不同於萬物之生者，人有一靈明知覺之「心」。此心之靈明知覺，乃知其生命不須亦不應拘礙封閉在一形體之內，乃求從此形體開通解放，使一己之小生命，可以旁通會合於一己形體之外之大生命。如此的意想與追求，像是違背了天與自然，其實是反更合於天與自然。此一意想，此一境界，乃非拘礙於形體之內之其他生命所知，故曰「人為萬物之靈」。今借用莊子語，當曰「唯人能人，唯人能天。」然此亦仍是一理想，就歷史上人類言，幾百萬年以來，並不人人能此，只有某一時某幾個少數人能之。此少數人，中國古人稱之曰「聖人」。聖卽「通」也。此下有賢人、君子、士、庶人，種種品德上之分別。其分別，亦只在其生命之大小上。生命大小，則分別在其心之靈明知覺上。

孟子曰：「有一鄉之士，一國之士，天下之士。」以時間論，可謂有一世之士、百世之士、千萬世之士，亦分別在其「心」。中國人對此理想之第一項教育則曰「孝」，方其幼小時，其心已能知孝，則子女生命不期而與父母生命相通會合，其生命卽已擴大。人在幼稚時，不僅無事業可言，並亦不能有其一己獨立之生活，但已可有其一己獨立之行為。此種行為，卽一本其天賦之性情，而自發之於心。孟子曰：「大人者，不失其赤子之心者也。」老子曰：「載營魄，抱一，能無離乎。專氣致柔，能嬰兒乎。」嬰兒赤子，即從大生命中初流出的一個新的小生命，但還未生長成熟。此嬰兒赤子，乃從天與自然初步走進人文界，對人文界中之一切，彼尚一無所有，只保有天與自然之一團元氣，但將來人文界中之一切，已為此一團元氣所涵有。此嬰兒赤子乃在天與自然與人文界之緊相啣接處，正即司馬遷所謂之「天人之際」。老子尊天蔑人，要人謹守此嬰兒界限，勿再向前。切莫自作主張，只抱此一團元氣勿離，庶免人文演進違背了天與自然而走上絕路。故老子又曰：「生而不有，為而不恃，功成而不居。」在老子意想中，不有、不恃、不居不僅不要人生有行為與事業，抑且不要有人生，只一任此嬰兒開始有新生命時那一團和氣，讓其自然。是老子在人生三階層中，似乎主保持了生活一階層。此生活，則應是自然生活。自老子思想演進而有神仙思想，神仙猶是人，只擺脫了人生一切行為與事業而長保其生以遨遊於天地間。其實神仙已自有其行為與事業，決不能只保持其生命而拒絕其與生命俱來之一切行為事業，則已違背了天與自然了。

佛教東來，主張較道家為徹底，根本不要生命，亦復不要天與自然，只主張回到彼所理想之「涅槃」境界去。故釋氏教人認父母未生以前面目，那時尚未有此嬰兒，尚未有此新的小生命開始，尚未有我，尚未有知，何來有人有天有自然。則佛家於人生三階層，乃主徹底取消，徹底否認。並天與人而不存在，豈不較老子主張遠更徹底。但僧伽們信守此主張，卻又引生出僧伽們的種種行為事業來。可見老與佛，同樣有人生，同樣有此人生中之生活行為與事業之三階層，不能徹底取消否認。同樣已是上了路，只所走道途有不同而已。

七

儒家主張積極態度，大踏步在此人生大道上向前，由赤子而走上大人階段。所謂大人，不指年歲言，乃指其「品德」言，其中自可包有種種行為與事業，只要不違離那新的小生命開始前那從所由來的大生命，只要人文不違離了天與自然，則儘可有此人文中的小生命之意義與價值之存在。

杜甫詩，「在山泉水清，出山泉水濁。」老子意想中之嬰兒，是生命大流中一股在山清泉。只不讓它出山去，一出山便會濁。佛家意想中之父母未生以前，則尚未有此泉，更不論清濁了，故曰「不思善不思惡」，是那時面目。儒家則主張讓此一股泉流出山去，但不要它變成了濁泉，那須另要一番工夫，於是由人的生活中生出許多行為事業來，主要在不失其赤子之心，在善推其所為。使出山泉與在山泉一樣清而不濁。此始成為孟子意想中之「大人」。司馬遷所謂「通天人之際」，要在此處通，使在山出山兩個境界通。使此泉只清不濁。即中庸所謂「贊天地之化育，以與天地參」。因天地自然只在山，人文行為與人文事業，則出了山，而仍要保持此泉之清，使其儘出山而不濁。此一泉即是生命大流。在中國傳統文化中，儒家主張終於得勢，但老釋兩家，在讓人認識此泉在山之清，在讓人認識此生命大流之本所從來處，亦在中國傳統文化中，有其相當之作用。

大學言修身、齊家、治國、平天下，其本乃從格物、致知、誠意、正心來。亦是由在山而出山，把小生命透進大生命中去。其最先第一步上路處則曰孝。孝經曰：「夫孝，德之本也，教之所由生也。」又曰：「天地之性人為貴，人之行，莫大於孝，孝莫大於嚴父，嚴父莫大於配天，則周公其人也。」普通人所嚴事者，卽是他自己。此卽近代人所謂之個人主義。不知自己只是一小生命，自己的小生命之外尚有大生命，為自己小生命所由來。此一具體事實之最易指明者，卽在父母身上。父母生子女，此為天與自然。由尊嚴其父母之一番心情再推擴，便由小生命進入大生命。故曰「嚴父莫大於配天」。在其生命進程中，由小而大，更進而達於以人合天。由人類之文化進展，而達於與天與大自然之相通合一，其間自有許多事業，故以周公為之作例證。老子書亦言配天，而以不爭之德用人之力得之，亦與儒家義無大殊。

孝經又曰：「不愛其親而愛他人者，謂之悖德。不敬其親而敬他人者，謂之悖禮。」人類相處，相互間斷不能無愛敬心。由小生命轉入大生命，亦端賴此愛敬心。但愛敬心必從其最親之父母始。只要此愛敬心昭著呈露，並不會專一拘礙封閉在父母身上。若此愛敬心僅拘礙封閉在父母身上，則只是小孝，不成大孝。中國古人教孝，乃期其由小生命進入大生命而達於「天人合一」之境。故孝經又曰：「夫孝，天之經也，地之義也，民之行也。天地之經，而民是則之，則天之明，因地之利，以順天下。」只有大生命乃是天經地義，人生惟當以小生命順大生命。若居家為逆子，則除卻功利打算外，將無往而不逆。試問區區小生命，又何從來逆此天與自然之大生命。

可見中國古人教孝，其背後有甚深義理，會通性情與品德為一，又會通人生行為與事業為一，又會通天與大自然與人生文化而為一。近代人乃以中國人教孝為封建宗法社會之渣滓遺存，不讀中國書，而徒以另一種眼光看法來作評論，則宜其有此言。

一〇　生活行為與事業

一

人生應分三部分，或三層次，一曰生活，二曰行為，三曰事業。然亦可謂三者還屬一體，人類自漁獵而畜牧而耕稼而又產生出工商業，豈不生活在是，行為與事業亦在是。但如此言之，則人類一切活動，全為維持生活，只在生活一層次上，與其他生物復何不同。孟子曰：「人之異於禽獸者幾希」，即指此言。且人生以百年為限斷，一旦死去，全部落了空。故世界各大宗教，都不重視此現世人生，而各於死後別尋歸宿。在未死前這一段生活，則若認為無任何意義價值之可言，是固然乎，抑不然乎！

天地萬物，從無生中醞釀出有生，此為自然一大變。又自低級微生物逐步演進而產生出人類。此又是自然一大變，達爾文物種原始已言此極詳。但達爾文書中之人類，亦僅屬於原始自然人而止。人類自有語言、文字、歷史、文化之演進，迄今亦至少當在一萬年以上，復由自然人演化出文化人，此更是自然一大變。原始自然人，只知自然營生，此固與其他生物無異。但文化人則於自然營生外，別有其生命之理想與寄託，此乃人類生命中一大變，由自然生命演化出人文生命，此則為達爾文所未暇詳究。

今說生活、行為、事業三者一體，此可指自然生命言。若論人文生命。則此三者顯有分別，顯有層次。人類自知羣居，營生已復不難，於是有超乎生活一層次以上之行為，卽是說不為營生而有之行為。如嬰孩墮地呱呱一聲哭，此絕不為了營謀維持其生活，此一哭，當為此嬰孩初降臨到新天地來之一種驚訝心情之表現。此卽是嬰孩所表現之一種行為。稍後又能笑，嬰孩之笑，亦絕不為營謀維持其生活之一手段，一策略，而乃是其對人生之一種和悅心情之表現。若論嬰孩生活，自有其家人代為營謀，而嬰孩在其生命一開始，卽已有多種行為表現，此始為人類生命與其他動物生命之大不同所在。

論語孔子曰：「弟子入則孝，出則弟，謹而信，泛愛眾而親仁。」此在幼年青年時期，其自身生活，亦尚賴其家人父母兄姐之代為營謀，孝弟謹信愛親，則屬其行為。生活在求溫飽，行為則在自身溫飽外別有意義存在。行為之上又有事業，如修身、齊家、治國、平天下，此皆屬事業，皆由行為中展演而出。我上言之生活、行為、事業之三層次，大旨如此。

二

但在各不同之人文社會中，亦可演出種種差別來。農業社會春耕夏耘秋收冬藏，家家如是，年年如是，各擁百畝之田，各有雞豚狗彘之畜，桑麻之植，生活大體相似。故農村中人，於生活事務上少有分別，卻用心來分別人的行為。誰家父母慈，誰家子女孝。人倫大義，乃易在農業社會中展出。

都市工商業人觀念便不同。玉工生活必勝於石工；金珠貿易之所得必勝於布帛。事業上之差別，易於直接影響其生活，又其生活亦必依賴於事業。於是在都市工商人心理，每易把生活與事業看成一片，而行為轉若不關重要。中西雙方文化差異，其主要分歧點，亦可由此說入。

中國人向來看重行為尤過於事業，三不朽以「立德」為先，立功、立言次之。行為有共同性，人人可能，亦時時可能。而事業多具特殊性，未必人人可能，時時可能。但事業必本於行為。壞行為產生不出好事業，好行為可大可久，而好事業亦有時地限制。時過境遷，則事業亦隨之而變。大舜之孝屬行為，可以供時時地地人人所共同效法。大禹治水屬事業，造福人類固極大，但洪水平了，治水事業亦該停了。周武王伐紂救民是事業，伯夷叔齊扣馬而諫，又采薇餓死首陽山，是行為。但後人崇頌伯夷叔齊，乃更勝過了崇頌周武王。「生王之頭，不如死士之壟」。柳下惠之平日行為，永受後人崇重，卻勝過了當前為侯為王之事業。

此是中國文化精神一大傳統。秦始皇統一全中國，開創中國歷史上前古未有之大事業，但受後人唾罵。同時有「商山四皓」，姓名不詳，事業無徵，但為後人想慕推重。東漢光武帝光復漢室，政績斐然。而嚴光在錢塘江山巖水灘上行釣，後人稱道，亦駕光武之上。

郭林宗家世貧賤，僅一太學生，而名震京師。歸鄉里，送之河上者車數千輛。僅河南尹李膺得與同舟而濟，眾望之如神仙。茅容耕於野，避雨樹下，危坐愈恭，林宗行見奇之，請寓宿。茅容且殺鷄為饌供母，自與林宗草蔬同飯，林宗起拜，因勸令學。孟敏在太原市上荷甑墮地，不顧而行。林宗見問其意，曰：「甑已破，視何益。」林宗亦勸使學。茅、孟皆成中國歷史人物，然無事業可言。中國人傳統重行為，重日常人生之瑣微小節，而事業功業轉在其次，並有不屑一顧者。

班固漢書作古今人表，三國時劉劭作人物志，南朝宋代有劉義慶作世說新語，梁劉孝標為之注。此諸書，皆從行為上衡評人物。人類生命中展演出歷史文化，此事必該有一主宰，歷史文化之主宰仍在人。知人乃可論世。而徒就事業著眼，則往往不足以知人。有此一世之人，乃有此一世之事，而求知人，則必在其「行為」上，不在其生活與事業上。

中國後世有「年譜」一新體。此卽以編年為其一人之歷史，乃中國史學一進步。人生自幼至老，為變實多，惟其生命傳統則不變。維持其生命者有生活，然生活人獸所同，無足貴，人生之所貴在其行為，又由行為中展演出事業。行為是「體」，事業是「用」。如刀斬割，必知磨礪以須，善刀而藏。

窳庖月更刀，良庖歲更刀，果一意斬割，則轉傷刀體。其人有資格被他人編年譜，此人必有事業可言。然年譜所詳自幼至老，轉以其日常人生之行為為主。

三

人類歷史，亦有生命持續，世代變，而此生命主體則不變。孟子言有「名世」之人，即其人能代表此生命主體之持續者，古代人文演進尚淺，則僅能以政治元首名世，如堯、舜、禹、湯是也，逮人文日進，政治元首已不足以名世。如春秋時齊桓晉文，其在政治上之所建樹，固是一時無匹。然名世人物則必屬孔子。下逮戰國，梁惠王、齊威王繼起。齊桓、晉文之事業，已成過去。烟消雲散，不再存留。但歷史生命之持續，文化傳統之緜延，則戰國亦無可大有別異於春秋。故戰國名世，亦必轉歸如孟子其人。

戰國以下，秦始皇、漢武帝、唐太宗，功業烜赫一世，然求可以名世者，西漢當推董仲舒，東漢如鄭康成，隋初如文中子王通。即如唐開元、天寶之大變，唐玄宗郭子儀皆不足以名世，惟杜甫庶堪當此選。杜甫僅一詩人，但其一生經歷，乃盡在詩中。而又關心世運，當代之歷史事變，亦於其詩中可以窺見。故杜詩見稱為「詩史」。亦可謂其人關心歷史生命、歷史精神，而使人與史乃沆瀣一氣，故欲求唐開元天寶時之歷史眞實生命，求之他人，不如求之杜甫。杜甫一人之生命，即其「時代生命」，而流露在詩。非其詩之可垂，乃其人之可重。後人就杜甫詩分年編排，作為年譜，杜甫其人乃躍然紙上。讀其詩，固多日常小節，然如嬰孩之一啼一笑，轉可代表其生命精神。及其長大成人，奔走名利，馳驅事業，乃轉可與其生命無關。諸葛亮有言：「苟全性命於亂世，不求聞達於諸侯。」雖諸葛此後有事業表現，然諸葛之事業，亦如杜甫之詩，皆從其自己生命中流露而出。諸葛同時有管寧，則並詩而無之。然數三國人物，則管寧尤當在諸葛之上。何者？如諸葛、如管、如杜，其能「全性命」則一。能全性命，即是人生第一大學問、大事業。而獨管寧，除其日常行為可約略考見以外，聲光闇然，絕無表現。三國時代之有管寧，正如孔門之有顏淵，舍之則藏，一若其人與世不相關，乃而其人亦備見於史籍，後人亦與杜甫、諸葛亮同為之作年譜，此徵中國古人史心之深，使人可以超過事業而窺見生命之深處。不知近代人之震於事業而昧於生命之常有一番錯覺存其心中，則一世終不免於亂，而人亦無以自全其性命也。

四

近代國人慕尚西化，欣羨功利，重事業乃遠重於行為。不僅政治經濟，即文學藝術，亦皆以事業視之，而生命則轉置度外。春秋時，魯公父文伯母告其子曰：「民勞則思，思卽善心生。逸則淫，淫則忘善，忘善則惡心生。沃土之民不材，逸也。瘠土之民莫不嚮義，勞也。」此正代表農村文化中人之所言。工商民族，以勞作為手段，而其生活則必流於淫樂。有事業、有生活、而無行為。「但問耕耘，不問收穫」，此乃農村人言，因收穫卽在耕耘中。都市工商人，豈能僅問工作，不問報酬，因報酬別在工作外，其間有大異。而一得報酬，生活卽趨於奢淫，是又安望其思而生善心乎！

五

西方人重事業，其來甚古。埃及金字塔，卽一好例證。卽如亞力山大征服全希臘，希臘文化遂告消沉。近代西方，遙慕希臘文化，然亦崇仰亞力山大。又如近代法國革命，而拿破侖恢復帝制，此下法蘭西仍歸民主，而拿破侖凱旋門依然為巴黎全市中心，羣相瞻仰不稍衰，就於西方歷史而求其名世人物，則惟亞力山大、凱撒、拿破侖諸人，依稀近之。然皆足以名一世，不足以名百世。世代轉移，則人物換新。前人事業，盡成陳迹。後人繼起，不相啣接。西方史有希臘、有羅馬、有中古時期、有現代，其歷史生命，乃成前仆後起，亦復四分五裂，乃若無一共同大生命之持續，於是乃不得不以耶穌為歷史紀元。然耶穌既非西方人，彼又明言，上帝之事由彼管，人世間事由凱撒管。凱撒那眞管得人世間事，則西方人世間事，實際上成為沒人管。故一方既言多數民主，一方又爭個人自由。

但人文演進，斷斷缺不了人物之重要性。即就四百年來之「新大陸」言，苟非有華盛頓、林肯其人，又何來有今日之美國。惟華盛頓、林肯，乃庶有當於孟子所謂名世人物之選。彼等乃亦於事業之外有行為，從人類大生命中有其自己之小生命，即從其自己之小生命中來更益完成人類之大生命。若論今天美國人的生活，則確已遠超過華盛頓、林肯時代，近人乃誤認為是人生一進步。然使此下更無如華盛頓、林肯其人之繼起，則此等進步，是否能長有持續，實亦大成問題。

近人每誇言自然科學，然如自然科學中之生物學乃承達爾文「進化論」來，大率以自然生命為其研究之對象。以人類與類人猿乃至如洋白鼠等作比較研究，此皆僅屬於自然生理。即如研究人類心理，亦如其研究自然生理，極少能觸及人文方面，會通社會現象，乃及歷史傳統，上下古今，小己大羣，作綜合之研究。當知此與研究自然科目之途徑與方法乃截然兩途，其有不同。甚至乃欲包括政治、經濟、社會各項，亦效自然科學作研究，仍不啻僅視人類為一自然生物。又復將哲學、歷史、藝術、文學等，亦欲盡納入自然科學之範疇中作研究。於是人類自漁獵、畜牧、耕稼、工商各時代之種種變化，乃可歸納之曰自石器時代以至原子能時代。要之在近代人心目中，幾若人生不外生活與事業兩項，而不知尚有「行為」一項，當求其能超越乎生活，而並須從行為中展演出事業之一重要意義之存在。

其間首當分辨者，人生中有「自然生命」與「人文生命」之不同。最易見者，在人生之幼小期與老年期。幼小期尚不能自力營生，老年期應能從自力營生中退出。人生有此兩期，乃與其他自然生物不同。亦即自然人生與人文人生之不同。人類文化，正求於自然營生外別有其理想與意義。此惟於幼小期可加以教育而使之得修養。於老年期則更可得證驗而使之有歸宿。若使幼無養，老無歸，則此人生絕不能謂其符理想而具意義。生命當貫通其人之一生，由幼到老，只是此一生，雖在此兩期中，不能有事業，然亦各有其日常人生，卽各有其行為。當人文演進尚淺，未達理想境界，則必縮短人生幼小期，使儘速加進自然營生之行列。又必縮短人生老年期，使在自然營生中迄於疲憊不可再掙扎而止。其在中年，亦惟一務於營生，既無少年修養可回憶，亦無老年歸宿可期望。

六

中國人看人生則不然。特重少年教養及老年歸宿，更勝過其中年之事業活躍期，而近代人觀念又不同。少年卽為營生謀業作準備，晚年惟為安排一筆養老退休金，使得苟延其自然生命而止。自然科學日發達，物質供給日充盈，而人生愈收緊、愈縮短，汲汲皇皇，卽在中年數十寒暑，而又若更無迴翔從容之餘地。所謂進步，則盡在物上，不在日常人生上，不在人文行為上。

中國人論行為，必分「道義」與「功利」之兩途，道義生於共通之「公」，功利起於個別之

「私」。人之小生命，由大生命中來，亦向大生命中去。有家庭生命，則當知「孝弟」。有社會生命，則當知「忠信」。孝弟忠信存乎內，斯為天賦之德性。其行乎外，則為人倫之道義。其本乎此而流出為一切之事業，則有格、致、誠、正以至於修、齊、治、平，皆不從小己個人物質生活上作打算。故曰「正德、利用、厚生」。「正德」乃各人生命內在事，皆在行為上見，「利用」乃向外取之物，成為事業。兼此兩者，乃以厚生。然亦以厚大羣人生，與人文人生，不指個別小己之自然物質人生言。近代自然科學，則惟務利用，不求正德。重功利，忽道義。故惟於自然生活上有貢獻，而於人文人生，則反見其日削日薄，而不見所底止。

七

今再就人生中生活、行為與事業之三層次而證之以歷史進程。庖羲、神農，尚在自然營生以飽以暖之時代，期於人人能有其生活而止。自堯、舜至於文王、周公，則已進入羣體人文以富以教之時代。政治經濟事業，乃接踵迭起。更進至於孔子，乃使人人能投入文化人生，各得盡其孝弟忠信，以使人文大生命日進無疆，而日常人生乃能日臻於文學藝術化之最高境界。故自人類大生命言，無羲、農則無堯、舜、文、周，無堯、舜、文、周，則不能有孔子。人類大生命，亦應有此三階段之層累演進。故在中國歷史上，乃有一輩輩名世人物之先後出現，而使中國歷史可大又可久。若言近代自然科學之種種發明，其實乃只是在羲農時代之歷史階段中有推進。及其有了華盛頓、林肯，乃始進入堯、舜、文、周階段。惜乎西方史上乃缺乏了一個孔子。惟孔子，乃能沒入人類大生命中，獲得人生之共通處，其日常行為，乃若為人人之所能企及，而終於卓然特出，為人人之所不可企及。正為孔子所重，乃在行為，不在事業，孔子事業即沒入融化於孔子之行為中，故若為人人所可學，而又最見其不可學。

然就人生言，應有此生活與行為與事業之三階段，此即西方人亦莫能自外，故雖震於事業，昧於生命，並事業與生活而一併視之，乃不知行為在人生中所占地位之重要，而西方人生中，要亦自有其行為。惟在中西雙方之人生行為上，則有其甚大不同之點，此則當分別詳論，非此篇所欲及。

（一九七五年十月二十四日中華日報副刊）

第三編

一　中國文化之潛力與新生

什麼是文化？簡單的說來可以分為兩點：

一、文化就是人的生活。人的生活大同小異，衣食住行雖有差別，但均同屬於文化，此就物質生活言。就精神方面而論，信仰、宗教、愛好、文學與藝術等，也一樣屬於文化。

二、文化也可說就是民族的生命。如我們是中國人，就是中國民族，因為我們的生活方式差不多，而且古今如此。所以民族文化可以說就是民族生命，沒有文化就沒有生命。

談到生命，就要聯想到生命的力量。生命力量有強弱，以個人論，活到七十八十，就是生命力強，壽短或多病便是生命力弱。世界各民族的文化，生命力最強者為中國文化。埃及、巴比倫、希臘、羅馬的都成古代文化，今已不存在。英法與我相較，如我的明、清兩代。美國、意大利則為清朝乾、嘉年代。他們好像十餘、二十餘歲的青年，中國則如八十、九十的老年人，而仍能與強壯的青年相競賽於今日之時代，此老年人自可稱為了不起。

講到文化的力量，可說有兩種：其一乃表現於外者，另一為潛藏在內者。中國文化是潛藏在內的。就人的生命言，人會有疾病，有疾病則須請醫診斷，醫生對病人體質診斷，皆認體質強者可以抵抗疾病，弱者不能。一個民族生命力的判斷也要請醫生，判斷民族生命的醫生就是歷史。中國歷史上曾經歷過若干次重大疾病，五胡南北朝、晚唐五代、元、清及近代帝國主義等。在這些時期，中國民族患了重病，政治腐敗，社會動亂。可是經過一兩百年，中國仍舊是中國，中國文化始終是中國文化。以抗日戰爭言，我們在科學、經濟上都遠不如日本，但是八年抗戰，中國仍然存在。中國所以能抗日，乃中國文化的潛力使然。一般人但認為是祖宗積德。表現於外的力量也許是很大，但一遭打擊生了病，便一無辦法。如埃及金字塔是埃及古代文化的表現，僅供人觀看，實在是他們的祖宗未積德。

中國古代文化可說是堯舜的文化，便是孝與讓的文化。「孝」「讓」是一種最高的道德力量，平時雖不定看得到，在國家多難危急之秋便自然表現出來。

以上所論是中國文化的潛力。以下要討論中國文化的新生。

經過魏晉南北朝而有唐，是為新生；又經過五代十國而有宋，又是新生；再經元朝到明，又是新生；更經滿清二百餘年，及西方帝國主義侵略至於民國，又是新生；降至今日，復逢共產帝國主義，但是今後當然還會有新生。為什麼我們信仰我國文化會新生呢？因有中國文化偉大的潛力在其後。

晚近西方有一種文化悲觀論流行於德、英、法、美。在第一次世界大戰後，德國有一個中學教員斯賓格勒寫了一本書西方的沒落，西方人都公認此書為了不起的著作。他認為文化一如人的生命，有生、老、病、死。在歷史上，埃及、巴比倫、希臘、羅馬的文化已死去，所有的文化亦皆有一死。也有人認為中國文化已死，有人說中國文化在秦時已死去，唐朝的文化是另一種。這種論調是以西方觀點來看中國，因西方文化是表現於外的，但中國文化是潛藏在內的。以經濟為例，西方人會使錢，以是形成資本主義；中國人有錢卻收藏起來不用。因為中國人重積，所謂「厚積薄發」。

但是近代中國文化之病何在呢？政治腐敗，智識份子淺薄。近代中國之病在此。中國老百姓卻是世界第一等的良民，他們沒有病。智識份子，生逢亂世，潔身自好求退隱，與下層社會相結合，文化將由是而新生。西方人的病與中國不同，西方人不知有退隱，其病在下層。哥倫布發現美洲大陸，而當日之西、葡帝國已不復存在，其病正在社會。

西方社會講「富」與「強」，中國社會講「足」與「安」。西方講富而不足，講強而不安。中國講安足在人心，知足自心安。富與強表現於外，足與安在人心，知足心安乃生自信。

在中國歷史上，文化有了病，智識份子走的路有兩條：一是向上或向下走，另一條是自中心向四面走。南北朝時，中國智識份子，向南則渡江，朝東北則至遼東，往西北則至西涼。他日復歸中原，文化新生開始。又如在南唐五代，智識份子向長江走，及至宋初，再復歸中原，文化又告新生。今日中國智識份子，也一樣不得不度流亡生活，流亡來美國，或世界其他各地，將來當然要重返故國。也許是上帝安排，英國佔領香港一百年，日本佔領臺灣五十年，但是今天我們中國人可以到香港，到臺灣。流亡在香港、臺灣的中國人，在南洋的星加坡、馬來亞、印度尼西亞、菲律濱等地方的華僑，毛澤東固然沒奈何，殺不到；來到美洲新大陸的華僑自然更不必說了。現在流亡海外的三四千萬中國人，都可以說是中國豪傑之士，在美國的更是福星高照，因此當然應對中國文化負起一部分責任來。

前些天我曾看到一本小書，名稱是近代歷史哲學。這是一本選集，是選譯英、法、美、德等歷史家的著作。這一輩歷史家，都是斯賓格勒以後的文化悲觀論者，他們一致都認為西方文化已無出路。但我是一個文化樂觀論者，我信仰中國文化一定再新生，譬如一株樹開花結果，果實落到地上成為新種子，自然又會成長為樹木。諸位流亡海外，重要的是對中國文化要抱持信心。沒有信心就沒有希望，就無法生活。但僅有信心猶不足，還須得做兩種工作。

第一種工作是向外學習別人。今天我們談文化新生，並非要關門拒絕別人的文化，惟有學習人之所長，始有助於我文化之新生。第二種工作是向內向下教人。一百年來我國智識份子中一部份犯了學人皮毛，而又忘卻自己教人責任的毛病。以是，在我們不得不向人學習，而學習外人之時，應勿忘本，勿忘教下層社會的人民，一改過去若干智識份子的毛病。如果智識份子能做到向人學習、向內向下教導時，中國文化自然會新生。

（一九六〇年八月六日美舊金山講演，少年中國晨報八月八日刊載。）

二　孔教之偉大

大家知道，在全世界人類歷史上，出現了四個大教主，釋迦牟尼、耶穌、穆罕默德和中國的孔子。從他們的降生時間論，耶穌與穆罕默德降生較遲，到今尚不滿兩千年；而釋迦和孔子則降生在兩千五百年以前。尤其是孔子，在兩千年前，中國秦、漢時代，已有兩千萬以上的中國人信奉他。到今天，有超過四億五千萬的中國人信奉他。因此我們可以說，這四大教主中，信奉孔子教義的，時間特別長，人數也特別多。我們也可說孔子教義對世界人類的貢獻也特別大。

釋迦、耶穌與穆罕默德三人，都是所謂宗教主。宗教必然帶有一種不容忍性，因此信奉耶教的民族，同時便不再能信回教；信奉回教的民族，也同時不能再信奉耶教。耶、回兩教遠從創始以來直到現在不斷有衝突。

佛教創始在印度，但自印度婆羅門教復興，佛教即衰微，乃至不再存在了。只有中國，是一個信奉孔子教義的社會，但在東漢時，印度佛教傳入，即在中國社會盛大流行。就以後的歷史說，佛教是中國的，不再是印度的。

中國從唐以後，回教也流行了。明清以來，耶教又流行了。直到今天耶、釋、回三教，同時流行在中國。

我們雖說信教自由，但在全世界民族間，只有中國，因其是一個信奉孔子教義的社會，耶、釋、回三教也可同時存在、同時流行。這是孔子教義的偉大處。

再換一方面說，耶、釋、回三教，都有他們特殊的傳教士，又有他們特設的禮拜堂，並有他們種種特定的崇拜的禮節和儀式。只有孔子教義，不要特殊的傳教徒，也不要特設的禮拜堂，又不要一切特定的崇拜禮節和儀式；但孔子教義一樣能深入人心，和廣泛的宣揚。這又是孔子教義之另一偉大處。

再換一方面說，耶、釋、回三教主要都是講人死以後的事，教人如何進天堂，如何得涅槃；獨有孔子教義只重在生前教人如何做人，如何做成一理想的人，教人如何處世，如何做成一理想的社會和理想的世界。因此我們說：耶、釋、回三教是出世的，而孔子教義則是入世的。

因此耶、釋、回三教在社會上，都需要他們一種特殊的地位。佛教入中國，即有「沙門不拜王者」的理論，這是說，做了和尚，便不須依照世俗禮節來拜敬帝王。而在歐洲中古時期，羅馬教皇的地位，遠超過一切貴族之上。直到今天，羅馬教廷依然還在，依然有它超國際的地位。由於各宗教均需要在社會上有一種特殊的地位，因而也需要一種特殊的組織。只有信奉孔子教義的，在社會上不需要特殊的地位，孔子教義只教人在社會上做一普通的平常人，因而孔子教義也不需要一個特殊的組織。但孔子教義，終於和耶、釋、回三教同樣普遍地流行，永久地存在。這是孔子教義之又一偉大處。

我們再說到孔子的家世。孔子遠祖是殷代的帝王，到西周時代，是宋國的貴族，又後遷到魯國，出生孔子。因此孔子出生以前，已有一千年以上的家譜，緜延不斷，在中國歷史上明白可考。至於孔子以後，直到今天，傳了兩千五百年，共七十七代，孔子一家的家譜，依然是緜延不斷。明白可考。

全世界各民族，只有我們中國的大聖人孔子一家，緜延了三千五百年以上，而且是明白可考的，那不是人類社會中的一個奇蹟嗎？也只有在中國社會裏，可以尋出這樣一個三千五百年緜延不絕的家庭，這是中國社會特別偉大之一點，也即是孔子教義之又一偉大處。

再換一方面說，孔子教義因其是入世的，所以他注重在教人如何修身、齊家、治國、平天下；因而孔子的教義，同時像是個人主義的，又像是家族主義的，又像是國家主義的，而同時又像是世界主義的。信奉孔子的教義，可以教我們做成一理想的個人，同時有一個理想的家庭，又同時有一個理想的國家，又同時有一個理想的世界。孔子的教義是從教人做大聖大賢，達到世界大同與天下太平的境界。我們若做成大聖大賢，等於生前即到了天堂。我們若到達世界大同和天下太平，等於人類社會即是一個極樂世界。因此孔子教義，是把釋迦、耶穌和穆罕默德三人所想望於吾們之死後的，即在吾們生前到達了。這是孔子教義之又一偉大處。

孔子教義之偉大，一層一層的說下去，一時也說不盡。但孔子教義是極平常的，人人信奉，人人可做到。只是教人如何做一個人，做一個理想的平常人，這是孔子教義最偉大所在。我們既生為中國人，長成在信奉孔子教義的中國社會裏，我們應該負一個宣揚孔子教義於世界的大責任。

（一九五四年九月二十四日中央廣播公司孔子誕辰特別播講節目，刊載於二十五日中央日報。）

三　儒學與師道

一

我今天以同一文化傳統，同一職業背景，而來為大家提出此一題。

中華文化傳統，最主要的中心是「儒學」。

儒學最主要的中心，乃是學「為人之道」。

唐韓愈師說謂：「師者，所以傳道授業而解惑。」授業解惑，固亦師道所宜盡，但其最主要中心，則為傳此學為人之道。

學為人之道而達於最高境界者稱「聖人」。聖人為百世師。

孔子則稱為「至聖先師」。

凡學儒學，其主要目標，即在學為人，學為聖賢，而其道即是師道。孔子學不厭、教不倦，教學相長，學此道同時亦即可以為人師。故中國歷史上每一大儒，則無不是大師。

二

我曾有一次與日本某教授討論到中國文化對日之影響。某教授告訴我，日本人風俗，父母罵其子女，常有「汝不算是人」之語。此語舉世各民族皆無，獨中國有之，此即是日本所受中國文化之影響。

我謂即小可以見大，此語中正涵有極深極大之意義。中國人說人，即見「天下一家、人類平等」之義。如稱中國人、日本人、歐美人、非洲人、馬来人等，人則總是人，其間更無區別。

但人類雖屬平等，而人之中則自有等級可分。最高是聖人，最低則不算人。中國古人說：「人為萬物之靈。」因其能受教育，能有修養，能從文化傳統中陶冶，能知為人之道。

孟子說：「人之異於禽獸者幾希。」可知一自然人，則與禽獸生物，僅有幾希之分別。孟子又說：「無惻隱之心，非人也。無羞惡、辭讓、是非之心，非人也。」後代中國人，乃有「不為聖賢，便為禽獸」之說。此乃中國文化中有特殊意義之一項大理論。中國父母罵其子女不算是人，即從此一大理論。因有此一理論，遂見出師道之重要。

三

師道之重要，即在傳授此道，解釋發揮此項大理論，教人實踐此為人之道。最低限度，不要淪為不算人。

中國古人又說：「經師易得，人師難求。」中國古經籍，主要所講，本即是此項大理論，即講究此為人之道，凡修、齊、治、平皆屬之。但僅能講授經籍，能口說，不能躬行，此只得稱「經師」。須能以身作則，由自身來實踐，來代表此項大理論，即此項為人之道者，始得稱「人師」。

人師是師道之最高標準。

人師能以身作則，能行不言之教，此即所謂「師表」或「師範」。

為人師表，這是一了不起的人。

四

近代中國，儒學衰微，此一文化傳統中之特有精神與其特有理論，日見消失，幾至不復存在。

做教師只是一職業，謀些薪水來活命養家。而且薪水收入較其他職業為微薄，故為教師則常見為是窮窘、寒酸的。

其所傳授與人者，亦只是些有關各項職業上之知識與技能，不復再教人以為人之道。

但各項職業之後面，則仍然有人存在。

既為人，即必然有其為人之道。

如從事政治，政治是其職業，但從事此項職業者，其起碼條件必須是一人。

從事工商業，其起碼條件，也應是一人。

從事教育工作，其起碼條件，即教師本身也該是一人。

此項理論，本極淺顯。所謂是一人者，即指其能知為人之道，能守為人之道言。若從事政治，只懂做官，不懂做人，則其政事必亂。從事工商業，只知經營業務，不知為人之道，則其工商業亦必敗。從事教育，身為人師，其自身並不知亦不守為人之道，試問向彼受教者，何從而能知能守此為人之道？如此則必教壞了向彼受教之子弟與青年。

五

今天人類社會，問題愈趨於複雜與紛亂。其主要原因，即在大家不講究為人之道。若要講究為人之道，則同此人類，即應同此道。無古今、無中外，既是同此人，同此道，則人類文化，應可成為一大傳統、大合協。中國古人所謂「道一風同」，此社會自能上軌道，世界自能轉趨和平大同之一境。其主要責任，則應由為師者來擔任。

試問，此一責任何等重大！

故中國古人又說「尊師重道」，又說「師嚴而道尊」。此道即是上面所說的為人之道。為人師則應與此道能合一不分。為師者即是此道之活榜樣。故重此道則必尊其師。其師獲得有尊嚴，其道才始得有尊嚴。

今天的社會，許多人不知有此道，因此也不要求為師者來任此道。我們當教師的，也多不知有此道，因此也更不想由我自身來任此道。如是則教師一項職業，終至成為窮無所至，不得已而勉強為之的一職業。

為世界人類著想，為我們教師自身著想，此風非變不可。請由我們當教師業中之少數有志者能起來提倡，一振起之。一面請由我們自己努力於此為人之道，一面將此理論隨分宣揚。否則師道將更為掃地，而人類斯文亦將隨之而掃地。此乃今天世界人類一共同的大問題，而在我們一向以儒學為文化傳統中心的，似乎更應奮發來求盡此責任。

（一九六五年吉隆坡教師協會講演，刊載於一九六六年九月人生雜誌三十一卷五期。）

四　東方人的責任

今天的世界，是一個騷亂的世界，又是一個變動的世界。

世界處處在騷亂，世界處處在變動。

究竟此種騷亂與變動，將走向何處去，誰也不知道。

今天的世界，已變成了今天不知明天。這不是說得太過分，實在世界已有此趨勢。

所以，我們生在今天的世界裏，應懂得兩個大道理：

一是「自救之道」。

又一是「救人之道」。

不能自救，如何能救人？所以第一先該懂得自救，其次才能救人。

其實一切都得自救，所謂救人，也不過把自救之道教他，讓他也能自救。

今天的世界，主要有兩種人，一是東方人，一是西方人。

今天不僅東方人要自救，西方人也要自救。

東方人不懂得自救，誰也救不了東方人。西方人不懂得自救，誰也救不得西方人。

東方人西方人不懂得自救，不但救不了東方人與西方人，而且會牽連毀滅其他人。

為何要把東方人和西方人分開來說？因東西雙方歷史不同，文化不同，人的個性也不同。

東西雙方，各有長處，也各有短處。

譬如賽跑運動，東方人長於長距離跑，西方人長於短距離跑。

如中國有五千多年歷史，韓國有三千年歷史，日本有二千年歷史，所以說東方人長於長跑。

法國、英國的歷史，不到一千年，美國只有二百年到四百年，蘇俄不到一百年。

在短時期中看，好像他們勝過了東方；但從長時期看，實在是東方勝過了西方。

短距離跑和長距離跑不同，其事易知。但為何東方人長於長距離跑，西方人長於短距離跑，其中道理卻很難講。

我現在再舉一件比較容易講的來加以說明。

東方人比較看重「做人」更重於「做事」，西方人則比較看重「做事」更重於「做人」。

當然人必需做事，事必需由人來做。兩者不能嚴格做一個分別。

但在東方人看來，沒有做過大事業的，也可是一好人，而且可以算是一個上上等的好人。

做了大事業，並不算得是一好人，或許是一壞人，而且可以算是一個下下等的最壞的人。

今天中國大陸有所謂「批孔揚秦」的運動。

孔子只是一個教育家，並沒有做什麼驚天動地的大事業，但中國尊之為第一位的大聖人，兩千五百年來為中國人所共同崇奉。

秦始皇帝併吞六國，統一天下，為中國歷史上第一個最偉大的大皇帝，但此下的中國人並不看重他，而且算他是個極壞的壞人。

又如富人與窮人，由中國人看來都一樣。富人中也有好人，也有壞人；窮人中也有壞人，也有好人。

做人要爭一個好壞，不在乎爭一個貧富。

今天中國大陸上的共產主義，稱窮人為「無產階級」，稱富人為「資產階級」。好像無產階級都是好，資產階級都是壞。

這把東方人道理來講，萬萬講不通。

所以若照東方人道理，世界上將不會有帝國主義與資本主義之出現。帝國主義與資本主義，可以在短時期中憑他們的富強來欺侮壓迫人；這是在短距離跑可以勝人；但其事不可久。

東方人不著重這一套，只求大家都做一好人，不爭強、不爭富。在短時期中或許會吃虧，但長時期中，只有東方人這一套，可大可久，可贏得一趟長距離賽跑之勝利。

再換言之，西方人比較看重「功利」，東方人比較看重「道義」，這是東西雙方文化上一大區別。

今天我們東方人自救之道，首先便該重新振興起我們一向所看重的道義。如此，不僅可以自救，同時也可救人。

若我們自己蔑棄了自己東方人的道義，專來模仿學習西方人的那一套功利，爭富爭強，勢必更增加騷亂，其事不可久。

不僅不能救人，並亦不能自救。世界人類長此騷動下去，恐怕將會同歸於盡。這將眞會如耶穌預言的世界末日將會降臨！

（一九七四年十月二十日中央日報）

五　中國文化新生與雲南

一

近代文化論者，莫不謂人類文化，亦不脫生、老、病、死之四境。然獨於中國文化綿歷四千載，迄今未見衰歇，則無說以處。竊謂茲事體大，決非可以一端論定，然有一事較淺顯而可資解説者，則為中國之地理。

法人瑞克西（Reclus）有言：「歷史者，乃自時間上言地學。地理者，乃自地域上言史學。」此言實寓至理。故治史而不知地理，則得其半，失其半，最多亦為一偏之見，決無當於全體也。中國土地與歐洲一洲約略相等。然歐洲始終未臻一統，故治西史者，無意中即已連帶注意及其地域之劃分。如論歐洲文化，先自希臘，次及羅馬。中世紀以來，漸次自南部拉丁諸國，如西、如法，逐次北進，及於中部條頓諸族，荷蘭、英倫、德意志諸邦。最近則東漸及於斯拉夫族，尤如新興之蘇聯是也。其全歐文化之演進，顯隨地域而轉移。若單就一地域論，則不僅愛琴文化早已滅絕，即地中海文化，亦自十四、五世紀以還，不復有旺進之生命。而北方東部如俄，中部如日耳曼，西部如英倫，其在中世紀以前，豈非一蠻荒之區乎？故歐洲文化者，僅乃一總詞，其間各區域文化力量與其生命之生老病死，則彰彰與人以共見。

今返視中國，則驟若不然。中國自古為一統大國，故治史者，亦常以一渾全整體視之，因遂忽略其內部各地域之更迭變遷，遂若中國文化始終綿歷，無多反覆。然苟效治西史者之分別地域而觀，則漢、唐以前，中國文化中心在黄河之兩岸；宋、明以下，中心南遷而在長江流域；輓近世以來，中國文化之生命動力有益向南遷之迹象，而漸達於珠江流域矣。此乃一種最粗略的說明中國文化移動之大勢。然此事一經指出，則人無不曉。誠使中國文化僅限於黄河兩岸，則至今豈不亦如西方之希臘、羅馬，將僅供後世以憑弔之資而已乎？又焉見所謂歷數千載而不歇者？然則中國文化之所以見為生命強、綿歷久，而不易衰歇，關於文化本質上之問題，此暫勿論，而中國始終為一統大國，而又不斷有新地域之新人文參加活動，常使之有新生氣與新力量，此一層實為論中國文化者所極堪注意之事實。

文化與地理之關係，此治人文地理學者，盡能言之，然使忘卻歷史大趨勢，則人文地理之影響亦有不能一概而論者。希臘之氣候山海，豈不古今如一？何以在古代則發燦爛之光輝，在後世則未見有大過於人者？英倫三島之氣候山海，亦豈不古今如一？何以在古代則沉鬱不彰，在後世則扶搖直上？繼今以往，則三島之黄金時代殆亦將為歷史之陳迹矣，此何以故？苟非綜觀人類歷史演變大勢，而僅以人文地理學之條件說之，則每見為窒礙而難通。余所謂人類歷史演變之大勢者，乃指其與人文地理有密切關係者而言，則最要者莫重於交通。交通者，實人類歷史影響於地形之一最要事項也。故就各地域分區討論其文化之演進，則有兩觀念當平等注重：一曰氣候，一曰交通。氣候乃先天之宿命，而交通則後天之機運，必會通二者而觀，乃可以發見各地域文化演進先後與其盛衰起落之所以然也。

二

若專就氣候論，則歐洲文化先興於希臘、羅馬和煦晴朗之區，再向北歐寒冷陰晦之地域演進，此乃文化移動之常態。而中國文化則先興於北方寒凍陰晦之區，再向南方明朗和煦之地域演進；與歐洲情形適得其反。然若再就交通條件會合論之，則知中國文化之自北而南，亦自有其不得不然之理由。西方古代文化之產生，蓋以島嶼港口為基點，而以海面交通為其文化長成之大平面；中國古代文化，則以黃河水系之各支流所灌溉之耕地為其文化產生之基點。此自上游有涇、渭，下至中流之汾、涑、伊、洛，及於下流之漳、衛諸川皆是，而華北平原則為此諸基點相互交通之大平面。故歐洲文化之交通命脈賴諸海，中國文化之交通命脈則賴諸大陸。其時長江流域則尚不適於初期文化新生時代之交通，故江域氣候較溫暖，而反不得為中國文化之先興地也。若推此論之，則知近代英倫三島所以得佔歐洲文化之一主要樞紐者，實不在其氣候而在其交通。彼之沾後天機運之賜，實遠超過其先天之宿命。苟使機運未熟，則如古代之英倫三島，又誰知其將為天之驕子，如今之地位者？故英倫實先天之宿命不足，而後天之機運有餘之一好例也。

今若專就交通條件言，則又有當明辨者。夫環境不宜於僻塞，若僻塞則與外隔絕，此固盡人而知其不利矣。然若地居四衝八達之中心，為交叉之午道，其害亦與僻塞者略相等。大抵地居衝要，常受四圍之影響，不易寧定，則其文化必漸衰落。蓋衝繁之地，其風囂而不淳，其氣浮而不實，其心散而不凝，其生活易於奢汰，其習俗易於誇詐，至其易受兵燹戰鬥之禍，則尤為顯而易見。故最理想之交通條件，貴能開門卽當大道，而閉戶又能自守，寓安定於活動之中，備保守於進取之際，此始為最理想之交通條件，亦卽最理想之文化條件也。

氣候、交通兩者條件俱備，斯其地之文化必蒸蒸日上。然日上不已，則人事勝過天然，四圍之交通日湊日集，雖非衝道而自成為衝道，雖非中心而自成為中心；故曰「凡路皆通羅馬」。至於凡路皆通羅馬，而羅馬之衰落亦可翹足而待矣。此則後天之機運可恃而不可恃，凡人類文化之不能脫離生老病死之四境，此亦其一大因緣也。

根據上述，一地方之文化，方其臻極盛之境，則勢必漸趨於衰落。欲求一國文化之常榮不謝，則先求其疆域之恢宏，為一統之大國。於是某一地區之文化雖由盛而衰，而常有他一地區之新人文、新生氣接踵繼起。而其繼起者仍在其國內，不在其國外，仍不失其本國之傳統，則其國之變化始可達於常榮不謝之境。若使歐洲為一統之大國，則希臘、羅馬之文化，雖至今存可也。若使中國亦四分五裂如歐洲，則黃河流域洛陽、長安之文化，雖謂其至今必已衰熄無存焉，亦未見其不可也。故曰論文化史者，不可不注意於其地理的條件。

三

今論中國文化此後新生機之所託命，則大率不外兩區：一曰東北，一曰西南。然東北氣候寒冷，此乃先天宿命之不足，又正當國際勢力爭衡接觸之焦點，其勢常不得寧定，此又後天機運之未美。西南以氣候言，既較東北為佳，以交通言，此乃國家奧區，為臟腑腹地，與東北之暴露於外者又不同，居其地者，易獲安全寧靜之感，此尤合於文化滋長之條件。然則中國文化此後新生機之萌茁，蓋捨西南莫屬，此理雖玄，其實固可具體指述，盡人首肯也。

今分論西南諸省，則四川文化開發特早，與黃河流域之古代文化交通最先，不當與西南其他諸省相提並論。其次湖南、廣東、廣西三省，雖較四川開發較為落後，然在中國近代文化史上則已先後露其頭角。所謂西南諸區，將佔中國文化新動力之主要地位者，湖南、兩廣固已稍透露其消息矣。惟雲南、貴州，於西南諸省中，固尤為奧區之奧區，尤為偏隅之偏隅也。然論雲南一省之氣候山川、土壤產物、風景形勝，則得天之厚，殆莫倫比。故雲南省在中國以往文化地位之不佔重要，不在其先天宿命之薄，而在其後天機運之遲。若使雲南早得人事之助，交通發展，去其隔塞僻陋之病，則雲南人文必將蔚起，其在全國文化水準之比度，必將高出於西南其他諸省之上，此亦無足疑者。今則後天機運已開，國內外交通繼此可以逐步發展，雲南雖為中國之奧區腹地，而未嘗不足以通國際間之呼吸；雖與國際呼吸相通，而又得長保其安全寧靜之感，此最為交通上難能可貴之條件。雲南既擁有先天特賦之優厚，而後天之機運自今將與之相得而益彰。就此種種言之，雲南人文，在最近之將來，寧有不為中國文化新生機、新動力之主要一脈者？不佞以民國二十七年春初來雲南，驚其山水之雄麗，愛其氣象之清美，接其人物，考其俗尚，默會夫古往今來中西諸邦文化轉移之先例，固已心存此意，以為欲迎中國文化新生之機運者，莫如來滇南。茲者大刧已平，昌期方煥，不佞幸得重來，與滇人士再相把臂。爰草此文，預告滇人士，用卜吾言之驗否，然亦非二十、五十年不足驗吾言也。

（民國三十六年一月十二日昆明日報，三十六年四月五華月刊第四期。）

六　五十年來中國之時代病

中國有著五千年傳統不斷的歷史與文化，這眞是舉世莫匹，中國人堪以自傲的。但近五十年來的中國，卻只有挫敗、屈辱、退嬰、不長進。較以並世列強，只有自慚自恧，幾使中國人有不敢仰面對人之感。或者因此五十年來中國之不長進，懷疑到中國五千年的傳統歷史與傳統文化，認其不過爾爾，或者根本無何價值，否則何以結局走上近五十年來的現狀？但我可以反問，果使中國傳統五千年全如此五十年來一般的現狀，全只有挫敗、屈辱、退嬰、不長進，中國早應失其存在，又何來有此五千年的傳統？在我簡單的看法，傳統五千年，是中國人的生命，一切都象徵著中國生命之健全與旺盛。最近五十年，則只是生命過程中之一時病狀。儘健全、儘旺盛的生命，有時也該有病。病的對治正是生命的掙扎。沒有為著五十年的病痛，便要根本埋怨到他五千年的生命本身之理。埋怨生命本身，只有自殺。自殺決非病的對治。為著近五十年來現狀，而一口罵倒傳統五千年，只是急躁，只是淺見。但我們同樣不該仗著傳統五千年謾罵現狀。一個病人到底是病人，你不該斥責他不好好吃飯，不好好工作，不好好運動與娛樂。幸而那病人沒有聽你斥責，否則亦便無異自促其死。我們應該仔細一診他的病徵與病源，好讓我們對症下藥。

甲午之役的中國，早已為蕞爾日本打得一敗塗地。可見中國的病況，不自五十年代始，早在五十年前已是病象爆著了。但我卻認為近五十年來的中國，有其新的徵候，有其特殊的病情，較之五十年前判然不同。五十年來的中國病，讓我暫從康有為與清德宗的一番心情說起。康有為開始活躍於近五十年來之中國政治界與中國思想界。他開始一本本匆促地寫成他的波蘭瓜分記與印度滅亡記而獻之清德宗。清德宗燈下披讀，心情激越，至於涕泗橫流。於是君臣相應而有當時之所謂新政。據梁啟超戊戌政變記所載，當時清德宗所頒新政諭旨，在短短不過三個月的時期中，便有一百數十件之多。梁氏譽之為古今中外未始前見之盛事。然而我們從歷史的經驗看來，亦沒有像這樣急促忙迫的心理，而可以投大遺艱收旋乾轉坤之效者。在當時的康有為，早已唱著「全變」「速變」的口號，以為不如此，中國便將為印度、波蘭之續。在當時中國人的心裏，中國早已自儕於印度、波蘭之列，最多亦不過如土耳其。變法只以救亡，更不敢再有所奢望。清德宗不過是感受此種意見之一人。日暮而途窮，倒行而逆施，戊戌政變以匆促急迫之心情發動，亦以匆促而急迫之心情失敗。從此以下的中國，瓜分滅亡，流為一時之口頭禪。梁啟超特地寫了一篇中國不亡論，算是鼓勵振作了當時不少全國惶惑頹廢的心神。迨至「五四」運動的前後，又有所謂「中國不亡，是無天理」的話，在當時居然成為大家首肯認為含有至理的名言。

當「九一八事變」突起，我那時正在國立北京大學教書。「九一八」清晨，北平報紙披露此項消息，正值星期日，學校方面還沒有什麼舉動。翌晨星期一，我從西直門附近坐車到北大紅樓上課，一路便見到一隊隊大學生、中學生與小學生，手裏揚著旗幟，口裏呼著口號，繼續不絕；而沿街壁上也已貼滿了種種標語。我叫車夫緩緩徐行，好讓我一路聽他們的口號和看他們的標語。迨到北大課堂，我的一班學生卻照常仍來上課。他們說：今天不用講什麼，願我對此突起的瀋陽事變發表一些意見。我當時便說：「此事正在發端，我同你們一樣受著甚深刻的刺激，但我此時卻感無話可說。而我所要說的，則是今天一路四十分鐘內所聽見、看見的一般學生們的口號和標語；這是北平智識青年對此事極自然的心情反應之流露，我禁不住要說幾句話。」當時大家便渴望要聽我的意見。我說：「我一路所見所聞，北平學生界的口號與標語，最奇怪的，是他們不約而同的一致的情緒與態度。讓我挑選一句話作為代表。譬如說：『寧作刀下鬼，不為亡國奴。』這十個字已足十分代表出我一路所聽所看標語與口號之總意見與總態度。我覺得偌大一件事，在北平青年智識界中，其精神上的反應，只是一種消極的、悲涼的、反面的、退一步的情緒與心境；我沒看見或聽見一些屬於積極奮發正面進一步的。換辭言之，我似乎只看見青年們理智的在利害上打算；卻沒有看見青年們熱血的、感情上的奮發。外面是慷慨激昂，裏面卻是淒涼慘澹。理智不準確，因而情緒也不健全。瀋陽是中國的土地，日本何得無端攫取？中國青年似乎不覺其可憤慨或可羞恥，中國青年似乎不認其為一種侮辱與輕蔑，而只認其為一種危險與壓迫。這是我們智識青年平日心境與情緒之自然表白。此非小事，實在值得我們深刻的反省。這明白是一個大事件之開始，正有待於我們之出力搏鬥。而不料在此事情端倪剛露的時候，便已有一種亡國的陰影浮上了你們的心頭。若說你們自心內感並不如此，在你們一定感到，非用此等痛哭流涕極而言之的辭句，非用終極亡國的刺激，將不足以喚起社會鞭策國人求其一致奮發。然而大家試想：若有一個人僅為避免餓死而振作，試問此等振作，前程何在？一個國家僅為避免亡國而奮起，試問此等奮起，其前程又何在？我們現在且就以往中國歷史的經驗言之，像此瀋陽事變般的遭遇，或是更艱險更重大的，在中國已往，早不知經歷了若干次。儘多驚風駭浪，無害於中國之屹然長存，何致便痛哭流涕要說亡國將臨。萬一日本到達一相當階段而自己停止了，明白表示他並不急急要亡中國；萬一而中國人自己感覺到目下的情勢尚不到亡國的境地，那時的智識青年是否便心平氣和消沉下來呢？」

我的一番話不幸而言中。九一八以後數年間的北方青年，據我所知，到底是消沉了。「七七事變」之後，我追隨學校到長沙南嶽。在二十六年十二月的一天，在南嶽聖經學校的一片草地上，北京大學的學生開了一個北大成立三十九週年的紀念會，同時作為一個送別會，因有好幾個學生要出發到前方去，要出發到西北延安去。當時大家的心理，似乎全都在說：首都淪陷了，亡國的惡運，眞快要降臨到我們的頭上了，我們再不能安心留此讀書了。我那時禁不住又在這草場上說了一些話。我的意思並不反對青年們決意上前線去從軍，只反對他們對國家前途的那種消極悲涼專在反面退一步的看法；我只要解除他們那種急躁的淺見。我說：「戰事正在展開，國家前途不是就此完了。青年報國有他無限的前程，安心留後方讀書，並不是沒有意義。若謂國家淪亡迫在眉睫，而茫然上前線去，（「茫然」二字是那日一位同學用的話。）一旦看到國家並不眞是淪亡迫在眉睫的時候，那時又不免要自生悔心，自生動搖。我們應該把握住自己，正使國家眞個亡了，我們還有我們努力的方向。」

在南京淪陷到武漢淪陷的一段期間，一輩大學青年之情緒緊張，我們與青年長日相處的人，今日一反想，依然如在目前。至少在我心中，是留下了一種極深刻的影像。然而一到武漢淪陷之後，似乎智識青年們的情緒便漸漸變了。大家漸漸看到中國還不至於亡國，而且漸漸的大家認為中國已確有了最後勝利的把握了。但是在此期間，全國智識青年的情緒與心境，卻亦未見其活躍，未見其懽忻與鼓舞，未見其對新的將來有所抱負與期待。讓我鄭重說一句，這幾年的中國青年，似乎轉而又消沉了。這不是沉著，實在是消沉。本來刺激我們、鞭策我們的只是一些消極、悲涼、反面而退一步的想像，我們並沒有積極的、快樂的、正面的、進一步的雄心與熱情。現在反面的鞭策與刺激漸漸消失，正面的鼓舞與期待尚未開始，我們的意境自然是只有消沉。

以上的一番話，我並不著意在指摘青年，只求藉此指出近五十年來中國的時代病，而把智識青年們作為當前的實例。亡國與餓死，兩重陰影，常是壓迫在我們的心頭。進一步則為出身救國，退一步則為安心找職業謀生。這已是近五十年來病態中國下之標準人物，已是站在中國社會的最前線，值得我們的稱揚與禮敬。上面述說的智識青年，便是榜樣。沒有雄心，沒有熱情，沒有勇氣，向積極正面作進一步樂觀的盼望；對國家前途只求其不滅亡，不瓜分，不為印度、波蘭之續。根本沒有想到龍飛鷹揚，稱霸稱雄。這一個國家自卑的情緒，影響到個人的人生方面，亦按比例的自卑自賤。近五十年來的中國人，無論在政治、學術、軍事、工業，一切人生的各方面與各部門，實在夠不上說有雄心、有熱情。他們亦如對國事般，只求做到適可而止。他們似乎用的自我批評的理智的成分太多了，而自我尊重的情感的成分則太嫌稀薄了。他們並不想做第一等人與第一等事。至少在世界的場圍裏面，他們是謙讓不遑的。救亡與謀生，是這一時代最高的想望。模倣與鈔襲，是這一時代最高的理論。從此一種自卑心理上面直塌下去，便招致了中國目前種種的病態。

一個老太太戟手指面的教訓他的兒子，說你再不奮發為人，你便只有流為乞丐，轉為餓殍。這樣的教訓，在他兒子的眼前只有漆黑，在他兒子的心頭只有冰冷。漆黑與冰冷中間，培養不出光明與熱烈。一個人常常惦念到失業與餓死，他到底將不免於失業與餓死，否則也不過僅免於失業與餓死而止。人世間的一切光明與熱烈，早已沒有他的分。近五十年來之中國，常要惦念到印度滅亡與波蘭瓜分；康南海之大聲疾呼，與清德宗之涕泗橫流，這是五十年來中國病上加病之新徵候。這五十年來病上加病的中國，至少可以告訴我們一個眞理：抹殺了你自己，便不配再有出路。抹殺了你自己而再求掙扎，全是白費力。抹殺你自己，便只有消極、悲觀。從反面退一步着想，全是冰冷與漆黑，沒有光明，沒有熱烈。最後的結果，只有直塌下去，要再確立你自己，便只有轉身向你自己的本身找求。這是惟一積極正面可樂觀而進步的一條路。幸而數十年的病魔糾纏，到底掩塞不住數千年生命大源之澎湃與洋溢。正在此五十年代病上加病的中國，內部新生命之健康力量早已逐步的好轉與前進。孫中山先生倡導的三民主義與辛亥革命，這是一個元氣淋漓的，這是唯一的能從積極正面樂觀而進一步的方向來指導中國前途的。直到目前的對日抗戰，這並不僅僅是一個救亡圖存，這是一個寓有甚深革命性的抗戰，對於世界場圍有其甚深之革命性。這是從三民主義與辛亥革命的内部精神裏直接流貫而來，這是從中國傳統五千年生命本源裏面產生的新力量；這是自我確立，不是自我抹殺。這才是復興中國一大火種。星星之火可以燎原，久病的中國，漆黑冰冷的中國，快有他的光明與熱烈。我們只希望將此火種在每一個中國人的心頭燃燒起來。

（民國三十二年四月思想與時代二十一期）

七　五十年代中之中國思想界

「中華民國」這五十年，可謂走上了一個歷史劇變的時代。不僅中國本身如此，即整個世界同時也走上了一個歷史劇變的時代。照理，在此時代中，該激發思想，要求有思想家出現。而不幸這五十年來，在中國，竟無一個思想家可覓。在中國思想史上，這一時期，將來會只留一空白。空白尚好，更不幸的，還塗上了許多汚點，有待此後人來洗刷。

所謂思想，最先必能提出問題，次之是經過縝密精詳的討論，然後才得一明確肯定的答案。不論任何一個思想家，該有如此的三階段。即或只有第一階段或僅到第二階段，也可以。而就整個時代言，必有此三階段之進程。而此五十年來，似乎連第一階段也還未走上。即是說：究竟我們這時代，問題在那裏？還沒有人來提示、來指出，而為此五十年代中人所接受。

好像此五十年來，言論作為，都有著很多劇烈的爭論和變動。然而這些只是所謂運動或潮流，風起雲湧，不斷掩捲著全時代，但亦只是運動與潮流而已。在此運動與潮流之內部，則並無一項思想在領導。率先是幾個人之武斷偏激的意見與意氣，追隨之以大羣眾之盲從與附和。其興也驟，其衰也忽。只是些歷史事變，寫不進思想史的章節中去。

首先要提到在此五十年代中之所謂「新文化運動」，大部分只是中國社會在感受外來影響，追隨世界潮流，而並沒有形成為一個思想問題或思想系統而出現。即如他們所舉最大最主要的所謂賽先生與德先生，科學與民主兩運動，也只是表示許多人的共同意見、共同態度，憑藉著幾個標語與口號而宣揚散播開來，始終未能在此方面深入而嚴肅地轉成為一個思想問題而存在著。

在正面則是感受外來影響，追隨世界潮流；在反面則是對中國固有文化之唾棄與抨擊。如打倒孔家店、線裝書扔毛廁裏、廢置漢字，和全盤西化等。此等也只是標語、口號，全是一種偏激的意見和態度，並不曾轉變成為一種嚴肅的、深細的思想問題來討論、來爭持。在當時，這些只求形成為一個社會運動，所以都憑藉著感情和意氣來轟動一時視聽，希望羣眾之接納；而並未訴之於深細嚴密之思想系統，來剖析其問題之內在性和其向前之深入性。

與新文化運動相輔而前者，有「新文學運動」。新文學運動只為新文化運動作工具。如云「哲學關門，打倒玄學鬼，禮教喫人，隻手獨打孔家店的老英雄，打倒孔家店，線裝書扔毛廁裏，德先生賽先生」：這些傳誦一時，發生莫大影響的，都不是學術性的，不像是有思想訓練、思想修養的人所陳述。他的一套思想，只是取法於水滸傳、西遊記，作為容易為大眾接受的、淺顯而輕薄而又像是新鮮而生動的，可以使人不訴之於理智、不考慮於縝密與精詳的思想步驟，而立刻便得瞭解，而容易賦予同情的，那些不正當的並加以文學渲染的宣傳語句。嚴格說來，那些既不是思想，也算不得是文學。

單就文學角度來衡量，還是像魯迅的孔乙己、阿Q之類，比較算得是近乎文學的。消極的、反面的、打倒的宣傳與運動，總勝不過積極的、正面的、建設的。輕薄的、俏皮的、尖酸的標語與口號，總勝不過大力的、憤慨的、堅強的。五四新文化運動之後，繼之以共產主義運動。正為同樣是宣傳、是運動，同樣是標語、是口號，而後來居上，則亦勢有宜然了。

正因這五十年來，努力從事於宣傳工作的多了；從事思想工作的，便相形見絀地少。就社會大眾言，總是歡迎接受宣傳的。一句標語，便是一項眞理，淺顯明白，易於流傳。以多自證，以同自慰，便成定論。思想則有根據來歷，有層次曲折，有輕重分寸，有先後步驟，所提出的問題，未必人人遽認為是一問題；所提出的結論，更不易使大家瞭解此結論中所涵蘊之眞義。抑且成為一個思想，往往急切不易得結論，更不易得一項全稱肯定的結論。抑既是打倒孔家店、打倒封建社會那一套標語廣播到全社會，這些是不需再思想的，而且也並無確切內容的。只要你所不喜歡的，便可分別歸入孔家店或封建社會之兩大系統之內，而儘你自己的努力去設法打倒。在如此般的所謂學術風氣、時代思潮之下，很難有健全而純正的思想態度，浮現到社會的顯明面來。

或說上所指摘固有理，但此五十年來，也有不少埋頭在學術界的，不能一筆抹殺了。此話誠然。但不幸此五十年來的學術界，亦有不少，而且可說是佔著大多數的，卻還是追隨結集於此兩大系統之宣傳標語之下而努力。若我們說一句或許是過分嚴酷的話，此五十年來之思想家，可說是思而不學的。此五十年來之學術界，則可說是學而不思的。正為此故，乃能沆瀣一氣，互相呼應，來形成此五十年代之種種的悲劇與惡果。

關於宣傳共產主義方面之所謂學術研究，此不具論。關於宣傳新文化運動方面所引出之學術研究，亦可舉出一句標語來作為此方面研究工作之中心，此即所謂「以科學方法整理國故」。其實此一標語之內涵，已是一種極狹義的武斷。此一標語之言外之義，已經包括有哲學關門、舊文學成死文學，及中國文化歷史傳統全不如人、亟須全盤西化等意見在內。否則若把此標語稍加改變，說成以科學方法整理中國哲學、以科學方法整理中國文學，及以科學方法整理中國歷史文化傳統云云，將全成為不通之語。正為此故，若有人試在學術方面來重新闡述中國哲學思想，或宣揚中國文學精義，或發揮中國歷史文化傳統之意義與價值，在彼輩都可認為是一種落伍不前進的、反動的不科學。因此，在所謂「以科學方法整理國故」之標語之下，最好不觸及哲學、文學及歷史文化傳統，而只分散著當作一堆堆材料來研究。而其研究所得，亦決不能對中國以往的哲學、文學及歷史文化傳統有積極的、正面的、不該被打倒的擁護態度。

因此，我們不得不認為此五十年來之文化運動及其學術研究，乃沆瀣一氣，互為桴鼓者。一方是思而不學，一方是學而不思。在此項所謂思想潮流之下，決開不出眞學術。在此項學術風氣之下，亦決引不出眞思想。

但上所云云，究竟像似太嚴酷了。我們決不能說此五十年代中，無思想、無學術。惟此種思想與學術，乃被擯於社會之一角落，乃被壓於社會之隱暗面。若要說代表此五十年代之思想與學術者，則斷斷在彼不在此。說不定，過些時，那些宣傳標語為人厭棄，下面又重新走上一個眞有思想的時代。到那時代，他們重新來敍述這一時代之學術與思想，或許他們會另具眼光，另作批評。在他們那時，或許會提出此五十年代中曾有過那些那些的思想來。但此是以後另一時代的事。在我們這五十年代中，要來敍述這代表此五十年代的，則只好說僅有些對群眾宣傳的標語口號而已。也只好說僅有些對群眾所求發動的某些運動而已。若要說代表此五十年代者，定必有一種或一種以上之思想，則只好說代表此五十年代者，只有一種專好發起運動、製造標語的思想了。

（一九六一年中國一周五五八期）

八　近五十年中國人心中所流行的一套歷史哲學

一

黑格爾的歷史哲學，並不是根據人類客觀眞實的歷史而形成其哲學，乃是根據其主觀玄想的哲學來歪曲歷史，強求證成。他所想像的人類歷史發展的最高頂點及其最後階段，便是日耳曼民族與日耳曼精神。而且在他想像中，這一階段早已來臨。他這一套理想，奮發了德意志，引生了希特勒，招致了近代日耳曼民族之厄運。

馬克斯深受黑格爾思想之影響，但馬克斯是一位無祖國的猶太人。他對日耳曼民族和日耳曼精神並不感興趣，因此他的一套歷史哲學，即唯物史觀與階級鬥爭的歷史哲學中，所欲證成的人類歷史發展的最高頂點及其最後階段，卻為世界性的「無產階級專政」；而在他想像中，也認為這一階段早已來臨。

全世界無產階級聯合起來奪得政權這一番玄想，不如黑格爾的日耳曼民族與日耳曼精神之易於獲得確定之支持與表現。直要到列寧、史太林蘇俄革命完成，才又把馬克斯那套哲學加以一番修整，即此種無產階級崛起之領導責任，落到大斯拉夫民族的肩上。這是黑格爾與馬克斯兩人的歷史哲學各自變質後之合流。

二

最近五十年來之中國，雖沒有出過像黑格爾、馬克斯般的歷史哲學家，但在一般知識分子的腦際，卻浮現出一套共同的歷史哲學；好像在說，必須打倒中國以前的歷史，才能謀中國當前之出路。至於未來的理想呢？這在近五十年來在中國所流行的那一套歷史哲學，是和已往歷史同樣沒有地位的。中國知識分子，似乎只想接受別人領導，他們的理想也便即是我們的理想。我們要接受他們的理想，服從他們指導，才該先推翻自己已往的歷史。這一套哲學，並不由三十年來的中共所提出；三十年來之中共，只是在此一套哲學中撫育長大。

大家知道，中共今天是在毀滅中國史，改造中國史。但已往的歷史是否眞能毀滅，眞能改造呢？毀滅一民族的已往歷史，等於毀滅一個人之已往記憶。若使此人對其自身已往記憶眞能毀滅，那非死亡，即是狂易；狂易不治，仍然是死亡。沒有歷史，便將沒有民族。這只能合於馬克斯，不能合於列寧、史太林。馬克斯承用了黑格爾的那套歷史哲學而去掉了他的日耳曼精神，列寧、史太林承用了馬克斯的那套歷史哲學而又添進了他們的斯拉夫精神。今天的中共，正好承用了列寧、史太林的那套歷史哲學而承認了斯拉夫，取消了中國民族。這是不待雙方變質的自然合流。

三

取消中國歷史，取消中國文化，實是五十年來中國知識界本有的一種模糊想像。若眞要做來，便該取消中國民族。今天中共才始正式嚴刻執行，卻因此又激動了中國人之惶惑與反抗。但我們面前並沒有第三條路。若要反對中國已往歷史已往文化，便不該不反對中國民族精神之存在；若要愛護中國民族精神，歷史文化即是民族精神之最眞實最具體的表現。

我們愛護歷史，並不牽涉到歷史之價値問題，只指歷史之客觀存在而言。我愛眞我，我之所以為我，以其有對我已往之記憶。記憶便是一種存在。若說存在決定意識，則正因我有已往記憶存在，才始能有我之意識。我之已往記憶不存在，即無從再有我之意識存在。若我有術能把自己已往記憶任意歪曲塗改，來一新我，則其術必是一種魔術，其人亦必是走上了魔道。

中國此五十年來之知識分子所以極端鄙視中國歷史，因為先鄙視了中國文化。若把歷史比擬記憶，則文化正猶其人之品格。就目前世界人類學、文化學者之通常意見，則民族與文化間，很難說誰優誰劣，誰得誰失。所以文化學者之研究中心，依然著重其客觀眞相，而求比較異同；並非在估定價值與批判是非。若必估定價值與批判是非，則各民族自己的本位文化，厥為對此民族最相宜最有價值之文化。正猶如個人間之天賦與個性，實在就其本人論則為最有價值者。決不能專憑某一人之天賦與個性而抹殺其他一切人之存在。如此則必將追隨黑格爾，惟有亞里安血統與日耳曼精神，才始為天之驕子，應該征服一切而獨享其存在之尊嚴。再不然，則必如馬克斯，不認有個性，不認有人格，而一切由經濟階級來決定。再不然，則如列寧、史太林，只有大斯拉夫，始為人類此後新歷史之唯一領導者，其他民族只有向其學習與一面倒。

四

此五十年來之中國知識分子，何以對自己文化如此鄙薄？其最後根據，則為中國近百年來在世界地位上之比較的窮與弱。此早已是一種變相的唯物論。務求抹殺自己來模倣他人，則此刻對症下藥，列寧、史太林的一套哲學，無怪要風靡一時。

最近五十年來中國人對自己歷史之不瞭解，對自己文化之不信任，寧為一無可否認之事實。又經此幾年來中共之徹底掃蕩，徹底侮蔑，我們對此憤慨的也該有一反省。對將來之前途，也該有一警惕。中國人究竟該不該知道一些中國史。若該知道，則該使我們知道些什麼？現在的中共，只要人知道中國近百年史，不要人知道百年以前史。百年以前史，依他們目前意見，只要你知道黃巢、李闖。我想大陸人民對此那一不憤慨！然而我們該回頭想一想，中國史上除卻黃巢、李闖，究竟有那些人物該先叫中國人人人知道呢？我想提出這一問題，恐怕急切是得不到結論的。目前的中共，只認中國史上兩千年來的一切文化是封建社會的文化，所以該推翻、該破壞。但我試問：若此兩千年來的中國文化，並非只是所謂封建文化，又是什麼一種的文化呢？我們也該有一答案。若我們說，此兩千年來的文化，只是一種愚弱貧病的文化，只是一種太監、姨太太、鴉片煙、麻雀牌、纏小腳、扶乩及其相類似的種種之文化，只是相當於西洋中古文藝復興以前所稱黑暗時期的文化；則中共今天的措施，似乎也未可厚非，我們不該憤慨，該反省、該警惕。

若認為中國歷史還該知道，中國文化還該瞭解，這不是一句空話所能濟事。我們存心破壞它、侮蔑它，已有五十年的經過了；我們該如何補救，這該是關心中國前途者一值得注意的問題。

（一九五一年七月四日香港自由人報）

九　毛澤東的悲劇

人人說中共刻意要全部改造中國史，這是不容懷疑的一件事。馬克斯的唯物辯證法，本來是一套變相的形而上學，即就西方歷史論，便該全部改造；何況經過列寧、史太林，已把馬氏理論，大大改頭換面；現在又經中共把這一套所謂馬列主義硬裝進中國來，試問若不把中國史全部改過，如何說得通？

讓我舉一個最近所見到的小小的例來說吧！兩月前，有一個剛滿六歲的小女孩，她跟隨她老祖母由無錫到香港。我在她小書包內，發現了她在國民小學所讀的兩册教科書，一本是國語第五册，一本是常識第五册，這都是小學三年上期所用的書。那本國語，講述到古今中外五個人物，共佔了八課。第一課是毛澤東，那不用說了。隨後有朱德和陶行知，那是現代的三人物。接著的是該輪到歷史人物了。那便是李闖王，一連三課。最後兩課是列寧和謁列寧墓。再說到那本常識教科書，那更有系統了。說到中國史的，最先是陳涉、吳廣，其次是黃巢，再次是李闖王與張獻忠，一連四課。

我們常說：「一部二十四史，從何說起？」卻想不到眞個會從李闖王說起。從新文化運動以來，我們常說「要對已往舊歷史重新估定價值」，卻想不到陳、吳、黃、李一流，現在是中國史上最先值得有教育價值的歷史人物。中國四千年的歷史人物典型，是從陳勝到李自成；中國全部歷史的文化意義，便是他們所謂的「農民革命」。今天的中共政權，便是承接這一傳統，從陳勝、黃巢、李闖、張獻忠而到毛澤東、朱德。這是這一政權內心清算最坦白的自我檢討之眞實供狀。試問這一個東方的大革命，若使要期求成功，如何不要把中國歷史從頭改造？但我們試再問，若使中國歷史不可能從頭改造，這一政權，又如何能站得住？

現在的大陸處處在努力清算、坦白、搞通思想。但活人的思想可以清算，可以迫他坦白，可以威脅他搞通；困難的是死去的人，你何法再清算他，叫他坦白，逼他搞通呢？更困難的，是死人和活人的邊界劃不清，頭緒割不斷。馬列主義講歷史，主張發展到後一段便來否定前一段。但實際上，歷史永遠成為歷史，無可否定。你若要站在某階段來否定已往的歷史，無異是讓已往的歷史來否定你的現階段。史太林似乎懂得這一點，所以他依然要回到大斯拉夫主義，依然要提出蘇俄偉大的民族英雄大彼得，依然要承繼帝俄時代一向的向外侵略精神，依然要收復他們在東方損失的既得權益，而逼出雅爾達協定；一切的一切，仍沿著帝俄歷史路線而前進。毛澤東究竟不能承當馬、恩、列、史的直接繼承人，中國人的血統究竟不是大斯拉夫的血統；但毛澤東究竟也還和史太林一般，不能全部否定了中國人的已往歷史而一筆不提，他一時還不能直從馬、恩、列、史一線下來創出一部未來的新的中國史，那是還需要無限悠久的時間的；於是他不得不還提到中國的舊歷史，於是不得不在中國的舊歷史裏尋出陳涉、吳廣、黃巢、張獻忠、李闖王來作他的歷史傳統，來奠定他在中國歷史傳統裏的應有地位。讓我們平心而論，李闖王是究竟抵不過列寧的。中國大陸這一代的小孩們，他們在中國已往歷史人物裏，只知道一個李闖王；在全世界歷史人物裏，只知道一個列寧；那中國人天經地義應該跟著蘇維埃，應該永遠做他們的衛星國，而毛澤東應該做史太林的義子兒皇帝，也就無可有爭辯的餘地了。

在共產極權之下，是不許有思想自由的。思想由智識而來，沒有智識，自然不會有思想。只許你有一種智識，自然你也不會有那一種智識以外的另一種思想。因此要不許你有思想自由，必做到不許你有智識自由，才是徹底。人人知道共產極權賴藉鐵幕而存在，但這一鐵幕，不僅是政治的，更主要是文化的、智識的。放進了智識的鐵幕，自然同時也就是放進了思想與政治的鐵幕。此刻中國大陸六歲上下的小孩子，他們對中國歷史，只知道一個李闖王，充其量是李闖王同時還有張獻忠，以前還有陳涉、吳廣與黃巢。他們對世界歷史，只知道一個列寧，充其量是列寧以下有史太林，列寧以前有馬克斯。要把中國人從張獻忠、李闖王發展進步到列寧、史太林，那才是毛澤東、朱德對中國民族、中國文化最偉大的抱負與貢獻！

若使歷史可以否定，死人可以清算，毛澤東的偉大理想，也許有成功之一日。無奈史太林不作此想，今天不在否定大斯拉夫與清算帝俄歷史，而又不許毛澤東不否定中華民族，與不清算中國史；那才是毛澤東的悲劇。

他的悲劇的前影，便是他刻意從中國歷史裏提出來的陳涉、吳廣、黃巢、張獻忠與李闖王。似乎毛澤東在此上，也許有先見之明吧！

（一九五〇年十二月中國一周三十四期）

此文寫在二十幾年前。直到今天，毛澤東還在清算孔子，清算宋江，要把一部中國史徹底清算。我在二十幾年前寫的這篇舊文，實在仍感有一讀之意義。一九七九年附誌。

一〇 中國共產黨和中國史

中國共產黨很早便有一個偉願，他們想把中國史從頭改寫，把中國史裏一應人物及其作為全依照他們的見解，來重新批判其中的是非功罪。他們在延安時，早已著手來寫他們的新中國史。一到他們掌握到全國政權，他們對此事更不放鬆，更加著緊。首先是對全國各級學校裏的教科書，尤其是歷史教科書，都得通體改造。而擔任那些課程的教師們，也得認眞學習，把他們從前的一些知識和見解痛快洗滌，徹底翻新。這是他們絕大的一個計畫，絕重要的一番抱負，決不是可以等閒看過，兒戲視之的。

不錯，中國史應該從頭改寫，中國歷史上一應人物作為的是非功罪，應該重新批判，重新估量。你若眞個搞通了馬、恩、列、史、毛一套的思想，你若眞個懂得一面倒，你自然也了解他們來改寫中國歷史的用心和其重大的涵義。我試本著他們的立場，來和你稍微談一些中國史，談一些中國史上人物作為之是非功罪。我想中國史上第一個値得我們推尊頌揚的大皇帝，首先應該輪到秦始皇。因為秦始皇懂得用政治來統制思想，他能焚書坑儒。但秦始皇依然不夠偉大，因為秦始皇目空一切，他還不懂得向外國皇帝靠攏學習，他還不懂得一面倒；他想關起大門，做中國的大皇帝，這是秦始皇之不夠偉大處。

中國史上第二個值得我們推尊頌揚的大皇帝，我想應該輪到石敬瑭。石敬瑭才始瞭解到一面倒的建國方略，他能拜耶律阿保機為親爸爸，他能在耶律阿保機馬前下跪，接受「兒皇帝」的寶號。但石敬瑭也復依然不夠偉大。何以故？石敬瑭本身是一個外國佬，他以外國佬的身分在中國做皇帝，來尊奉另一個外國皇帝作他的乾父親，作他後臺的保鏢者，這是他不夠偉大之第一點。若使石敬瑭本身是一個中國人，而肯拜認外國父皇稱子稱臣，那才是更偉大的象徵。第二點，石敬瑭之不夠偉大，在於石敬瑭僅知一面倒，而不懂得思想統制。秦始皇偉大在這一邊，而石敬瑭則偉大在那一邊。他們各只能偉大到一偏一側上。

中國史上第三第四個值得我們推尊頌揚的大皇帝，我想應該輪到黃巢和李自成。他們是農民革命的倡導者，他們開始懂得清算鬥爭，由恐怖大屠殺、大流血的場面下獲登皇帝之寶座；這是他們倆較秦始皇、石敬瑭之偉大處。但他們倆仍還不夠偉大。何以故？他們倆似乎全不懂得思想統制，又不懂得一面倒。這且不說。他們倆只能在未登寶座以前來屠殺千萬億兆的人民大眾，他們倆來不及在既登寶座以後來餓死千萬億兆的人民大眾；這該是他們倆的終身憾事，這也是他們倆之不夠偉大處。

現在臨到中國史之新頁了。中國出現了一個毛澤東，他將集秦始皇、石敬瑭、黃巢、李自成之大成。他將兼有他們之偉大而再超越。他開始以黃巢、李自成的姿態出場，恐怖、大屠殺、大流血、清算鬥爭，而獲登寶座；接著對內是二十世紀新型的焚書坑儒，無所不極地用他的政權來箝制思想，摧殘教育；對外又是二十世紀的另一新型的兒皇帝，在本國政權未定的緊要關頭，親身去國外拜見父皇，奉表祝壽。再接著是他的新經濟政策，國外封鎖，國內敲剝，第一年便是八百萬乃至八千萬的勞苦人民大眾在大饑荒的邊緣掙扎而犧牲。他負起改寫中國史的重任。以往的秦始皇、石敬瑭、黃巢、李自成，在已往的中國史上，全是些失敗者。或及身而敗，或身死即敗。他將不再是一個失敗者，他將在唯物歷史哲學的辯證的必然理論下而成功。以往的秦始皇、石敬瑭、黃巢、李自成，全是些被咒罵者。他將不再被咒罵，而開始被歌頌。在一面倒在人民民主專政的重壓下而被歌頌。由他的被歌頌而歌頌到秦始皇、石敬瑭、黃巢、李自成。由他的成功，而秦始皇、石敬瑭、黃巢、李自成，在舊歷史裏翻身。秦始皇、石敬瑭、黃巢、李自成雖在已往中國舊歷史裏失敗了，在當前改寫的中國新歷史裏，卻同樣地成功了。明白言之，秦始皇、石敬瑭、黃巢、李自成之成功，並不是他們自身之成功。秦始皇、石敬瑭、黃巢、李自成之被歌頌，並不是他們自身之被歌頌。他們全將由於今天負起改寫中國新歷史者毛澤東之成功而成功，毛澤東之被歌頌而被歌頌。他們之偉大全將由毛澤東之偉大而偉大。再明白言之，中國舊歷史之改寫，也全將由毛澤東之偉大、之成功、之被歌頌而改寫。

你若問：毛澤東何以能如此般偉大，如此般成功而被歌頌，如此般由其一手而輕輕便能改寫了中國傳統五千年的舊歷史？你若提出如上的問題，我請你先去搞通馬、恩、列、史一套的思想，我請你去學習蘇維埃的革命史。我明白告訴你，毛澤東實也仍不夠偉大。他是依照著馬、恩、列、史的一套思想而偉大。毛澤東實也並未能成功，並未在被歌頌。成功而被歌頌的，只是馬、恩、列、史的一套思想與人物。毛澤東也不能來改寫中國史，改寫中國史的只是馬、恩、列、史以及蘇維埃。在毛澤東的偉大之成功與被歌頌的將來，也不會有新的中國史出現，能出現的只是一部翻版的俄國史。改寫中國史的工作，只是把俄國史來塗滅了舊的中國史；舊的中國史塗滅了，再把新的翻版的俄國史來冒牌偽裝頂替而勉強呼之曰新中國史。然而在毛澤東手裏，若果眞能完成這一番奇怪的工作，也就夠得偉大，夠得成功，夠得被歌頌的了。

不過歷史究竟是一種客觀的存在，它有它的力量，有它的作用。我們只能說：由中國五千年來的歷史，形成了今天中國四億五千萬國民的心理。中國共產黨憑其一時的幻想，要來扭轉歪曲中國當前四億五千萬國民的心理，那不是一件輕易隨便的事。若要憑中國共產黨一時的幻想來從頭改造中國舊歷史，那豈止是愚公移山，精衛塡海！然而無論如何，毛澤東已經成為中國史上的一個人物，他將與秦始皇、石敬瑭、黃巢、李自成一體寫進中國史，他將由中國史來批判、來衡量其作為的是非功罪。這一層，毛澤東和中國共產黨似乎也懂得。因此他們不得不先下手為強，趁他們及身得意的時候來趕緊改寫中國史。這無異在告訴我們，一部中國史已經在無形中用一種重重的壓力壓在他們的心頭，使他們不得不如此幹。這裏便是中國共產黨和毛澤東的前途的一片絕望的悲哀。

讓我告訴他一個極平常極淺易的道理：你儘可向活人清算，你儘可向活人鬥爭；但你千萬不要清算到死人身上，向死人去鬥爭。活人向死人清算，向死人鬥爭，是絕不會成功的。現在的中國共產黨已經清算到中國以往五千年來的死人羣中去，已經在向中國五千年來的無量數的死人作鬥爭；那可白日見鬼，有力無使處，非至大禍臨頭，是決不會有別的下場的。

一一　中國共產黨與萬里長城

我常說中國共產黨雖說信仰的是「唯物史觀」，但他們比較起國民黨來，更能多注意在精神的心理的方面。他們似乎能瞭解精神的心理的力量遠超在物質力量之上。因此他們能不顧一切外面物質條件，悍然向他們內心所想望的一個目標而趨赴。他們可以放鬆在物質方面對他們的妨礙，但在精神方面思想觀念方面，卻絕不通融，絕不懈弛，他們肯無微不至地用心來克服來解消外面對他們的一切內心方面的敵對和武裝。法新社、美聯社舊金山十九日電，轉述北京中共廣播，報告他們最近正在拆除萬里長城，這是很好的可以作為我上述觀點之一個證明。

遠從戰國時代起，秦、趙、魏、燕四國，各自為防禦他們北方蠻族之侵入而修築的邊城，到秦始皇帝統一六國，再把它連接添修，遂有中國歷史上有名的所謂「萬里長城」。此後兩漢、北魏、隋唐直到明代，歷有興繕。萬里長城在中國歷史裏的國防價值上，是古今無匹的。只有清代，他們本是長城外的異族，踏進長城來，佔領了中國，那時內外蒙古，也做了滿清忠順的外藩，因此滿清政府，比較沒有注意到長城之興修。到晚清道光年間，龔自珍漫遊居庸關，看見關防年久失修，不為朝野所注意，他還曾為此寫了一篇文章，隱隱地發露了他的一腔幽憂與無限感慨。民國「九一八」以後，從山海關到居庸關的一段，還曾在中國國防史上盡了它最近的一些責任。總而言之，中國自先秦以來，至今兩千幾百年中間，對這長城只有不斷興繕，最多是任其頽毀，卻沒有立意來拆除的，有之，是今天的中國共產黨。中國共產黨只就此一件事而論，便是中國歷史上破天荒的一番大革命，直是驚天動地，值得大書而特書的。

據中國共產黨自己的廣播：說長城堪被認為建築材料的無盡資源，他們拆除長城所得的材料，首批已運抵北平天津充建設之用。粗看，中國共產黨拆除長城，是為他們利用長城磚石來充其龐大城市建設的一種唯物的打算，但我想這恐不那麼簡單。若專在物質經濟上劃算，拆卸運輸所化的工力，和所得的一批磚瓦，兩相抵消，是沒有多大利益的。我想共產黨這一偉業，依然是他們一貫的作風，他們拆除長城，是存心作為對中國全國人民實施一門精神教育與心理革命的深微而刻至的課程用的。

中國共產黨的立國精神，是主張一面倒的，他們一面倒的目標，正是在古長城之外面。萬里長城是中國歷史中國民族精神一個最偉大最有力的象徵，象徵著中國民族愛護邦土，愛護自己傳統文化，累積幾千年，不斷地屹立在中國的國防線上，是用中國民族自古相傳的千萬億兆的血肉來堆垛來凝固的一條民族界線。中國共產黨今日所首先要拆除的，便是這一條民族防線，便是這一條文化防線，便是這一條精神防線。所以毫不留情，毫不客氣地要請中國那條萬里長城的一塊塊磚石，都進集中營，要它們學習毛澤東思想，要清算它們兩千幾百年來的頑固落伍的民族觀念，要它們卸除精神武裝，要它們坦白，要它們一面倒，倒向新中國的主子無產階級的祖國的懷抱裡去。萬里長城卻是一分祖傳遺產，是一分中國民族精神上的無上產業，是中國歷史傳統裏最具體的一個結晶品。保留萬里長城，無異是保留中國史，無異是保留中國民族之精神武裝，無異是保留中國民族之文化遺產，要學習毛澤東思想，這些絕對不該保留。這是中國共產黨向中國民族中國歷史正面樹起革命大旗的唯心的作風下必然應有的一番舉措。

只有共產黨才知道，萬里長城一塊塊的磚石，都是中國老百姓們一顆顆愛邦土愛民族的心的表示，才有這一塊塊的磚石輸送到邊塞去，而堆垛起來。現在是再要中國老百姓們一塊塊把它們拆卸，把它們輸送回來，從拆除長城來拆除中國老百姓們歷古相傳的那顆愛邦土愛民族的心，來轉嚮到毛澤東思想，來破除國防，來一面倒向無產階級的祖國，來向世界其他愛邦土，愛民族傳統，愛歷史文化的人們再清算，再鬥爭。所以說，這是中國共產黨對中國民族的一課嚴正而深刻的教育。唯心主義的精神教育。

從前南朝宋代，殺了一個邊防宿將檀道濟。檀道濟臨死憤慨地說：「你們在自壞長城。」不錯，照目前中國共產黨的理論和用心來說，凡屬中國現在的檀道濟們全該殺。不過殺來不用刀，不見血，只要使檀道濟也進人民大學，學習馬列主義，學習毛澤東思想，使檀道濟也坦白，也回身一面倒，而現在的萬里長城卻必須壞，萬里長城不壞，收容不盡那麼多的檀道濟。萬里長城拆除了，檀道濟自然絕迹，這一門精神課題，中國共產黨是深切瞭解的。現在局促海島的臺灣「國民政府」，卻相反地正在想從海上重新建築起一道長城來。他們單注意在軍艦和飛機的數字上，他們單注意在美援上，我一向說他們是道地的「唯物」主義者之忠實信徒。我勸他們也來虛心學習毛澤東思想，不要誤認毛澤東思想是眞個唯物的。我勸他們也分些精力趁此機會旁聽中國共產黨的這一門寓意深遠的新課程。若臺灣「國民政府」也能懂得中國共產黨為何要在此百忙中來開始從事於拆除萬里長城的艱鉅工程，則他們自然也會懂得如何地開始來建築新長城的下手處了。

我為萬里長城回念中國史，回念中國人的民族精神，回念中國傳統文化精神防線之堅強與悠久。我為中國共產黨之拆除萬里長城，讚嘆毛澤東思想之「唯心」主義的深刻與周到。我為中國共產黨拆除萬里長城，又回念到臺灣「國民政府」一隊隊飛機一批批軍艦之無能的脆弱。我為中國歷古相傳的萬里長城之一塊塊被拆除的磚石，又不禁回念到中國五千年來龐大建國史上的無盡之資源。

（一九五〇年香港華僑日報三月二十三日專論，四月民主評論第二十期轉載。）

一二　極權政治與自由教育

人類所以需要有教育，不僅為的是傳授智識與訓練技能，更要的，該是為的眞理之探討。而探討眞理，則絕對必須容許思想之自由。

人類探討眞理所經歷的路程，那是極曲折，極艱辛，又極漫長，而似乎必然將無止境的再向前。已往人類對於宇宙人生一切眞理之逐步發現，都由於歷久積累與不斷改進，而始有今日之成就。但我們依然相信，人類前途，有其繼續演進的永久的將來。我們決不會承認，目前人類，已把握到宇宙人生的一切眞理。同時，我們也不會承認，目前人類已然獲得了關於宇宙人生的若干眞理，乃是某一時期某一人之獨特智慧之成果，而可無待於人類長時期多方面的智慧之共同參加其工作。而且我們也決不會承認，目前為我們所共同認為是眞理的，再不會經後代人之改進或變動。

因此，如何來鼓勵和指導後一代的青年們，繼續探討宇宙人生一切眞理，這是人類教育上一項至高無上的使命。

就教育論，一項眞理，必將首先得承認，即是人類後一代的智慧能力，決不會一定不如前一代。

換言之，當前受教育的青年們，他們的智慧能力，在其將來之所能成就，決不會一定不如對之施教育的成年們。中國最大教育家孔子早說過：「後生可畏，焉知來者之不如今？」唐代韓愈的師說裏也曾說：「弟子不必不如師，師不必賢於弟子。」這本是一項淺近易明的眞理。而此項眞理，實為主持教育事業者最先應該承認的。若我們對此一項眞理不承認，則人類將來，將不會再有所進步，而教育僅為人類保持一現狀。而且這一現狀，決然會隨著一代一代逐步墮落與降退。這決不是人類文化歷史演進的眞相，也決不是人類教育的理想與意義。

根據上述，所以人類教育，必該是民主的，又必該是自由的。

何以說人類教育必該是民主的？這因人類直到今天，對於宇宙人生各項眞理，就其已發現者言，其間尚有許多的異見。在我們，實不能確切決定誰獲得了眞理之正面，誰獲得了眞理之全部。而且我們又不能確切決定今後的人類，直到無窮將來，再不能對我們今天所認為是眞理的，有所改進與變動。因此，我們在教育上，傳授眞理，也只能如傳授知識般，只好把我們今天所自認為眞理的，乃至與我們抱相異見的，同樣當作一項知識來傳授。我們該讓向我們來受教的青年們知道，所謂的一切眞理，還有待於今後繼續的探討，還待於他們的智慧與能力之參加工作。這即是教育上的一種民主精神。

何以說人類教育必該是自由的？因眞理必然是自明的。無論我們確切認為是一項不疑的眞理，但若要求別人之承認，便得靜待此項眞理在其人之內心發生一番自明的現象。因此，我們要把我們所自認的眞理，當作一項知識來傳授，我們又得傳授我們自己如何明白得這一番眞理的經過。如是則傳授知識也等於是訓練技能般，該把我們如何獲得此項眞理之方法與由來，同樣傳授人。而最後，則只有靜待別人受教者之內心自明來接受。故傳授知識與訓練技能兩項教育工作，其最高綜合，仍歸宿到探討眞理的一項目。

直到今天，人類還不能違反上述的這項教育眞理。而不幸，竟有幾許掌握極權政治老不放手的野心家，居然敢於公然來違反；這即是今天在蘇俄與中共統治下的所謂教育了。

他們好像說，人類一切眞理，只有給馬克斯一人發現了。在馬克斯以前，誰也不曾發現得眞理。換言之，在馬克斯以前，人類文化歷史上一切所說的眞理，全非眞理。然則馬克斯又如何獨自突然地發現了眞理呢？這且暫不論。他們又好像說，從馬克斯以後，一切人類直到無窮將來，將再不能出一個等於馬克斯的人，更不論是超於馬克斯的人。因此他們也不許有一個人的思想異於馬克斯。人類眞理則只有馬克斯一家，人類思想則只有依照著馬克斯那麼想。因此一切教育，有關於探討眞理這一項，則只有歸宗到馬克斯。

若在某一人的腦子裏，藏有一些異於馬克斯的思想，他們便用一套洗腦方法把你那一套異於馬克斯的思想先洗滌乾淨，再把馬克斯思想來灌輸。

若在那一人的腦子裏，洗又洗不淨，灌又灌不透，那一人便是一個反動者，那是對馬克斯思想的反動，那一人便沒有再在此世界生存的權利。那是一種不民主而無自由的極權的教育。

但我們禁不住要問，馬克斯同樣是一個人，他的那套思想，又是如何而來的呢？馬克斯學哲學，必曾讀過黑格爾的書，為何我們再不讀黑格爾？馬克斯學經濟，必曾讀過亞當司密斯的書，為何我們不許讀亞當司密斯？馬克斯必曾讀過耶穌聖經，為何我們再不許讀耶穌的聖經？馬克斯必曾學過異於馬克斯的，而再來他自己的一套；為何我們再不許也學些異於馬克斯，而也有我們自己的一套呢？

而且人類中間出生了一個馬克斯，便抹殺了在他以前的一切人，這且不說了。又須抹殺在他以後的一切人，直到人類的無窮將來，我們都無端地斷定了，此後人類再不能另生一個勝過於馬克斯的人，而且也不能再生一個相等於馬克斯的人。試問這項斷定，是不是眞理？而且我們縱然崇拜馬克斯，若果遍讀馬克斯的書，在馬克斯本人，實在並沒有明白主張過這眞理。然則又是誰在主張這眞理呢？

史太林和毛澤東，似乎在主張這眞理。那麼，在馬克斯以後，豈不還有人在繼續發現馬克斯本人當時所未經發現的眞理嗎？既如此，史太林、毛澤東，也同樣是個人，他們能在馬克斯以後，發現馬克斯本人當時所未經發現的新眞理，為何其他別人便絕對地不能呢？

若使我們承認了，在馬克斯之後，還有人能繼續發現馬克斯當時所未經發現的眞理；則我們的教育，還該再回到民主和自由的路上去。

教育事業的對象是青年，必得尊重青年，才算尊重了教育。青年為何該尊重？因青年代表著人類之下一代。我們必得信仰，人類之下一代，可能勝過於人類之上一代。我們至少該希望，人類之下一代，可能不低劣於人類之這一代。至少能相等於人類之這一代。如是而教育事業才始有其意義與價值。如此則我們又要問：縱然我們是崇拜馬克斯，信仰馬克斯，而我們憑何眞理來壓低我們的下一代，即來向我們受教的青年們，硬認為在其中，絕對沒有一人該異於馬克斯，能勝過馬克斯，而必須讓他們經受那種洗腦的教育呢？而且我們又得問：馬克斯在當時，因於他主張了一番和他以前及和他同時人所不同的思想和理論，而我們今天，在崇拜他，信仰他，尊之若聖人；但又為何不許我們這一代的青年，也如馬克斯當時一般，來探討他們內心自發所認為的眞理；而必然只許他們尊奉馬克斯，否則便是反動，連他們在這一時代要求生存的權利而都該剝奪呢？

讓我們再退一步講，人類眞理只有此一家，即是馬克斯所主張的。但時代是不同了，馬克斯生存的時代已過去，我們生存在和馬克斯不同的時代，如是則馬克斯的思想至少總該有一番新發揮，一番新解釋。但人同樣是個人，誰該來發揮、解釋這不同時代的馬克斯眞理，而具體應用到這一時代呢？所不幸的，在蘇俄以前只是列寧和史太林，現在該輪到馬林可夫了！而在中國大陸，則只是毛澤東。我們且再問：列、史、馬、毛幾位和別人之間的不同，究竟在那裏呢？豈不是因於他們掌握了一個政權嗎？但政權不即代表了眞理。一個政權的領袖，不即是眞理的發現者，也不即是眞理的判定者。若把政權代替了眞理，眞理可當政權之奴役，那便是我們所謂的極權。在極權政治之下，是不許有眞理，也不許有教育的。在極權政治之下的所謂眞理與教育，只是掌握此種極權政治者所運使的一種騙人的工具；而一般受教育的青年們，則命定為運使此種工具所必然應有的犧牲。

人生眞理中，有時也得有犧牲。但我們必該強調下面這一點，即只該由於其人之自動，即出於他之自願而犧牲。不該單憑任何一方之自認為眞理，而強對方作犧牲。即或多數方面認為是眞理，也不該強少數方面作犧牲。根據人類文化歷史悠長的演進，探討眞理，是何等地曲折而艱辛的一條漫長的路程；儘有時，多數方面未必是，少數方面未必非。而且眞理必該是自明的，因此誰也不該憑他所謂的眞理來逼迫不認此眞理者作犧牲。若憑眞理逼人作犧牲，那他所憑的眞理，早變成了強權。逼人作犧牲尚不該，而況是騙人作犧牲呢？極權政治是逼人作犧牲的大兇手。極權政治下的教育，則是一個誑人的大騙局。

為多數犧牲少數，若果出於少數人之自願與自動，這還是可認許的。但人生眞理中，絕無為著目前現實而犧牲將來的眞理。眞理探討，在人生工作上，是一無窮的；試問將來那能自動自願的為目前作犧牲呢？青年則代表著下一代，代表著將來。若我們專對目前現實的利害打算上，認為是眞理了，我們硬想把這項眞理，十足灌輸給青年，甚至把青年的頭腦，也裝進鐵幕中；不僅把人的思想封閉進鐵幕，連人的見聞視聽也封閉進鐵幕，不許他們接觸到在我們所認為是眞理以外的一切探討眞理的思想和言論，又不許他們有自由思想和自由選擇之餘地，更不希望他們有自由創見與自由懷疑之可能。把代表著下一代的青年們所應有的自由探討眞理的熱忱和勇氣打消了，把他們所能有的自由探討眞理的智慧和聰明窒塞了。如是則眞理將成為一死局。人類直到無窮的將來，只要依照這樣的一種教育法，將使此後人類永遠不會再發見新眞理。只要是違反了自由主義的教育，其結果必然會如此，必然會扼殺了眞理的生命。眞理扼殺，則人類將永遠無前途，那不是為了目前而犧牲將來嗎？然而我們的目前是短暫的，人生決不能片刻停止在目前，有將來才始有目前之存在。因此，犧牲將來來照顧目前，決不能成為人生一眞理。

而且不許有自由思想的教育，在其立場上，早已抹殺了受教育者的尊嚴。他們絕不為受教育者留一或許能超出於其所受教者之餘地。人類因於出了一個聖哲如馬克斯，而永遠把眞理的再發見斬絕了。如是般的教育，輾轉相受，只有一代不如一代地後退。人類的將來若果是無窮的，試問這樣一種的教育，是否也會隨人類之無窮而無窮呢？若果這樣的教育，眞能隨人類之無窮而持續，試問那時的人類，將會墮落到怎樣一個情狀呢？而這一類的問題，則為當前的極權主義者所絕對不顧慮。

因此我們說，扼殺了青年的自由思想，即是扼殺了下一代的人生探討眞理的道路；扼殺了下一代探討眞理的道路，即是扼殺了下一代的人生；而這一代的人生便成為短命，將無前途可言，亦即無存在可言。

然而，青年們的內心，則永遠是純潔的。青年對眞理的嚮往，則永遠是熱忱而具有勇氣的。青年們若得為眞理而努力，他們是永遠慷慨，永遠無所顧忌的。目前青年們所面對的現實，不容掩飾，有許多的混亂、錯誤，甚至是黑暗與罪惡。人類距離到達全部眞理的光明境界，還是如此其遙遠。而不幸竟來了一批出賣廉價眞理的偽善者、狂熱者。在他們認為，宇宙人生一切眞理，已全給一位聖者無遺漏地指出了；而且是獨特無二，只此一家，已包攬了宇宙人生一切最高而無誤的眞理。雖經那位聖哲之發現，卻還待於後人之證實；為要證實該項眞理之必然是眞理，必然是獨特無二、包攬無遺的眞理，則有需於我們之努力與犧牲。青年們經不起這批偽善者與狂熱者之麻醉與煽惑，儘有勇往直前來為這個聖潔的任務作犧牲、供驅遣的。這正是人類青年之可愛處，而也正是這些偽善者與狂熱者之罪大惡極處。

說到這裏，我們得回就自由教育一面再說幾句話。本來為人類繼續探討眞理，是教育最大的宗旨。惟其探討眞理，是如此般一條曲折而艱辛而漫長的路程，因此不得不儘量提倡自由思想，把這項工作，直放遠到人類無窮之將來。又不幸而在自由主義的教育之下，有些人，則把探討眞理的最大宗旨，其先或許為的是愼審，而終於擱置一旁，而忽略了，遺忘了；陷於目光短淺，專注意在傳授智識與訓練技能的兩個項目上；如是則不免成為專為職業功利智識技能而教育。這樣的教育，實在經不起偽善者與狂熱者之敵對與挑戰，而況還有一套極權政治在後面作全力的支持與脅逼。這眞是當前人類文化一絕大的危機。然而我們在教育上，還是不能放棄自由的精神。人類探討眞理的路程，儘曲折，儘艱辛，儘是漫長無止境，我們還得盡我們的耐心與堅忍，來挽回此狂潮。這眞是當前站在自由教育陣線上的人，一個艱巨而決不該逃避的大責任。

我們該知道，當前所面對著的是一個人類探討眞理的態度和路向的大鬥爭。離開了探討眞理，一切智識傳授和技能訓練，將無法在此項鬥爭中獲勝利。而在我們手裏，此刻還沒有一個十分無疑問的絕對共信的眞理；而一切混亂錯誤黑暗罪惡，正又在四圍迫促著我們，非向探討眞理的路程上急速邁進不可。否則那些僞善者、狂熱者，將依然有他們一套的引誘與煽惑，依然不斷來向我們挑戰。縱然說他們的那一套，決然非眞理；而在他們口裏，確是高呼著眞理，而在他們心裏，也有些人是眞認為是眞理的。我們若不能在眞理上有眞探討，僅在傳授智識與訓練技能上認為已盡了教育之事，則將會供給那批掌握極權政治的野心家們以不斷的大批犧牲品，來自願供獻上他們的神臺，來作扼殺人類下一代走向眞理道路的血祭。這眞是當前關係人類文化進展前途一個大問題。我們不得不誠懇希望站在自由教育陣線方面的教育家們，來更深刻地注意這問題。

（一九五四年十一月今日世界八十一期）

一三　歷史與時代

一

歷史是永恆的，時代是剎那的。由剎那積成永恆，在永恆中包涵了剎那。

歷史是一個「常」，時代是一個「變」。由積變中見有常，在歷史的常之中包涵了各時代之變。歷史由積變而成，若時代終有不變，則不見有歷史。然歷史也不僅有變，若僅有變而變中更無一不變之常，亦不見有歷史。故歷史有變亦有常，有常亦有變。常與變同時而俱存，一相而兩顯。而史學則為一種「由變見常、由常識變」之學，單看歷史中某一個時代之變，不僅不見常，亦不見有變，所見只是一現實。現實固無不變，若專就其變處看，則時代短暫成剎那，而現實恍惚成幻滅。故專憑歷史中某一時代之變，將無法認識歷史之常。惟有在積各時代之變而形成的歷史之常的中間，卻可以叫人明瞭各時代之變之內在意義乃及其所以然。

因此我們該從歷史來瞭解時代，不該從時代來估量歷史。

讓我們具體地說：若你單憑最近四十年來中國時代之變，你決無從判斷四千年來之中國歷史。但你在四千年來中國歷史之不斷演變中，卻可幫助你瞭解最近四十年的新中國。

同樣的理由，你不該單憑一百年或兩百年來的世界演變來推測從頭的世界史，但你可從整部的世界史之不斷演變中來更明瞭最近一百年或兩百年的新時代。

二

何以說不該憑時代來估量歷史呢？

無變不成歷史，治史學者首貴識有變。然變的因素則極複雜、極錯綜，從多方面錯綜複雜的相互關係中引生出各時代種種之變。變之來臨，因其極複雜、極錯綜，由多方面的關係所促成，遂不易為囿於某一時代之某一方面、某一角度之短暫與褊狹的理解所把捉，於是遂只有求助於史學。

歷史由積變而成，在此積變中自成條貫，自有系統。此種積變中之條貫與系統，用近代人術語說，當即稱之為「文化」。文化乃超時代而存在者。時代是現實的，而超時代者則是精神的。精神並不能脫離現實而存在，但亦不為現實所拘縛。精神乃貫串於現實之中，包絡於現實之外，超越於各時代現實之不斷之變之上，深浸於各時代現實之不斷之變之裏，而見其有一種條貫與系統。無以名之，姑名之曰「精神」。此一時代之現實，可以大異於前一時代之現實；而此一時代之精神，則仍將無以大異於前一時代之精神。故現實乃剎那性者，而精神則是永恆性者。凡屬歷史必具有某種精神之存在。

由於歷史精神之潛存力量，而始有歷史上時代精神之出現。由於有新的時代精神，而始有歷史上眞的時代之變。由於積累各時代之變之內在精神之自有其條貫與系統，而我們指稱之為是文化。

我們該從歷史來認識此種文化精神之內在潛力。一切時代之變，其背後則必有此種文化精神之內在潛力在操縱，在主宰。

三

斯賓諾莎說：「人類應以永恆的目光來觀察過去之世變」。此言誠是。然試問此永恆目光，何由得之？斯賓諾莎乃一泛神論者。彼之所謂永恆，殆歸屬於上帝，於神。吾儕之所謂永恆，則將歸屬於人類，歸屬於人類之歷史與文化。

吾儕當轉換斯賓諾莎的口氣的語法，我儕當謂：「人類應從過去世變中來尋求、來獲得其永恆的眼光。」

永恆是一種眞理，永恆是一種精神，永恆亦是一種力量。此種眞理與精神與力量，引生出種種時代之變；而此種眞理與精神與力量，則不源於上帝與神，而源於人類歷史所積累形成之文化潛力。

時代變了，時代的現實變了，歷史將隨而變，但已往的歷史則不可變。由必不可變的已往歷史，進入必不可不變的時代現實，而於是有新時代、有新歷史、有新精神、有新力量。

若僅有一不可不變之時代現實，而更無一不可變的歷史精神，則人生將只有剎那，不復有永恆。剎那剎那變滅，將只見為虛幻，不見為眞實；只見有轉化，不見有生長；只見有命運，不見有人生。

人生脫離不了命運，但命運不就是人生。因命運變幻無常，而人生則始終一貫。命運積累不成為歷史。必於命運中投進生命之努力，而始有歷史。所謂歷史精神者，即由此一貫的生命力量投進不斷變幻的命運中而造成。

因此，歷史是奮鬥的，歷史是前進的。然若昧卻歷史的潛存力量，忽視了歷史的傳統精神，即歷史積變中的條貫與系統，則時代現實永遠是一個變；將不見有奮鬥，不見有前進，不見有力量，不見有永恆。此種變則必然是剎那的、是幻滅的。至多則是一種自然的變，而不是人類歷史之變。

四

小孩新生，他只知有現實，不知有歷史。墮瓦擊頭，放聲大哭，成為他當前莫大的刺激與打擊。年事日長，經驗日增，歷史的認識亦漸增強，對於墮瓦擊頭一類偶然意外的事變，將決不如幼年時之易受激動。他自知如何來應付。

嬰孩的生命，局限於一分一秒之現實刺激。少年生命是逐步增長了，他將以日計，不復以分秒計。一日之得失憂樂，超越了他從前一分一秒之得失憂樂。成年人以年計。在歷史文化中生活的人，將以時代計。一百年幾十年的得失憂樂，代替了他以前一年一日一分一秒之得失憂樂。

沒有歷史文化意識的人生，是嬰孩的人生，是未成年的人生。他的得失憂樂將限於當前，限於現實；他將永遠為命運所支配。在急劇轉變的時代中，他將無法獲得其奮鬥向前所應有之潛力。此種潛力，則必於歷史文化之陶冶中獲取。

五

在歷史上有所謂革命的大時代。但一切革命，全都是憑藉歷史潛存力量來革時代現實之命，全都是憑藉歷史永恆眞理來革時代環境之命；斷沒有憑藉時代現實轉回頭來可以革歷史文化的潛存力量與永恆眞理之命者。只有永恆可以轉變剎那，剎那轉變不過永恆。離去永恆之剎那，則是幻滅。離去歷史的時代，亦同樣是幻滅。

時代現實在長時期的歷史轉變中，只是一剎那。不要把我們的心靈局限於當前剎那之感受中，我們該從歷史的永恆中汲取我們的信心與勇氣。當前的不調和，有待我們來解決。當前的坑塹，有待我們來跨越。當前的禍難，有待我們來克服。我們在歷史上的任務，是把剎那消融到永恆中去。剎那融進永恆，才有此剎那之存在；否則剎那只是剎那，只是幻滅而已。時代須融進入歷史，始有此時代之存在；否則時代只是時代，時代亦只是幻滅而已。

你千萬莫謂憑藉當前的時代，可以推翻已往的歷史。人人有一個當時的時代，若時代可以推翻歷史，已往的歷史，早經推翻，不待到我們的一時代。

每一時代，只能延續歷史，在歷史的不斷進程中，繼續加入創新與完成的工作。對已往歷史模糊與輕蔑的時代，那必是一黑暗悲涼的時代。刻意要對已往歷史革命的時代，那必是一狂妄與痛苦的時代。

革命的眞對象是時代，不是歷史。革命的眞力量，從歷史文化的潛存傳統來，不從時代當前違反歷史的短暫現實中來。那是歷史眞理，亦是革命眞理。

六

因此，時代革命是眞革命，歷史力量是眞力量。只有運用眞力量，才能完成眞革命。對歷史革命，是一種不可能的偽革命；限於某一時代的力量，是一種短暫而不可恃的假力量；運用不可恃的假力量，來求完成一種不可能的偽革命，將見其無往而不敗。

唯物辯證法，著眼當前現實，來否定歷史傳統；如此則歷史將不因時代而持續，歷史將轉為時代所否定。

時代否定了歷史，將成為一種短命的時代。刹那否定了永恆，將成為一種無意義的刹那。否定以前，即無異幻滅了現在。否定復否定，幻滅復幻滅，積不出一永恆來。

歷史的永恆中，可以包含革命與否定。把歷史作為革命對象，把歷史當作否定的前階段，將連革命與否定亦不存在。

一切存在者始得是歷史，一切存在必得在歷史中存在，始是眞存在。歷史無可否定，唯物辯證法的歷史觀，卻是一部否定又否定的歷史觀。此乃刹那幻滅的歷史觀。故否定歷史，決然是假革命，而非眞革命。

我們應該有勇氣來接受對時代革命之眞要求，但我們不該接受對歷史革命的僞觀念。

（一九五〇年十二月十七日新生報）

一四　歷史會重演嗎

歷史會重演嗎？這是近代人常愛提起的一問題。從粗淺的一面看，歷史是人造的，新人換舊人，這一代的人，早不是前一代的人；而且這一刻的我，也早不是前一刻的我；人的生命一去不留，再不復返，歷史那能重演？秦始皇死了，再不會有一個秦始皇；漢武帝死了，再不會出一個漢武帝。

但我們若從深處細處看，歷史是永存不滅的。譬如是前一時期的生命，依然保留在後一時期的生命中，有它影響與作用。生命雖是一去不返，但同時又是永存不滅。我們必得同時把握此兩種意義，才能明瞭得歷史的眞相。

試舉臺灣為例。日本人佔據臺灣經過了五十年之久，臺灣重歸祖國；日本人佔據臺灣，已變成歷史陳跡了。但若不明白日本人五十年佔據臺灣的歷史，亦將不會明白今天臺灣之現況。今天的臺灣，有許多是日本人佔據臺灣五十年來歷史的陳跡。例如房屋建築、道路交通、農田水利、工礦實業、教育措施、社會風俗、人情習慣、觀念思想，處處是日本人佔據五十年來的歷史，同時即是今天臺灣的現況。可見歷史即是現實，現實即是歷史。不懂得歷史，將不懂得現實。不懂得現實，亦將不懂得歷史。

再舉一淺例。天天看報紙，每一條新聞，都是最近當前的現況，但同時也就有已往的歷史，這兩者不可劃開。試把你所知道的一切已往歷史全部忘卻，譬如是一位火星中的旅客，初次漫遊到這地球來；縱能認識新聞紙上的每一個字，縱能瞭解新聞紙上每一句的文法條例，亦將完全不明白那些新聞是在講什麼；所講的內容，究竟有什麼意義。

同此設想，你若在清晨醒來，生命依然活著，記憶卻全部遺忘了，你將不認識你的父母、妻室、子女，將不知道這是你的家庭，連你的名字也忘了；已往的一切全不記憶，你將不知你自己究竟是一個什麼。走出大門，將不知道在如何一個社會中，將不懂得什麼是你的國家，什麼是你的世界。換言之，你將不懂得什麼是你的生命。

我們若懂得這一個道理，可見歷史便是生命，生命便是歷史。失去已往歷史的知識便是失去了現實當前生命的知識。生命好像天天往新的路上跑，永遠向前；但生命卻是挾帶著舊的一切而新生，挾帶著一些過去而向未來。若把舊的一切全拋了，那是死滅，死滅並不就是新。若把過去一切全抹殺了，那是虛無，虛無並不就是新。把歷史一筆勾銷，即無異把生命斬截了，那裏能勾銷了歷史而希望得一個新生命之理？

日本人把臺灣回交中國，便把他們五十年來佔據臺灣的歷史同時也全移交與中國了。中國人接收臺灣，便把日本人五十年來佔據臺灣的歷史也全部接收了。不接收這一段歷史，無法接收臺灣；要接收臺灣，便得把它已往歷史全部接收。惟其歷史永存不滅，所以歷史才不可能重演。若我們能把日本人佔據臺灣五十年來的歷史拒絕承認，一筆勾銷了，我們自可重演前清光緒乙未年馬關條約割讓臺灣以前之舊歷史；但那豈不是笑話？豈不是夢囈？

可憐我們這一代的中國人，連這一些淺顯易明的道理也糊塗了。只想向新，便把舊的全丟了。只想向前，恨不得把已往的一刀兩斷。我們要擔當復興中國，要把中國創造成一個嶄新的新中國，卻先把中國舊歷史全忘了。譬如你想刻意把你創造出一個新生命，便先決心把你的舊生命從全部意識中驅逐淨盡；那非變白癡，非變瘋狂，又能變成個什麼呢？

今天的中國人，知道中國已往歷史的太少了。一個家庭中，無端跑來許多生客，男的女的，老的小的，一堆堆，七嘴八舌；他們全無歷史關係，卻想組織新家庭，那是斷不可能的事。即使臨時勉強組織成，也決非理想幸福的家庭。這是人人易知的。現在是好好一個家庭，父母不承認子女，子女不承認父母，丈夫不承認妻子，妻子不承認丈夫，把已往家庭歷史全推翻；那是一個白癡集團，一個瘋狂集團，決不可能成為一個理想幸福的新家庭。

家如此，國更如此。難道在人人腦中把國家舊歷史毀滅，把國家舊歷史改換，便能隨心所欲創造出一個新國家嗎？

新國家一定從舊歷史中產生，正如新生命一定從舊記憶中建立一般。你必須瞭解得現在，才能希望到將來。但你求瞭解現在，千萬不該忽略了過去。否則這一代早已不是前一代，歷史又斷不會重演，死人早都死了，我們好好活著的人，來理會已往幾十百年死人的事幹什麼？豈不是歷史知識該從人類知識中連根拔去麼？

一五　物與心與歷史

只要在人文圈子之內的，一切由「心」決定了「物」，不可能由「物」來決定「心」。讓我舉幾個淺顯的例：如衣服，若使人無求溫暖心、求輕軟心、求華麗莊嚴雅觀心，天地間縱有麻、絲、棉、毛，也不會有衣服。衣服之質料、式樣、顏色，一切由人心之欲望、智慧、趣味，改造自然物而來。

又如建築，若使人無求安居心、無求舒適心、無宗教心、無藝術心，天地間縱有泥土、木石，也不會有房屋。房屋由人心而創出，房屋必求能副人心之所欲。人心決定了建築，建築不能決定人心，泥土木石更不能。

舉目田野，山川林樹，美哉乎自然。然試設想，洪荒以來，便有此自然否？此一切自然，均經人心陶冶，均受文化支配，均為人心所決定。若使人心無欲望、無智慧、無趣味，一任自然，則自然全將改觀。

如上所述，心決定了物，非物決定了心。而此所謂心，亦非剎那現前之心。剎那現前之心，如禽獸、如嬰孩、如草昧渾沌，雖有心，但決定不了物。能決定物的心，乃歷史心、乃文化心，乃人心之經過長久時期所積累演進而成之心。今日之人之心，乃由禽獸、嬰孩、草昧渾沌，經閱長時期歷史文化之陶冶之演進。其所欲望，已非禽獸嬰孩時之欲望。其智慧，其趣味，亦非草昧渾沌中人之智慧與趣味。

人心境界愈高，人心能力愈大，其控制決定物的程度亦愈深。此之謂「文化」。文化史是一部人心演進史。抹殺人心，將無歷史，無文化。馬克斯唯物史觀，謂物質決定了一切，生產工具決定了一切。石刀石斧亦由人心而決定，電氣原子能亦由人心而創出。唯物不能有歷史，唯物不能成文化。

一百年前的馬克斯，蟄居倫敦一小屋中，他所注意研討的，是當時的工廠法，是當時工廠出品之市場價格與工人勞力之關係。在經濟學上，自成其一偏之見；若論人類文化演進之大原則、大條理，則馬氏所見實未為允。

馬克斯的唯物辯證法導源於黑格爾的唯心辯證法，黑格爾又導源於康德，康德哲學則從西方中古時期之神學演出。宗教神學，舉世一切創造自上帝，回歸到上帝。世界末日審判，則人類歷史全部否定。宗教已抹殺了人心，故有文藝復興由靈返肉。但人類之肉體心，若不經歷史文化之陶冶之演進，則依然是禽獸、嬰孩、草昧渾沌，剎那現前心。

近代西方心理學，其對象正為禽獸、嬰孩、草昧渾沌、剎那現前心，故以生理闡心理，以物理探心理，以禽獸嬰孩心之發展比較來講人類心理，而忽略了人類由歷史文化所演出的悠久高尚的心境界與心能力。把一切高尙悠久歸諸上帝，以偏克偏，由靈返肉，卻不料轉落到唯物的路子上。唯靈的是神學，唯物的是科學；只有唯史、唯人文的，才能坐落在人心上，成為眞正的「心學」。

近代西方行為派的心理學，主從人的行為來看心，路途較準。但人的行為，也不該單由當身肉體看，也不該單由剎那現前看，當從一切歷史文物之演進上看。如上舉衣服、建築、自然林野風景，全是人之行為，人之心境界與心能力之表現。若從此看人心，始可見到人類之歷史心與文化心。

歷史心與文化心，中國人向來稱之曰「性」。這是中國傳統文化中所特有的看法，也是中國傳統文化中所特有之創見。共產主義違反人性，更重要的是它違反了人類的歷史心與文化心。

西方人根據上帝，根據宗教神學來反對馬克斯。中國人應該根據人性，根據歷史文化來反對馬克斯。中國人講人性的正宗是孟子「性善論」。是世界唯一獨有的中國文化結晶，是世界唯一獨有的為中國人所發明的人文眞理。

天地之大德曰生，人生之最高眞理曰「仁」曰「愛」。了解得仁與愛，始是了解得人之歷史心與文化心，始是了解得人性，始是了解得中國傳統文化之眞精神。由此來看馬克斯的唯物史觀與階級鬥爭，眞是如土委地，謋然而解了。

（一九五一年一月中國一周三十六期）

一六　自然人生與歷史人生

人生可以分著兩大部分，一部分是「自然人生」，另一部分則是「歷史人生」。「自然人生」，指六尺之軀，百年之生命言，亦可說是「物質的人生」。這一人生最眞實，但同時亦最虛幻。餓，眞實感到餓。飽，眞實感到飽。痛，眞實感到痛。癢，眞實感到癢。所以說最眞實。但餓可以變成飽，一時飽了，前時的餓全消失，全不存在了。有了後一時的飽，便沒有了前一時的餓。若說後一時的飽是眞實的，前一時的餓便變成不眞實，變成虛幻。而且後一時的飽，還是要變，變成又後一時之餓。若使又後一時之餓是眞實，那前一時之飽又變成不眞實。自然人生永遠在變，變到最後，逃不了一死。死了，一切完了，一切不眞實，一切虛幻，一切感不到。生前的餓與飽，痛與癢，種種好像是眞實的，死了全不眞實，全成虛幻。人生一切平等，平等在有一死。大家一樣是死。種種差別全成無差別，種種得失全成無得失，種種苦樂全成無苦樂。種種計較全成無計較。

人生譬如做夢，不可捉摸，不可認眞。醒了，全完了。人生譬如演戲，袍笏登場，鑼鼓喧天，有貴有賤，有歌有哭。戲完了，鑼鼓停了，袍笏卸了，貴賤歌哭全不是那回事。若使是上帝創造人類，為何把人如此作弄，如此調遣？我們實在忍不住過這樣的人生，於是有所謂「眞理的人生」在人心中浮現。這一種眞理的人生，便是「宗教的人生」。宗教人生之最大眞理，認定眞實人生不在生前，而在死後。但死後早已非人，早已無生，把眞實人生移到死後去，這是宗教眞理。宗教眞理，似乎既不自然，又不眞實。它所想像而追望的，在非人界，在無生界。我們是要塵世的人生，不要這非人的無生的天國。

人生逃不了自然，但終於跳出了自然，那便是「歷史的人生」。自然人生免不了變滅，會全成虛幻；只有保留在歷史上的那一部分人生，不再變滅，才是眞實不虛，才是最眞理的人生。

人死了，一切完了，還有什麼保留在歷史上的呢？我們再進一步問，什麼才叫做歷史呢？難道文字記載，便算得歷史嗎？若是文字記載便算得歷史，難道人的生命可以在文字記載中保留嗎？難道人能在文字記載中生活嗎？這顯然不是。文字記載並不是歷史，歷史是人事之本身，文字記載只記載了那些人事。人死了，人事並不死，依然存在。只因人事存在，所以有歷史。

什麼叫做人事呢？我問你，此刻在做些什麼事？你不能說我在做飽的事或餓的事。飽與餓只是自然，非人事。你也不能說你在做生或做死。當知生與死，也只是自然，非人事。活並非你在做，正如死並非由你做一般。飽並非你在做，正如餓並非由你做一般。非你做的事，和你不相干。我問你此刻在做些什麼事，你告訴我在喫飯。那對了，喫才始是人事。人非喫不飽，非喫不活，但飽與活不是你的事，喫才是你的事。禽獸動物也懂喫，但只不自覺；人之喫是自覺的，有計畫的。這一種自覺與計畫，才始是精神之開始，才始是文化之開始，也才始是歷史之開始。神農與后稷，才始當得是歷史人物了。他自覺地在想喫，他有計畫地在謀如何喫。他生前做了些事，死了，他的自然人生完了，但他的事業並沒死，並沒完。自覺地想喫，有計畫地謀算如何喫，這些事，只要有人類，會永遠存在；永遠有人在自覺地想喫，有計畫地謀算如何喫。人類的歷史，也可說是一部自覺地想喫、有計畫地謀算如何喫的歷史。歷史不滅，這一部分的人生便不滅。只有不滅的，才是眞實的。若使神農、后稷再生，他看見人人盡在自覺地想喫，人人盡在有計畫地謀算如何喫，神農、后稷必然快慰地想或說：你們此刻在想的與做的，正如我當年所想與所做。那豈不是你們此刻活著，正如我活著一般嗎？你與我的自然人生、物質人生是變了，但你與我的精神人生、文化人生則並未變。

喫是人生一大事，但並非人生唯一一大事。喫了能飽，能活，但飽了仍必餓，活著仍必死，到頭仍必一場空。人生第二大事在傳宗接代。趁未死前，生下新人，我死了，他可繼續活下。雌雄交配，禽獸動物也懂得，但禽獸動物仍是不自覺地在做那些事，到人類始能自覺地做，有計畫地做。於是有男女之愛，有婚姻之禮，有夫婦的制度，有父母子女的關係，於是遂有了家庭組織。家庭組織是文化人生，是精神人生，並非自然物質人生。若專為自然物質人生打算，有雌雄交配已夠了，何必畫蛇添足，在男女交媾之外增添上一段愛情，形成一番禮節與一套制度呢？當知雌雄交合是自然，非人事。男女相愛繼之以夫婦好合，才是人事，是精神文化的開始。

伏羲與周公，因此也做了歷史人物。因他們做了人生一大事，在自覺地講愛，有計畫地講禮。此後的人生，永遠要自覺地講愛，有計畫地講禮。若使伏羲、周公復生，他看見後世人，都在組織家庭，都在認眞像樣地做夫婦做父母，伏羲、周公自必很快慰地想與說：你們想做的，正是當年我所想做；你們活著，正如我活著一般。伏羲、周公的自然人生物質人生是完了，但伏羲與周公的精神人生與文化人生依然存在。

孟子說：「食色性也。」禮記上說：「飮食男女，人之大欲存焉。」但喫與男女，屬自然，算不得人事。從喫上產生出種種智與為，從男女配合上產生出種種愛與禮，從耕稼畜牧上產生出種種勞動與作業，在夫婦婚配上產生出種種組織與制度。人類文化，人類歷史，全從此兩大欲、兩大自然上產出。人類的精神生活，也全從此兩大根苗上培植。孔子生平，只講得一個道理，即仁與智交融、仁與禮相協的道理。教你如何喫得飽，教你如何男女配合得滿足無憾，教大家如何活，教大家如何在死以前趕快叫新人來替你活。孟子便把孔子這番道理再細發揮，再大擴充。若使孔子復生，看見孟子在想在說，孔子必大快慰；他必想與說：你活著正如我活著一般。我的自然的身體是死了，我的人文的精神依然存在。存在在那裏？存在在人世間，存在在人事上，此即存在在歷史上。此即孔子、孟子的歷史生命，所以孔子、孟子也變成了歷史人物。

人類文化，愈演愈進步，人類精神，愈後愈發皇，人類的歷史，也愈變愈複雜；但推本窮源，只從這幾個大本源上來。我們說到這裏，更將一說眞的自然人生與假的自然人生之分別，以及眞的歷史人生與假的歷史人生之分別。

自然人生須與歷史人生相配合，才是眞的自然人生。若自然人生接不上歷史人生，那只是一種假的自然人生，那只是禽生與獸生，還是自然，但說不上是人生。因人生必然是歷史的。換言之，必然是事業的。餓與飽，生與死，此是自然，但非事業；是禽獸，但非人生。

如何說有眞的歷史人生與假的歷史人生呢？從前東晉時桓溫有一句話，他說：「大丈夫不能流芳百世，亦當遺臭萬年。」他好像認為只要名字記載上歷史，無論是香或臭，總是歷史人物了。那是他的錯誤。當知只有流芳，才是眞的歷史人物，遺臭的算不得是歷史人物，只是假的歷史人物。何以呢？我在上文已說過，事業不滅，才是歷史生命。被發揚被繼續的是歷史，被打倒被推翻的不是歷史，只是在歷史上的一點黑影。歷史是生命的，是繼續向前的。不能繼續向前便不是生命，便不是歷史。若是歷史上只是些不能繼續向前的事，那便是無生命的歷史，便是假歷史。假歷史終必消失，終必成為無歷史。

桓溫在東晉時，起先有志北伐，想要恢復中原，復興華夏；換言之，他想流芳百世。若他一意這樣做，無論事業成敗，他永遠是一歷史人物。他後來所志不遂，便改變態度，想篡位，想自己當皇帝；換言之，他是在想遺臭萬年了。他這一想法，無論沒有成，縱成了，他依然算不得是一歷史人物。讓我舉近代史作例。孫中山先生是眞的歷史人物，因他具有歷史的生命。何以說他具有歷史的生命呢？因以後人還得繼續孫先生的想法與做法。這便是他的生命已變成了歷史的生命。至於袁世凱便不是一個眞的歷史人物了，他的想法與做法，後人不僅不繼續，而且還要打倒推翻它。他的生命，不能成為歷史的生命，他即非眞的歷史人物了，若使他的生命也成了歷史生命，那歷史也將會短命，甚至無生命，所以袁世凱決非歷史人物。同樣道理，岳飛是歷史人物，秦檜算不得歷史人物。單單名字記載上歷史，不就是歷史人物呀！

把名字記載上歷史，並非即具有歷史生命，即便當不得眞的歷史人物。反過來說，有很多人，他確具有歷史生命，只沒把他名字記載上歷史，但他依然還是一歷史人物。明白得、信仰得這一個道理的人，才是具有文化生命、精神生命的人。若一個民族中，抱有這種信仰，具有這種智識的人多，便是這一民族之文化精神發展到最高度；而他們的歷史，在那時，必然是十分燦爛光明；而他們的人生，在那時，也必然是十分莊嚴快樂。

我們把握到這一個道理，才能來讀歷史，才能來講人生。

（一九五〇年十二月政工通訊）

一七　歷史問題與社會問題

一

一切人事問題，有些應該用社會問題的眼光來看，有些則應該用歷史問題的立場來看，這兩種看法不同。近代的西方，他們的歷史時間比較淺，他們的智慧，比較更多注意在自然方面；因此，他們對種種人事問題的看法，會把歷史問題和社會問題時時混淆了。

即如最近，美國在第二次大戰時期，有一兩百萬人，想逃避兵役。某大學的教授們，化了五年時期來研究此問題，他們運用調查分析統計種種方法，想把此問題研究出一答案。若用我們東方學者的意見來說，此是一個歷史問題，而他們誤當作社會問題來研究；這是不易獲得深切而恰當的答案的。

又如最近，美國社會，屢次發生了幼童殺害家長和親屬的事件。那些事件，卻只能說是社會問題；若誤認作歷史問題看，便會引出甚大的誤解。

二

遠言之，在馬克斯當時，他僑寓倫敦，寫他的資本論。那明明是一個社會問題，但馬克斯把它誤認作是歷史問題了，於是才大膽提出他的「唯物史觀」和「階級鬥爭」的理論來。他太重視了他那時這一項的社會現象，他想把此暫時呈現的一番現象，來擴大說明全人類歷史之全進程；那自然會錯誤的。

在馬克斯當時所目擊心痛的那一項現象，其實則只是一個社會問題。社會問題有社會問題的解決法。從馬克斯揭示出這一問題以後，在英國、在德國、在美國，在發現此問題的各地，都能先後陸續想出許多解決辦法來。可見這是一社會現象，並非歷史大趨。而馬克斯自己，卻把此誤解了。

列寧運用馬克斯主義來創建蘇維埃。列寧的長處，正在他能針對他當時的社會現象，運用種種精密而切實的手段來對付。他把社會當作一間科學實驗室，他的種種政治活動，竟像是一位科學家，關閉在實驗室裏做不斷的試驗。他一時的試驗，不能說他無成功。但他誤認為他當時解決了一些社會問題，便是解決了人類的歷史問題。

馬列主義的信徒，常自誇說他們是科學方法的。他們的大錯誤，在把社會問題作歷史問題看。流弊所及，只重手段，抹殺人性，不把人當人，只當作是機械。他們只用心在如何發動運用此機械，來求他們所希冀的、可能表現的效能。他們也解決了一些在他們當前的社會問題，但他們不曉得他們已違背了整個人類的歷史大趨。

近幾十年來的中國學者，在無意中，感染了西方那一套誤解，也時時把社會問題和歷史問題相混淆。即如民初的「新文化運動」，在當時，他們所列舉的一些社會現象，那是真實的；他們大聲疾呼，求改革，求打倒，在當時，何嘗沒有一些摧陷廓清之功。但他們同樣有一大錯誤，他們也誤把社會問題當作歷史問題看。因此，他們才大膽提出「打倒孔家店」、「線裝書扔毛廁裏」、「廢止漢字」、「徹底改造中國文化」、「全盤西化」，種種的口號。只為新文化運動所犯的毛病，正和共產主義者馬列信徒的毛病，一色一樣，同是把社會問題和歷史問題混淆在一起。因此，一輩人，極易從新文化運動轉移到信仰共產主義那邊去。

三

社會問題和歷史問題，有其相通處，但也有其相別處。若把社會問題誤認為是歷史問題，此其貽禍之大，在前舉兩例便可見了。但若把歷史問題誤認作社會問題，一樣有大毛病。歷史問題之背後，卻是一個「人性」問題。人性要向那一方向走，便成了整個人類之歷史大趨。這一大趨之總過程與其總成績，便是人類的文化。這一大趨是無可違逆的。只因人事太複雜，種種時代、種種環境，會把此人性暫時隱蔽起，而引生出種種反常的現象，和種種反常的問題來。此種種現象與問題，均有待我們之解決，而人類也自能有種種方法來解決它；但有一大前提，即是莫違逆了人類之歷史大趨。此項解決，才算是眞解決。否則，解決了當前問題，會引生出許多更大更困難的問題來。

而且，若誤解人性，把一時的社會現象，認為是人類歷史大趨了，則如幼童槍殺家長，豈不是荀子性惡論的上好眞憑實證嗎？而階級鬥爭，得奉為人道中之天經地義，張獻忠、李自成之徒，也無怪今天中國大陸的共產主義信徒，要推尊他們為人類歷史進程中之先知先覺了。

四

但反過來說，若把歷史大趨，認為只是些社會現象之更端延續，如此，則將認為人性可以惟心所欲地另塑造，文化只是人類應付一些現實問題的技巧之累積；歷史一幕一幕地展開，恰是社會之一幕一幕地轉變，人類可以有方法地由控制社會而創造新歷史；人類可以一意向前，而已往歷史，則如曇花一現，對現實社會更無牽制與影響。這一項人類野心，卻仍將把人類歷史引入歧途，招致無限的禍害。

馬克斯把一時的社會問題誤作為人類全部歷史問題看，列寧則是根據了此種理論來改造社會，進而想改造世界，改寫人類此下的新歷史。

近代人類文化的大病痛，在乎人文科學追不上自然科學而脫節了。若我們把歷史學來作基本的人文科學看，則社會學正是人文科學裏面實際應用的一部門。我們將從歷史學的根據，來尋究出人性問題、文化問題，而開示出它的許多基本問題和基本性質來。因此，歷史學將是原理原則的、規律的、道義的，而社會學則只限於當前各項問題之實際應用上，始終將是功利的、方法的、隨宜應付的。

當代英國史學家湯恩比，似乎他也只認為人類歷史僅是一些社會現象之繼續，因此他不免把人類文化都歸納到環境刺激與各種的因應態度上。如是來看歷史，無怪他面對著當前的一些牽涉到文化歷史的大問題，仍將感到無軌轍可循；則只有使他乞靈於宗教信仰，來領導人回頭走上那一條陳舊而微茫的道路，來作人類向前，渡過此難關的唯一指針了。

（一九五六年十月香港時報）

一八　從西方大學教育來看西方文化

諸位先生：今天我本要講的題目是：「對西方文化及其大學教育之觀感」。我想這個題目太大，不好講；所以改講：「從西方大學教育來看西方文化」。

我們在討論文化問題時，應具兩種心理上的條件：一是「平等」，一是「客觀」。我們對於一切文化皆應有平等觀與如實觀。我們應知世界上各種存在著之文化必各有其價值，不然如何得以存在？我們第一步應懂得承認它應有的價值，第二步是來認識它，其價值何在？究竟是一些什麼價值？此方為我們應有之態度。

任何一文化有長處，亦必有短處。在我們求認識討論某一文化時，首應認識其長處，不必多注意或挑剔其短處。世界各文化當互將長處調融發揮，如此方可有一新文化出現。即使要批評某一文化之短處，亦應自其長處去批評。例如：批評一音樂家，應自音樂上去批評，不應批評他不善於運動。其次兩種文化相較，必有異同；我們應注意其相異處，不必太注意其相同處。

我們研究或討論文化問題，應具此二條件，然後方能希望有新文化出現。不應主觀地認為人家的不好，自己的才好；但是反過來像我們五四時代之認為人家都好，自己都不好；或如今天共產黨徹底奉行馬、列主義，認為其他一切全不好；則皆欠通之至。

我今天特別側重講西方的大學，並由之來看西方文化。

講到西方大學，我們不得不承認西方大學之偉大。此可分兩點來講：一是其歷史之長，一是其規模之大。

像美國的耶魯與哈佛，英國的劍橋與牛津，它們的歷史皆較其國家政府為長。美國耶魯大學建校已有二百六十餘年，哈佛更超過了三百年，但美國開國卻尚未及二百年。英國之牛津、劍橋，則在西方中古時期即已建立。此乃我們應注意之第一點。

第二點是西方大學規模之大。如上舉四大學皆以其學校為中心，而成一「大學城」。其大學本身即成為一很像樣的城市了，此外乃附帶於此大學而存在者。這種情形在我們社會上不容易看到。此亦可算為歐、美大學之特點。

如此歷史悠久、規模宏大之大學校，卻都是私立的；在他們背後，並無政府或公家在支持。他們開始時，僅是少數幾個人，附帶著少數學生，那是小規模的一個小團體。此少數創辦人，亦並不是有名的偉大人物，只是抱有某些理想的一些普通人。先是成立了一個個不同的「學院」（College），後來才合併在一起，稱做「大學」。University 一字之本義，即是將一切合成為一個。此等大學在開始時是私人的，後來可稱為團體的，乃是私與私間相結合而成為一集團。西方大學開始都是私立的，是社會中一社團。而此一社團，其事業可維持下來一二百年，甚至五六百年。不僅不破敗，抑且更進展。這是一件了不得的事。此種社團，其活動維持較諸國家政府尤為久遠。國家政府變了，而大學仍然繼續存在。此種情形，只要我們一讀英、美國家歷史即可知。這一點，我們平時不注意，只看到如此一個像樣的大學，卻不問其如何地來的。

其次我們應知者，厥為西方大學開始時乃是宗教的。略讀西洋史的人，皆可知此一事實。中古時西方之修道院、禮拜堂與大學，乃三個性質極相近的。西方人之所謂「教育」，乃從教堂中分出。英國牛津、劍橋，每一學院即有一禮拜堂，禮拜堂是此學院之中心，附近四周圍著許多建築。直至今日，仍保留著他們幾百年前的古舊原貌，並無多大變化。我最近至牛津時，校方因英女皇要來參觀，而其校舍建築石砌的牆壁皆因年久表面已呈剝蝕狀，他們乃始將其石牆外面之風化層加以刮磨，重加粉飾。牛津、劍橋中人，每以其所保有歷史悠久之古老建築為榮。現牛津城設了一汽車廠，遂將此大學城一半變為工業城，牛津教授們覺得甚為討厭。又在增建新學院時，校方有兩派意見爭論著：一派堅持保存古貌，一派主張參用新式，彼此爭持不下。美國耶魯大學之建築，亦都是中古式的。其新建築尚未到一百年，但亦模仿古老式樣。西方人看重古老氣氛與其舊的傳統，特別在大學中表現尤顯。

我在哈佛時，居住在該校之貴賓室。那是一個二層樓、八間房之小型建築。他們說：此屋極有歷史價值。貴賓簽名簿上，極多世界上著名人物。此建築最近曾依原樣，從街道那邊遷到街道這邊，耗資甚鉅，而仍完全保留其古樸的式樣，毫無改變。若使拆舊建新，至少可省一半經費，且可更是摩登好看些。在西方，人們甚注意歷史傳統，至少在大學方面是如此；但中國今日則只知新的有價值，舊的全不要；正可成一極端對比。美國大學中尊重歷史傳統，又可於下述一事看出：哈佛為了遵守學校原來規定，至今不准男女同校；乃於大學內另辦一女校，以變通辦法來收納女生。此種情形亦可謂是甚可笑的。我們應知西方大學，乃自宗教開始，故於大學傳統上，有其宗教精神。其後方漸發展成為今日之大學。近代中國大學自開始時即與西方大學不同，故無法講歷史傳統。

西方大學，第一有其悠久的歷史，第二由私人自由結合而來。由於後者，故歐、美大學皆保有一自由傳統。一自由之集團，不依附於政府，不依附於社會任何一部門，乃獨立於政府及社會各社團之外，而自成一社團。

另一方面，西方大學，是極重職業的。讀西方教育史，可知西方大學在初期時最要有：神學、哲學、法學、醫學等科。前二者可在教堂中服役，後二者可以走出教堂作謀生用。青年們進入大學時，先有一宗教信仰；走出大學後，又有一專門職業；職業則必將是專門化的。「教授」的英文是professor，是指專家的、職業性的，亦是一信仰的。為一信仰發言，或宣誓、決定，亦名為profession。故西方接受大學教育之青年，乃是一有信仰、有職業者。關於此信仰與職業之知識與技能之傳授人，即稱為professor。一般青年人跟從聚居，遂成為College，後遂逐漸合併成為一大學。自此處，吾人亦可了解西方文化之某種特點所在。

西方大學中，因其規模宏大，至使一人進入大學，乃至無法了解此一整個的大學。某一人驟然走進大學，其首先注意者，厥為此大學之建築；其次所看到者，乃其裏面之設備。如規模宏大之圖書館、博物館、科學館、實驗室、體育館等。凡此種種，皆極像樣。觀其學校之建築與設備，便可知此一事業決非能於一短時期內建成。但諸位須知，彼等僅是一集團，集團中人常在變換，而此事業卻不斷在進步。無一人能完全懂得此學校，但此學校各院科系俱全，能不斷在各方面發展。此決非一人之事，亦非一人之計畫可成；此一事業乃屬於一團體，而此一團體之歷史則綿延久遠，乃出人想像之外。

我們可再看西方大學之規模，各個學院、學系之分張與配合。自其建築、設備、規模觀之，皆極複雜，何以能合成一大學？則我們非進而研究其組織不可。若無一健全之組織，即不可能有此分張發展之成績。

西方人喜講法律、制度。我們應知制度是死的，要尊重、遵守此制度，此制度方可發生效力。故在制度之背後，我們必要講及其精神。我對西方大學之看法，乃是從其建築、設備、規模來研究其組織，又將其組織與其歷史配合起來而尋求其精神。我認為如此乃了解西方大學代表西方文化之所在。

在西方人或自認為極平常，但自我們視之，則見為不平常；反過來說，亦有中國人自己認為是極平常者，而在西方人眼中則認為不平常。我們研究文化，該從此等處著眼。我現在來講他們的精神。前面已說過，今天西方大學從歷史淵源言，是由一種「宗教精神」、與「自由組合」、與「職業訓練」三者配合而來。最先是私人的，私人結合成為集團，集團更擴大成為事業。此事業乃由集團所推動而主持，而此一集團乃創始自幾百年前，並可延續至幾百年後。今日其集團中人，已非昔日之人，集團亦成為一抽象名詞。私人在此一事業集團中，地位微乎其微，每一人乃是屬於此一集團、事業者。此是私人參加了此一事業，而決非此事業是我的、或我們的。

我在耶魯領受其名譽學位時，一美國友人某教授，大聲對我說：「你今天是耶魯的人了。」此在美國乃極普通一句話。然此話涵義，正見「我是此事業的，而事業不是我的」。

許多人講文化，都說中國文化向內，西方文化向外。此處所說彼等所看重者，乃在其事業，而決不在某一私人。亦可說是向外的。

在美國，工人階級每月可得工資四百至五百美金；大學教授可得八百至一千美金，僅多一倍。中國抗戰前，在北平的一個大學教授，四百銀元一個月；用一僕人月薪不過四元，相差幾一百倍。這亦可解釋為：中國社會有尊師重道的精神。美國大學中任何發展，儘先皆在建築、設備上，而決不用來增加教授們之薪金。此一精神，亦可說是他們看重事業不看重人。

我們又說西方人是個人主義者，但亦可說西方人主要是在其事業、集團中服從，而自盡其職責。此亦是一種個人主義。

西方人在學業中之地位，亦正如其在事業中。每一教授所治之學則只是學海中之一滴。各人只埋頭在各人的一門專門知識上，故每一教授在其大學全體之事業與學業之分張展開之大組織中，眞是微乎其微，各人只自盡各職。此亦可謂是一種個人主義。

西方大學對於整個政府或整個國家，有時似乎並不很關心。而學校對於每一教授們之言行，亦多認為是私人行動，與學校無關。此仍然是一種西方精神。中國留學西方的雖多，然上面所指出的西方精神方面，似乎未能學到。

今日英、美大學最大之變，乃在其自宗教變而向科學。理工科方面貢獻日大，而宗教精神則日見淡薄。於此情形下，科學日益專門化。但對於人文學科方面言，我認為在西方大學中頗為吃虧。如文學、史學、哲學等，都是不能太嚴格區分的，愈分愈狹，則所得愈淺。昔梁任公嘗提倡「窄而深」之研究。其實人文學科窄了決不能深。自然科學，愈分而愈精；人文科學不同。自然科學是前人之成績，可學而接受之，而更自此向前；文學、史學、哲學，以及繪畫、音樂、雕刻諸藝術，都不能說通曉了前人的，接受了以前成績，再前進。人文學科只求能懂得，慢慢地吸收、消化、匯通，卻並不能繼漲增高。進入大學學人文學科的學生，最理想是懂得前人的，卻並不能定要他再進一步，超過前人的。物質世界可以日新月異，精神世界則否。西方大學將人文學科與自然學科等量並視，是會出毛病的。

尤其是進入研究院讀博士學位，必須寫論文。而此項論文，必求其有新貢獻。此一觀念，實不妥當。自然科學可以常有新發現，人文學不然。既是分門別類太狹了，又要求新發現，在鑽牛角尖之下所得的發現弊病實大，對社會會毫無幫助。

最近美國有一團體曾廣泛調查了五十個大學的學生，來做一關於他們所有世界地理常識之測驗，答案用百分比來統計。結果發現了今天的美國大學生，連美國五十個州都弄不清。他們對世界地理簡直可說毫無所知，非僅對東方，即對西方亦然。此見大學中各科系皆專門化了，便易造成普通常識之缺乏。在美國民主政治之下，而其最高知識分子，常識日見低落，可謂危險之至。

又有一關於美國學生英文程度之測驗，結果亦發現有逐年低落之現象。此因美國大學中並無一普遍加深語文訓練之課程，故其一般的英文水準亦日漸下降。此種不注重通才、只注重專家的大學教育，結果造成了許多沒有一般性常識的青年，以及沒有高瞻遠矚眼光的領袖人才。此乃西方大學之短處。然此種短處何以不在西方社會中顯現其嚴重性？此乃由於西方社會賴有四柱支持，即：宗教、法律、科學、民主政治。一個青年在學校中隨便學一點專門知識，進入社會後，另有一軌道，讓他們依從。在學校中儘可自由，一進入社會即有此四大柱子在範圍著。至於所謂領導社會前進的領袖人才，美國大學似乎是漠不關心的。只待他們在進入社會後自己表現。

諸位應注意，在我們則並無如西方社會中之宗教、科學、法律與民主政治那四大柱。西方大學教育，乃由西方歷史在西方社會中產出，來教育其本國青年者。今天中國青年至美國後，多能發現美國缺點而大肆批評。此種情形，與前不同了。不僅中國人如此，其他所謂落後國家之青年也如此，或許他們對美國之批評比中國青年更甚。此輩青年返國後，他們所學得的專門精細的科學，或許無施用之處；而在人文學科方面，也多不能適用於他本國的眞實問題上。此乃大堪注意的事。

倘使諸位到外國讀人文學科，最好先在國內多讀幾年書。先有了一個自己的根柢，到國外始知別擇。今天在美國幾間著名大學中，欲一去便得全部獎學金是不容易的。中國留學生去美國，每藉暑期幾個月假日來做工，以補助其日常生活費用之不足。我認為若將在美國暑期之辛勞工作精神與其所耗時間，能在國內發憤讀書，所得成績也絕不會定差於到美國去留學。另一方面，我希望準備出國之中國青年，應懂得到外國該學些什麼？我在美國時，曾遇見許多新亞學生，他們多請我勸告在香港的同學們，切勿急於想出國。這意見是很對的。

由於西方大學教育本非為中國社會而設，故昔日中國留學生返國後，多肆意批評中國社會。但今天中國留學生在美國長期居留了，又多批評美國。且中國人在美國，還多聚居在一起，生活上雖然改頭換面，實際上還是中國那一套。此乃由於中西雙方文化不同，美國文化之長處未必都能配得上中國的情勢。至於我們是否應有一理想的教育環境來培養自己的青年，這是一個我們值得研究的問題。

前幾年我到日本去，日本友人曾告訴我：他們的貧窮子弟多喜研究科學，蓋於離校後可謀一職業；至家庭富有者，便可多學文學、史學、哲學等。在中國適相反，一般的中國青年都對人文學科提不起興趣。這事大可注意。我以為倘有興趣學人文學科，與其赴美國，倒不如往西方人文科學肇始處之歐洲英、法、德諸國。不過亦有一位歐洲老留學生對我表示：中國學生素來自由散漫，應該令其赴美國學習他們的緊張生活，來西歐便連這一點希望也沒有了。總之，只要自己能學，即到任何一國皆可，在本國亦何嘗不可。若自己不能學，一味依賴他人教，則西方大學並非專為適合教導中國青年。固然西方文化長處甚多，但短處亦不少。

在日本，青年出國的較少，且在國外所得之學位，日本政府亦不予承認，非重行考試不可。此亦一可資模仿之點。

諸位若有欲出國留學而機會不許可者，應先學習在國外留學生之工作勇氣與刻苦精神。有此一勇氣與精神，何處不可找工作？何處不可求學問？至學人文學科者，則更不妨在國內好好地多讀幾年書，那一樣可以充實自己的。

（一九六〇年十二月十一日香港大專公社學術講演，新亞書院生活雙周刊三卷十二期。）

一九　文化復興中之家庭問題

近年來「總統」提出「文化復興」一大題目，這眞是我們國家民族的百年大計。但要一不成為口號化，二不成為法令化，三不成為形式化，此須我們全國上下來分層共同負責。「總統」既已揭示了此一大方針，尤應是我們中層黨政文教各界，對此方針該作深入的研究，才能領導全社會切實遵行，蔚成風氣。

所謂研究，應分兩方面。一是有關各項學術思想的，一是有關各項現實具體問題的。此兩項，不可嚴格分開，但可分別注意。我今天，只就現實具體問題方面，選擇一項與人人有密切相關的家庭問題，來略述私見，請在座諸位先生之指教。

猶憶十六年前，我初次去美國。飛機第一站到夏威夷，耶魯大學的雅禮協會請了當地一位教會中學的校長來飛機場迎接。他為我們夫婦安排了一所旅館。我們每日，只在旅館進晨餐，外出後必至夜始歸。在晨餐時，隔座有一位美國老太太，對我們似很注意，因餐廳中只我們夫婦是中國人。但我們和那老太太，幾個早晨沒有交談。有一晚，那中學校長夫婦請客，我們又遇見了那老太太，乃知她是這校長的母親。席間和我們談了許多話。她說，她和她兒子分別了已六七年，此次特地從紐約來看她兒子。我們夫婦席後先回旅館，適有一友人在樓下客廳相候。坐談少頃，門外車聲，那校長扶著他老母進來，在客廳旁電梯口擁抱相吻，那老母即獨自進入電梯上樓去。

我們看此情形，甚覺驚奇。一是那校長並不送他老母上樓，一是那媳婦獨留在門外車中，並不陪送她婆婆進旅館。翌晨，在早餐時，那老太太便來和我們長談；知我們快離開夏威夷，她說，她兒子還要請她到家中吃頓飯，她須待此後始離去。我們又很奇怪，老母遠道而來，她兒子為何不請她住家中。老母來已多日，為何她兒子還未請她到家吃飯。在我心中，深切感覺到中西家庭之相異。

耶魯大學一畢業生，在新亞教英文課兩年。在我去耶魯時，他亦回了美國，任康橋一某教會牧師之職。我和他很熟，常問他有關他的家庭事。他說：他父親是油漆商，他祖父係美國一大富翁，現在單獨在南部一安老院中，請一護士陪伴。他亦能獨立，祖孫三代，分居三處，經濟上亦互不相關。我說：將來你祖父辭世，你們父子，應可分得一大筆遺產。他搖頭說不然。大概祖父身後遺產，會全歸其護士所有。我們父子，也從來不想到此事。我問他：「此刻是復活節假期，你為何不回家看父母。」他說：他極少回家，偶一回去，也只宿一兩宵即走。我又問：「從前我們在中國大陸時，提倡遲婚，大家必舉美國為例。現在你們美國青年男女，似乎都急著要成婚，和今天我們中國風氣適相反。我知道你也急想成婚，究為何故？」他說：「我們婚後回家，父母便當客人相待。若未婚回家，依然是一子女，怪不好意思。」

我因此想到，西方人重視人人能獨立，即在家庭亦然。猶憶民國二十六年前在北京，一冬天的早晨，去至北海公園，見有三四位美國年輕太太結伴溜冰。她們各帶有子女，都只三四歲，在冰上跌倒了爬起，爬起了又跌倒，但母親們全不理會，只盡情自己在冰上溜，有時溜到很遠處。待她們興盡，才各自提挈小孩上岸。這亦是她們在培養小孩們的獨立精神。

我在電影上知道，美國的嬰兒，從其搖籃生活起，即和父母隔離，獨住一室。父母子女，從不在同室中睡，更不論同床睡。我曾住華盛頓幾天，租一私家寓所，每晨看到許多派報童子；據房東太太告訴我，那些派報的，全都是國會參、眾兩院議員們的兒子。那時是暑假。房東太太說：即在開學後，他們也可在上學前清晨跑街派報，賺一些私房外快。

美國的父母們，既如此般培養子女獨立，子女長大了，也自會尊重其父母之獨立。父母不曾憐憫其子女之幼小而減低了他們培養子女獨立精神之用心，子女也不會憐憫父母老病而轉變其尊重父母獨立精神之維持。美國家庭，在其文化傳統之整個體系中，自有其意義與作用存在；我們不能用東方人眼光來看西方人家庭。

但西方人似乎很有興趣來求瞭解我們東方人家庭。有好幾次在宴會席上，旁坐遇到年齡相彷彿的男女，雖屬初次相識，他們每喜對中國家庭問長問短。我又聽人說：梅蘭芳去美國演戲，戲中情節和其道白唱辭，都先譯成英文發給觀眾。梅蘭芳在臺上演打漁殺家中蕭恩之女兒，對蕭恩說：「爸爸如何吩咐，女兒自當遵從。」臺下美國老太太們，點頭稱讚，我們有如此般的女兒，那是何等幸福呀！

她們之欣賞梅蘭芳，卻更欣賞在此等處。

現在回到我們本國自己的家庭。似乎人人皆知，不煩多說，但我們必該說的，在此民國六十幾年來，我們的家庭，正在逐漸變，而且愈變愈劇。我們來臺後的二十幾年間，似乎變得更快了。此刻只舉一端言之。目前我們為父母的，似乎更不奢望子女要聽從父母的意見。一片獨立平等自由的呼聲，子女在家中，似乎已躍居了賓位。童蒙初啟，進入幼稚園，「小朋友、請、好不好」的聲浪，灌耳已熟；回到家中，自叫父母難於侍奉。各家有女傭，彼亦人家之女，也叫主人難於使喚。我家有一肄業中學的工讀生，有一次，內人說了她幾句。她說：我錯了。但你這些話，有損我的自尊心。現在的年輕人，是都知自尊的了。

猶憶我幼時，不僅對父母，即對兄姐，必多陪敬意。在前清時，小學教科書中，有「孔融讓梨」等的故事。那時我們也知和哥哥姐姐爭多論少為可恥。現在似乎是相反了，只有兄姐讓弟妹，很少弟妹讓兄姐。於一律該平等的條件下遇有不平等，只該幼小占上風，長大占下風。

現在的父母們，似乎也不想望子女養老那件事。但在子女未成年前，為子女的求學上進，似乎總願不遺餘力，無止境地幫助，直到子女出國留學獲得最高學位為止。我初到香港，有一次和一澳洲人談話，我說：「你們地曠人稀，亟待開發；此刻中國大陸難民大批來港，你們為何多方限制入境？」他說：「你們中國人，初來是一苦力勞工，但稍後他們兒子可成一大學博士，我們不得不防。」在西方，那有貧苦人家那樣培植子女上學的。

但父母之恩雖厚，子女之報卻薄。在國外成學獲職，也有不寄老父母贍養金的，也有父母喪亡竟不回國奔喪的。此亦是中西文化一大衝突。我在親朋中所確切知道和輾轉聽到的就不少，惜乎沒有人來作詳細調查。但即使逐戶登門調查，為父母的也還是隱諱不肯直說。但涉及父母遺產，為子女的絲毫也不肯放鬆，甚至兄弟姐妹間引起了甚大爭執。

文化必得成為一整體。若要保留一部分自己的，取法一部分外來的，此非有大智慧人之深切研究不可。今再說到「復興文化」，今天我們的家庭，單舉父母子女關係一節言，此是現實具體問題，我們該得有研究。今天要復興文化，要尊孔，孔子是最重仁道的。論語首篇第二章，孔子弟子有子便說：「孝弟也者，其為仁之本歟？」但今天，我們該如何般來提倡孝弟和仁道？孔門儒家，又是否不講獨立自由和平等？若使也講到，又是如何講法？又和孝弟仁道，是否有衝突？此就牽涉到學術思想的問題上去。學術思想的研究，和具體現實問題分不開。今天要叫小學老師在學校中教孝教弟，他們應該如何般教法？只在文字言說上講古人道理，此所謂老生常談，恐終於事無補。

而且小學教師們，何嘗不是為人父母，為人兄姐，何嘗不想要他們的子女弟妹們孝弟；但現在都讓步了，以為時代潮流如此，無可違逆。口是心非的教學生，那會生作用。但若眞要西化，也該對搖籃中嬰兒即培植其獨立精神，也要為自己衰老後獨立預留餘地。而且慈孝友恭，也是相對的。父母太過慈了，會相形見得子女之不孝。兄姊太過友了，會相形見得弟妹之不恭。在家不孝不弟，出門獨立自由，此問題不僅在幼年子女與老年父母之相互關係上，而在一輩社會中堅分子成年人如何做人的問題上；家庭變，整個社會亦必隨而變，此事關係不小。

以上所談的家庭，只就父母子女一倫而言，更要的還有夫婦一倫。須待有了夫婦，才始有家庭。西方夫婦婚配，仍是男女雙方各自站在獨立平等自由的立場上，仍是站在男女戀愛的立場上。但中國的夫婦一倫，主要不在事先之戀愛，而在事後之和合。其實不僅夫婦一倫重和合，父母子女兄姐弟妹整個家庭，都要和合。整個社會人羣相處，依然仍要和合。西方文化尊尚獨立自由平等，但應該要求能走向於和合；東方文化尊尚和合，但亦該能保持和合雙方之獨立平等與自由；此才合乎人生之大道。

目下的西方，男女關係，已臻總崩潰之階段。由此向前，家庭社會種種關係都會隨而變。變向何處，連他們自己也不知。我們豈能老跟在他們後面。盲人騎瞎馬，夜半臨深池，這不純是一種杞人憂天。曲突徙薪總比焦頭爛額好。我們今天要說復興文化，總該有新研究，才能有新領導，而開出新風氣。若儘在無研究無領導之下，而不斷開出新風氣，總會是危險勝過了想望，終是要不得。

（一九七四年十月十五日臺灣新生報）

二〇　母親節說母愛母教

全世界各地的人類社會，沒有不知道有母親的，尤其是中國，因於其傳統文化之薰陶，對於母親更所重視。這究為什麼道理呢？因若不知有母親，人類便不成其為人類，和其他動物鳥獸相差無幾了！人類之所以得成其為人類，人類之所以有社會之團結，有歷史之綿延，有文化之創造與進步，其主要原因，則胥在其知有母親。

母親對於人類社會之大貢獻，第一曰「母愛」，第二曰「母教」。若使人類沒有愛，人類決不能團結；若使人類沒有教，人類決不能進步。人類生存之意義與價值，主要便在知愛和有教；而愛與教之最偉大最眞切者，則為母愛與母教。

母愛是人類愛中之最自然者，又是人類愛中之最眞摯、最偉大者。「母」便是代表著一個「愛」，凡為母親的，沒有不愛其子女。母與愛是一體不分的，只要是母親，便有那一分愛；只要是子女，便會獲得那一分愛。從他沒有出生以前，他早已得那一分愛。人一出生，赤裸裸什麼也沒有，但他早有了那一分愛；那一分愛，無條件地給與了他，不論他將來或夭或壽、或賢或愚、或孝或不肖，總是儘先給與了他那一分愛；連他在睡夢中，那一分愛仍是緊繞著他，他是無時無刻不沉浸在那一分愛之中而生長而成熟。人由愛中生，由愛中長，由愛中成。惟其如此，所以只要他是人，他總應該懂有愛。惟其人都懂有愛，所以才會有人類。最先那一分愛，便是母愛了。

母愛是自然的，也可說是生命的，愛便是為母者的生命。人世間只有母愛，是把全生命來愛的，為母者把她的全生命來愛其子女。她的那一分愛，便成為了她的全生命，她把她全生命融化為那一分愛，無條件、無間斷、無時無刻地來愛她的子女。更沒有人能學得為母之愛來愛人。若你要學那為母之愛來愛人，無論如何，總是不眞切，因此也總是不偉大。你若要找尋人世間最眞切最偉大的那一分愛，只有向自己母親身邊去找！

母親的全人格，便是那一個愛。為母的把她全生命全人格來愛其子女，無形中，無意中，便已是把她的全生命人格來教其子女了。中國古訓，有所謂「胎教」；一個人，在其未出生以前，早已在他的胎胞中，受了他母親的教育了。在心理方面，在生理方面，由於母愛之眞切與偉大，而母教亦就同樣地眞切而偉大了。人在嬰孩期，在幼稚期，最需要母愛之護育，也便最受母教之影響。人到能離開家門，走進社會，母愛與母教，已經養育他成為一人了。人世間其他一切愛，一切教，都開始在他成了人之後而給與；在其未受到人世間任何愛與任何教之前，便只有母愛與母教，使人眞成其為人。

因此人世間任何一個偉大的人，必有一位偉大的母親。沒有眞偉大的母親，不會有眞偉大的子女。因此，眞偉大的人，必會紀念他的母親。其實只要他是個人，他便會紀念到他的母親的。只是他愈偉大，便愈會紀念他母親，便愈會自己知道他自己母親之偉大。母親之最偉大處，是要她子女紀念著而才見其為偉大的。若子女不知紀念他們的母親，為母親的也不再有什麼其他的偉大表現了。這因母親之偉大，只偉大在母愛與母教上。母教與母愛之偉大，主要便落在身受此愛與教之子女們身上。若子女不知紀念他們的母親，那母親便更無偉大表現暴露了。

但做母親的，還是無條件地把那一分愛與教儘先給與他的子女了。母親之眞實偉大處便在這上面。

人生究竟有何意義呢？你若懂得紀念你的母親，你便會懂得人生意義了。人生究竟有何價值呢？你若懂得紀念你母親，你便會懂得人生價值了。若你還不懂得紀念你母親，請問你和其他鳥獸動物有何分別呢？如此般的你，又那配來追求和討論人生的意義和價值呢？

今天又是一年一度的母親節。讓我們知有愛、受過教育人，大家都來紀念我們的母親。讓我們宣揚母親之偉大，提倡大家都來紀念大家的母親。讓我們在此紀念母親節而來宣揚母愛與母教，那是人類之所以成為人類，人類社會、人類歷史、人類文化，都因此而開始，也因此而上進，那是一個總源所在。母親呀！母親呀！我永遠地在紀念你。

二一　論當前國人之憂患意識

一

人生是該保持一樂觀態度的。至少孔子教人是如此。孔子讚顏淵說：「人不堪其憂，回也不改其樂，賢哉回也。」孔子之自稱亦曰：「樂亦在其中矣。」可見孔子常教人以樂，不教人以憂。若論當時孔、顏兩人之生活實況，孔子則飯疏食，飲水，曲肱而枕之；顏淵則一簞食，一瓢飲，居陋巷。其現實生活實況有如此，而猶能不改其樂，則人生不該有不樂宜可知。

人生所樂何在？周濂溪教二程尋孔顏樂處。今據論孟約略論之，人生樂處貴能自立，能頂天立地站起來做一人。孔子十有五而志於學，三十而立，四十而不惑。此則「學而時習之，不亦悅乎？有朋自遠方來，不亦樂乎？」樂即樂在其能立能達。又能己立而立人，己達而達人，如是而已。若論及己以外事，則非己一人所能主。孔子五十而知天命，即在能自立後，乃知有此境界，有天有命，事不專在一己。孔子曰：「道之不行，我知之矣。」孔子為魯司寇，不得意而去，遂周遊列國十四年而返。其不得行道於天下，非不知。然而孔子七十而從心所欲不踰矩。能從心所欲，豈非大樂事。然而仍在其己身之內。當時如魯哀公、季孫氏，豈能一如孔子心之所欲。是則不踰矩，即不越及其身外。孔子曰：「人不知而不慍，不亦君子乎！」則孔子乃樂以終身。其讚顏淵，亦在孔子老而返魯之後。則孔子之樂以終身，即論語此兩條而知矣！中國人常稱「樂天知命」，「安分守己」，亦即據論語此兩條來。

宋代大儒范仲淹，自為秀才時，即以天下為己任。「先天下之憂而憂，後天下之樂而樂」，是仲淹終身當惟有憂，更無樂，豈不與孔子之教有所背？其實大不然。仲淹幼孤，其母不能養活他，逼而改嫁。仲淹寄身山寺中，斷虀畫粥，其生活艱困有如此。然而仲淹不以為憂，故能立己成學，而憂及他人。及其貴，猶能不改其樂。故其兩子，僅得一長袍，長兄穿之出，幼弟即留在家；幼弟穿之出，長兄即留在家。則其一家之現實生活，實當與仲淹為秀才時無大相異。惟其能安於此，樂於此，故能憂天下之憂，為一代之大賢。使仲淹於其現實生活不安不樂，則憂患先在己，無暇及他人矣！

仲淹嘗派其次子赴江南收租，遇故人石曼卿，遭三喪，困居旅途中，其子即捐其所收以為救濟。歸以告，仲淹不之責，又倍加稱賞。仲淹又創立「義莊制度」，以救濟范、朱兩族之鰥寡孤獨窮苦而無告者。此制度乃一千年來普遍流行於中國之全社會。要之，仲淹惟能於其一己一家之現實生活能安能樂，乃始能憂患及於他人。至於仲淹之政治業績不能大行其道於當世，則亦如孔子。在仲淹亦惟有樂天知命，安分守己而止。

孔子又曰：「足食足兵，民信之矣。」其弟子問：「必不得已而去，於此三者何先？」孔子曰：「去兵。」又問：「必不得已而去，於此二者何先？」孔子曰：「去食。自古皆有死，民無信不立。」此乃為一國政治領袖主持行政大道言，亦不能無不得已之時，甚至去其食陷民於餓死，然不當去「信」。人之能自立，貴能有自信。人之能相安，貴能有互信。雖千萬人之死生，有不足動其心者，而只務於能信。信其道，信其德，信於天，信於命，則斯能信及人，亦能信於人，而無不安不樂之存在矣。

二

以上乃中國文化大傳統人道大本所在。據今而言，赤禍滔天，政府播遷來臺。回顧三十餘年前政局之動盪，民生之凋疲，此亦兵不足，食不足，幾乎若無一日之可安矣。然而三十餘年來，乃有今日，使非上下共有一「信」，則烏克臻此？是孔子之言，誠不虛矣。今就當前論，政局日形安定，生活日見充裕，此非一可安可樂之境乎！孔子曰：「不義而富且貴，於我如浮雲。」天上浮雲，往來不定，無可把捉。今日之富，可來有他日之貧；今日之貴，可來有他日之賤。故貧賤非可憂，而富貴亦非可求。守道義而富貴，我守吾之道義，而儻來之富貴，則非我所能守。既非能守，亦何可求？使居貧賤而不安不樂，但求富貴，則憂患只在己，而不及人；只在當前，而不及將來。斯則終其身將在憂患中，而亦一無道義之可言矣。

故惟心存安樂，乃能生其憂患。其所憂患，則不在己而在人，亦不在當前而在將來。而一己之當前，則惟道義之可安可樂。至聖如孔子姑不論，大賢如顏淵、范仲淹亦莫不如是。顏淵終貧且賤，仲淹則既富又貴。然富貴之於仲淹，則亦如天上之浮雲。仲淹之所安樂者不在此，其所憂患亦不在此矣。

今日吾國人亦非無憂患，大陸十億同胞，至今仍陷困阨中，此誠吾人所當引為憂患者。以吾臺、澎、金、馬四海島，一千八百萬人，一旦重履大陸，如何得使吾大陸十億同胞同享一安和樂利之生活，此須有一大道，可守可行。而吾儕今日，亦未能遽明此大道，此則誠為可憂可患。而非此心安樂，亦何從憂患及此？苟使我心只憂患在己，不安不樂，則非急功而近利，即好高而騖遠。無道義之可守，乃將不勝其憂患矣！

如今國人競言經濟不景氣，此乃全世界事，非我一國之事，豈能遽望其景氣之來臨。退一步思之，當我三十餘年前，經濟之景氣又如何？退可守斯進可戰，豈不回顧三十年而卽可得。則此心安樂，無多憂患。而所憂患，惟在道義。道義則可安可樂，斯憂患卽在安樂中，而安樂中亦不害其有憂患，而豈捨安樂以務於憂患之求哉！

晚淸曾滌生原才篇有云：「風俗之厚薄奚自乎？自乎一二人之心之所嚮而已。」風俗厚，則人才自出；風俗薄，則人才自滅。所謂厚者，即在其安樂中而不忘有憂患。安樂在己，而能對人憂患，此見其風俗之厚矣。風俗之薄，則在其各自憂患以求富貴，而他人之安樂，則不在其憂患中。此風俗之薄可見矣，而又何人才之望。

居今日言，亦惟此一二人之心之是求。春秋之末有顏淵，北宋中葉有范仲淹，此皆所謂一二人之心，而移風易俗，使中國文化傳統緜延悠久達於五千年。求之史籍，如顏淵范仲淹者，亦世有其人矣，今豈獨無其人？彼人也，我亦人也，有為者亦若是。是則貴在人之有自信，能自信而自立，得繼顏、范而起，此其人亦自有所安樂。而臺、澎、金、馬四海島一千八百萬人，以及大陸十億同胞，亦將胥賴以安樂。故惟國人能於吾國家民族傳統文化有自信，則亦安樂之所在矣。

三

茲再論及最近百年來之國史，國父孫中山先生之「辛亥革命」建國，以及其退居滬上，所創撰之民族、民權、民生三民主義，苟非承繼吾國家民族五千年一線緜延之文化大傳統，則何來有此民權？苟非有此代表吾民族傳統之民權，則又何來此民生？先總統蔣公北伐完成一統，對日抗戰，保全國土，以及播遷來臺，一遵三民主義，以圖復興，而又有「文化復興運動」之號召，此亦所謂「一二人之心之所向」，以形成此百年歷史之大業者。孫、蔣二公，得踞政治高位，其他同心同德，追隨輔翼此二公以共創此大業者，在朝在野，有名無名，大有其人，則更僕而難數。前有袁世凱，後有毛澤東，居心之薄，已與國人以共見，此亦一二人之心之所向，而使吾國家民族幾於歷劫而難復。然而北洋軍閥已迄今無踪影，而今日大陸十億同胞亦已無一日之可安，則吾國家民族五千年來之生命大統，何繼何承，或傳或絕，豈不明白昭張，豈不如在目前，不待再有曉示而可知?雖曰西力東漸，國難方殷，而吾國人之當何所安何所樂，則亦不須再有指辨而可知矣。

四

孟子曰：「生於憂患，死於安樂。」凡吾國家民族五千年來生齒日繁，疆土日廓，以安以樂，以有今日，則莫不由其知所憂患生。而凡吾先聖先賢，其能昭示吾國人以當所憂患而共享此安樂者，亦莫不自憂患生。即如上舉，上自孔、顏，下迄范仲淹三人豈不皆生憂患中，又豈不常抱此憂患，以立以達，以完成其安樂之生命。化憂患為安樂，即安樂以憂患。安樂之與憂患，既已融於一心，化為一體。此非由少數一二人之深心體會，即難期多數千萬人之驟喻驟曉。此所謂「堯舜性之，湯武反之」。「以先知覺後知，以先覺覺後覺」。而能抱此憂患者，則常在少數。而共享此安樂者，則必普及於多數。孟子謂「天之將降大任於斯人」，固非謂天之降此大任於全民也。「先總統」蔣公初來臺，即以「毋忘在莒」四字昭示國人。方齊之全國臨於崩潰覆亡之際，而猶有一莒之存在。當時在莒者，其為安樂，其當憂患？則其先後分際之所在，亦有非盡在莒者之所能辨。今日吾臺、澎、金、馬四海島一千八百萬國人，其何以安之樂之，又何以憂之患之？此則仍有待於一二人之心之所向。此正吾國家民族五千年一線相承之文化大傳統一主要精旨之所在。此則有待於善體國家民族之文化大傳統之大賢君子之出身擔當。所謂先天下之憂而憂，後天下之樂而樂者，此即以天下為己任之大賢君子，瞻之在前，忽焉在後，為吾全國人日夜所企望。天佑中國，已在吾前，亦在吾後，吾國家民族五千年之大傳統，必將不負此望。民無信不立，立即立在吾此信。夫子豈欺我哉！

孔子又曰：「貧而樂，富而好禮。」今日吾國人已不得謂之貧，尊賢敬聖，此又吾國人大禮之所在。則吾國人今日當前之所當憂患者，惟在其不能安，不能樂，不知有尊有敬，以共為一安分守己之公民。竊願以此意，與吾臺、澎、金、馬一千八百萬國人共勉之。

（一九八三年二月十八日中央日報，中央月刊十五卷四期。）

二二　漫談改革社會風氣

一

「風氣」二字是一舊觀念，舊名詞，為中國人向所重視。近代國人競尚西化，好言潮流。「潮流」二字是一新觀念，新名詞，為中國古書中所未有。此兩名詞同指一種社會力量，有轉移性，變動不居。惟潮流乃指外來力量，具衝擊性、掃蕩性；不易違逆、不易反抗，惟有追隨，與之俱往。而風氣則生自內部，具溫和性，而更具生命性，自發自主，能自有其一番內在精神，不受外力所轉移。然則吾今日中國社會，如何能適應外來潮流，而不隨以俱去，猶能善保其生命內力，與固有的獨立精神，使風氣潮流得相與引生而長。實為當前最宜看重之一要點。

中國古人言風氣，請舉孔子為例。論語孔子曰：「君子之德風，小人之德草。草，上之風，必偃。」孔子生在兩千五百年前封建社會尚未崩潰之時，其言「君子」指在上貴族言，其言「小人」指在下平民言，主要在「德」字。德指人之「德性」，為盡人所同具。故在上君子之德性如一陣風，在下平民之德性如一叢草。風東來，則草西偃；風西來，則草東偃。社會風氣之易成有如此。

孔子又言：「道之以政，齊之以刑，民免而無恥。道之以德，齊之以禮，有恥且格。」可見轉移風氣主要不在政治與刑法。政治刑法雖是一種力量，但經受此力量者，可求避免，而不生媿恥心，依然可以無動於衷，則政治與刑法其為力實有限。惟能以在上位者之德性為領導，而具體化為一種上下彼我共行之「禮」，則受者內心自生感動；不夠此標格，會自生一種媿恥心；能不加一種限制而自生限制，不加一種壓迫而自感壓迫，而自能抵達此標格。

故中國人言「政」，不重法治，重「禮治」。此為中國文化自古相傳一種特性，實已經歷兩千五百年來而不變。西方社會中稍具此力量而與中國略相似者，則為宗教。宗教不尚權力，更不待刑法，一進教堂唱詩膜拜，庶似於中國之禮樂。而耶穌之十字架精神，亦可謂尚德不尚力。其力量出自耶穌內心所具之一種德性。耶教傳布亦近二千年，遍及於歐洲之全社會，此亦一種「道之以德，齊之以禮」，而信教者自有一種有恥且格之風。其力量不仗政治，不仗刑律，自可勿論。所異者，西方政教分，中國則政教合。而宗教之最後歸宿則仍為上帝之力，而非耶穌之德。中國則崇尚人類所同具之德性，故所重近在人，不遠在天。在中國文化中，並未產生宗教，然亦同具一種信仰。惟其信仰之歸宿則在人之德性。卽在上位亦無以自外。故其精神有與宗教相異而實同之處。孔子雖非教主，而永尊為「至聖先師」，其一種德性教育之力量，實卽一種宗教力量。

二

中國人從來言「風教」，言「風化」，社會風氣乃由一種教化來。知此乃能來研究中國之社會史。及於晚清，曾文正有原才篇，開首即曰：「風俗之厚薄奚自乎，自乎一二人之心所嚮而已。」社會一切人才應自社會之善良風俗培育而成，而善良風俗則從其社會中一二人之心向來。曾文正所生之社會，較之孔子時，已逾兩千年。其社會形態已大變。而曾文正所言，實亦與孔子意無大相異。試以歷史事例為證。

中國政治風氣之敗壞，莫過於魏晉時之曹操與司馬懿。中國社會風氣之敗壞，則莫過於唐末與五代。北宋興，有胡安定、范文正，而風氣復歸於正，一時人才輩出，此風氣之厚薄非由於一二人之心向而何？故蒙古入主，有文文山、謝叠山、黃東發、王伯厚。滿清入主，有史可法、顧亭林、李二曲、王船山。政權移於上，而社會風氣則保持不變，依然一中國人之中國社會，無可搖移。此無他，亦依於一二人之心之所向而已。曠觀古今中外，惟中國始有之。古希臘古羅馬乃及現代之西歐，宜皆不能相比擬，此乃中國文化之特可自傲處，非其他民族之所能相望也。

此因西方重「多數」，中國重「少數」。多數「尚力」，而少數則「尚德」。以力服人，非心服也。

以德服人，乃能使人心悅而誠服。無德可尙，乃始轉而尙力。多數壓迫，乃見若潮流之洶湧。少數乃能領導，能主持，有同情心，有感召力。衆所歸往，始成一理想之風氣。斯則中國社會風氣形成之所以堪貴也。現代西方雖科學昌明，而宗教勢力則依然尙在。彼中有殷憂其文化之沒落者，亦惟以復興宗教為念。可見不能專尙科學與物質文明立國，西方人亦自知之。

三

近代中國則有惟一孫中山先生堪當少數中一尤少數者，其唱「三民主義」首民族，次及民權，民權當由民族來。而民族精神則保存於少數，亦惟遞禪闡揚於少數。故中山先生有「知難行易」之論，不知不覺而行易者屬多數，後知後覺已屬少數，而先知先覺則更少數中之尤少數。故中山先生之革命過程亦分三階段，一曰「軍政」時期，次曰「訓政」時期，最後始曰「憲政」時期。中山先生心中之憲政，實當稱之曰「民族憲政」，既非襲取而來，亦非多數可知。故不僅被選舉權當先經考試，即選舉權亦必先經考試，乃獲賦與。此等主張，今日國人皆不敢明白稱引。何者？潮流所趨，既不深知，自難違抗耳。

今日國人，觀其體膚毛髮，則儼然是炎黃嫡系。論其心情好惡，則盡歸現代化。其實今日國人之所謂「現代化」即屬西化。就實況言，孔子在當時，即周公之現代化。孫中山在近代，亦即周、孔之現代化。現代化貴能化其自我，而非化於他人。如今日國人之所謂現代化，則不過為時代潮流沖捲而去之一較好名詞而已。故祖宗必加鄙棄，子孫首貴留學，行易則在中國，知難則付之外洋。中山先生必比擬之於華盛頓，乃始有其價值。故三民主義亦必比附之林肯之民有、民治、民享，乃始有其意義。

中國人言道統治統，必曰「作之君，作之師」。並不期望之於人人。中國人言政治，必歸之「選賢與能」。而此選舉權，下不操於民眾，上不操於政治領袖如國君、如天子，而別有其客觀之標準人選。中國人言生活，亦不專為物質生活之私人享受。中山先生三民主義其書具在，豈可以林肯民有、民治、民享之三語釋之。今日臺灣人乃有從事臺灣獨立運動者，其意即自謂乃追隨華盛頓美國十三州獨立之腳步。權威在國外，一切言論行動則各得自由。若言平等，則古今不平等，中外不平等，惟時代潮流之馬首是瞻。此非吾國社會今日一風氣乎？故總統蔣公提倡文化復興運動，亦正為此而發。

孔子不得「中行」而與之，則曰：「必也狂狷乎！」「過吾門不入我室，我不憾焉者，其惟鄉愿乎！」今日國人，在中國社會則崇洋排己，皆似一狂狷。及其入外國社會則捨己從人，皆為一鄉愿。惟此等乃洋鄉愿，乃為中國全社會所崇重。則中國社會亦必成一洋社會可知。國家猶是此一中國，而社會則已成一洋社會，與蒙古滿清入主適可成一對比。此實係潮流所迫，非風氣所成。潮流權力在外，風氣則本於德性，由我自主，非在外所能操縱。

孟子曰：「經正則庶民興。」「經」者，正常大道，乃樹人立國之大本所在。此非多數可知，然多數亦必由知以行。故孔子曰：「民可使由之，不可使知之也。」顧亭林亦有言：「天下興亡，匹夫有責。」亦即此意。果使此正常大道必歸之於多數，則孔孟以至顧亭林亦僅若一匹夫，又何從負此天下興亡之大責？

經若不正，民將何由？至如奉公則有貪污，居恒則恣奢淫，此乃一種歪風穢氣，為國法所不容，刑律所當先。若欲正人心，興風氣，首必及此。然求正本清源則別有在，乃必求之於正常之大道。惟此乃若中國人之舊觀念，舊信仰。不知今日國人賢者其亦終有意於此乎？國人今方討論改革社會風氣，漫談及此，以供國人賢者之參考。

（一九七九年七月十六日中央月刊十一卷九期）

第四編

一　知識之兩方面

大學青年進入大學，求取知識，應該具有兩項目標：一屬專門部分，二屬普通部分。專門知識，是個別的，此人所知，不必即為彼人所知；如醫學、法律、工程、音樂等，每一項知識，供應社會每一項之需要，而形成為各項之職業。一個社會，當然希望人人有職業，人人能對社會有貢獻。但當知：社會並非由各項職業所組成。職業總涵有功利實用性，如醫師遇到律師，工程師遇到音樂家，彼此間的專門知識，無法互相瞭解，只有在需要時互相利用。如律師病了，須請醫師；醫師建屋，須請建築師之類。當知社會決不能由不相瞭解而僅相利用之人羣來組成。

社會並不由職業而組成，只是有社會，才始有各項職業之需要。社會乃由人羣所組成，職業是各別的，而人則是共通的。每一職業，固須一個人來當。你做了醫生，你同時還該做一個人。你做了律師，同時也還該做一個人。當職業有各項職業之專門知識與專門訓練，也該有當做人的一項共通知識與共通訓練。當職業愈專門愈好，做人則愈普通愈好。當職業，可以你不懂我，我不懂你；但做人則必做到互相瞭解，互相明白，互相承認。

做人的普通知識，約略言之，可分為三方面：一是道德的，二是藝術的，三是文化的。如「言忠信，行篤敬」，那是道德方面的。人人該如此，不能一人自外，不能由我獨異。藝術可使人生美化，不可能人人做藝術家，但人人該懂得愛好藝術，欣賞藝術。對藝術有普遍瞭解，共同修養。人生各項娛樂，都包括在此內。道德與藝術，歸納入文化的大項目之內。社會由人而組成，也可說社會由人類之文化而組成。此因文化瞭解與文化修養，乃做人的一項至要條件。每一個人在其社會之傳統文化體系之中而生長，而完成，因此每一個人必該對其所生長之社會之所由組成之傳統文化，有瞭解，有修養。

上面所說道德、藝術與文化之三項都該是屬於普通知識方面的。從前人，似乎對普通知識方面更重視；但現世界，則似乎逐漸對專門知識方面更重視了。其實則偏輕偏重皆有弊。當知專門知識，愈專門愈有價值。而普通知識，則愈普通愈有價值。做人做到普通的，是最偉大的。那些知識，人人該知；那些道理，人人該學。若我們忽略普通知識那一面，總是做人有缺點，會影響其專門的職業同樣有缺點。

近代社會，由於科學之突飛猛進，而專門知識日有進展，因此而忽略了做人的普通知識方面，社會上會發生壞影響。尤其在中國社會上，此一毛病，近幾十年來，最顯著、最嚴重。我今天特地提出此意見，奉勸諸位，對於各自研修一項專門知識，將來盡力於一項專門的職業，而對社會有貢獻外；更該注重我們在此社會中做一個人的普通知識方面，更該加意進修。否則流弊所及，此一社會中，只見有職業，不見有人，整個社會，將會垮了。試問我們這些各自專門的職業，又向那裏去作貢獻呢？

（一九五六年十二月香港浸信會書院演講，香港華僑日報十二月二十日。）

二　讀書與做人

今天在這講堂裏有年輕的同學，有中年人，更有老年人；眞是一次很有價値、很有意義的盛會。如按年歲來排，便可分三班；所以講話就比較難。因為所講如是年輕人比較喜歡的，可能年長的不大愛聽；反之亦然。現在我準備所講將以年長人為主，因為年輕人將來還得做大人，但年老了，卻不能復為青年人。並且年幼的都當敬重年老的，這將好讓將來的青年人也敬重你們。至於年老的人，都抱著羨慕你們年輕人的心情，自然已値得年輕人驕傲了。

我今天的講題是「讀書與做人」，實在對年輕人也有關。嬰孩一出世，就是一個人，但還不是我們理想中要做的一個人。我們也不能因為日漸長大成人了，就認為滿足；人仍該要自己做。所謂做人，是要做一個理想標準高的人。這須自年幼時即學做；即使已屆垂暮之年，仍當繼續勉學、努力做。所謂「學到老，做到老」，做人工夫無止境。學生在學校讀書，有畢業時期；但做人卻永不畢業——臨終一息尚存，他仍是一人，即仍該做；所以做人須至死才已。

現在講到讀書。因為只有在書上可以告訴我們，如何去做一個有理想高標準的人。諸位在學校讀書，主要就是要學做人。即如做教師的亦然。固然做教師可當是一職業；但我們千萬不要以為職業僅是為謀生，當知職業也在做人道理中。做人理當有職業，以此貢獻於社會。人生不能無職業，這是從古到今皆然的。但做一職業，並不即是做人之全體，而只是其一部分。學生在校求學，為的是為他將來職業作準備。然而除在課堂以外，如在宿舍中，或是在運動場上，也都是在做人，亦當學。在課堂讀書求學，那只是學做人的一部分；將來出了學校，有了職業，還得要做人。做人圈子大，職業圈子小。做人當有理想，有志願。這種理想與志願，藏在各人內心，別人不能見，只有他自己才知道。因此，讀書先要有志；其次，當能養成習慣，離開了學校還能自己不斷讀書。讀書亦就是做人之一部分，因從讀書可懂得做人的道理，可使自己人格上進。

惟在離開了學校以後的讀書，實與在學校裏讀書有不同。在學校裏讀書，由學校課程硬性規定，要筆記、要考試，戰戰兢兢，擔心不及格，不能升級、不能畢業，好像在為老師而讀書，沒有自己的自由。至於離了學校，有了職業，此時再也沒有講堂，也沒有老師了，此時再讀書，全是自由的，各人儘可讀各人自己喜歡的書。當知：在學校中讀書，只是為離學校求職業作準備。這種讀書並不算眞讀書。如果想做一位專門學者，這是他想以讀書為職業；當知此種讀書，亦是做人中一小圈子。我們並不希望，而且亦不大可能要人人盡成為學者。我此所講，乃指我們離開學校後，不論任何職業、任何環境而讀書，這是一種業餘讀書；這種讀書，始是屬於人生的大圈子中盡人應有之一事；必需的，但又是自由的。今問此種讀書應如何讀法？下面我想提出兩個最大的理想、最共同的目標來：

一是「培養情趣」。人生要過得愉快、有趣味，這需用工夫去培養。社會上甚至有很多人怕做人了，他覺得人生乏味，對人生發生厭倦，甚至於感到痛苦。譬如：我們當教師，有人覺得當教師是不得已，只是為謀生，只是枯燥沉悶，挨著過日子。但當知：這非教師做不得，只是他失了人生的情趣了。今試問：要如何才能扭轉這心理，使他覺得人生還是有意義有價值？這便得先培養他對人生的情趣；而這一種培養人生情趣的工夫，莫如好讀書。

二是「提高境界」。所謂境界者，例如這講堂，在調景嶺村中，所處地勢，既高又寬敞，背山面海；如此刻晴空萬里，海面歸帆遙駛，或海鷗三五，飛翔碧波之上；如開窗遠眺，便覺眼前呈露的，乃是一片優美境界，令人心曠神怡。即或朗日已匿，陰雨晦冥，大霧迷濛，亦仍別有一番好景。若說是風景好，當知亦從境界中得來；若換一境界，此種風景也便不可得。居住有境界，人生亦有境界。此兩種境界並不同。並非住高樓美屋的便一定有高的、好的人生境界，住陋室茅舍的便沒有。也許住高樓華屋，居住境界好，但他的人生境界並不好。或許住陋室茅舍，他的居住環境不好，而他的人生境界卻儘好。要知人生境界別有存在。這一層，或許對青年人講，一時不會領會；要待年紀大了、經驗多、讀書多才能體會到此。我們不是總喜歡過舒服快樂的日子嗎？當知人生有了好的高的境界，他做人自會多情趣，覺得快活舒適。若我們希望能到此境界，便該好好學做人；要學做人，便得要讀書。

為什麼讀書便能學得做一個高境界的人呢？因為在書中可碰到很多人，這些人的人生境界高、情味深，好做你的榜樣。目前在香港固然有三百幾十萬人之多，然而我們大家的做人境界卻不一定能高，人生情味也不一定能深。我們都是普通人，但在書中遇見的人可不同；他們是由千百萬人中選出，又經得起長時間的考驗，而保留以至於今日。像孔子，距今已有二千六百年，試問中國能有幾個孔子呢？又如耶穌，也快達二千年。他如釋迦牟尼、穆罕默德等人。為什麼我們敬仰崇拜他們呢？便是由於他們的做人。當然，歷史上有不少人物，他們都因做人有獨到處，所以為後世人所記憶，而流傳下來了。世間決沒有中了一張馬票，成為百萬富翁，而能流傳後世的。即使做大總統或皇帝，亦沒有很多人能流傳讓人記憶，令人嚮往。中國歷代不是有很多皇帝嗎？但其中大多數，全不為人所記憶，只是歷史上有他一名字而已。那裏有讀書專來記人姓名的呢？做皇帝亦尚無價值，其餘可知。中馬票固是不足道，一心想去外國留學、得學位，那又價值何在、意義何在呀？當知論做人，應別有其重要之所在。假如我們誠心想做一人，「培養情趣，提高境界」，只此八個字，便可一生受用不盡。只要我們肯讀書，能遵循此八個字來讀，便可獲得一種新情趣，進入一個新境界。各位如能在各自業餘每天不斷讀書，持之以恆，那麼長則十年二十年，短或三年五年，便能培養出人生情趣，提高了人生境界。那即是人生之最大幸福與最高享受了。

說到此，我們當再進一層來談一談讀書的選擇。究竟當讀那些書好？我認為：業餘讀書，大致當分下列數類：

一是修養類的書。所謂修養，猶如我們栽種一盆花，需要時常修剪枝葉，又得施肥澆水；如果偶有三五天不當心照顧，便決不會開出好花來，甚至根本不開花，或竟至枯死了。栽花尚然，何況做人！當然更須加倍修養。

中國有關人生修養的幾部書是人人必讀的。首先是論語。切不可以為我從前讀過了，現在毋須再讀。正如天天吃飯一樣，不能說今天吃了，明天便不吃；好書也該時時讀。再次是孟子。孔、孟這兩部書，最簡單，但也最寶貴。如能把此兩書經常放在身邊，一天讀一二條，不過化上三五分鐘，但可得益無窮。此時的讀書，是各人自願的，不必硬求記得，也不為應考試，亦不是為著要做學問專家或是寫博士論文；這是極輕鬆自由的，只如孔子所言「默而識之」便得。只這樣一天天讀下，不要以為沒有什麼用。如像諸位每天吃下許多食品，不必也不能時時去計算在裏面含有多少維他命，多少卡路里，只吃了便有益；讀書也是一樣。這只是我們一種私生活，同時卻是一種高尚享受。

孟子曾說過：「君子有三樂，而王天下不與存焉。」連做皇帝王天下都不算樂事，那麼，看電影、中馬票，又算得什麼？但究竟孟子所說的那三件樂事是什麼？我們不妨翻讀一下孟子，把他的話仔細想一想，那實在是有意義的。人生欲望是永遠不會滿足的，有人以為月入二百元能加至二百五十元就會有快樂，那知等到你如願以償，你始覺得仍然不快樂。即使王天下，也一樣會不快樂。我們試讀歷史，便知很多帝王比普通人活得更不快樂。做人確會有不快樂，但我們不能就此便罷，我們仍想尋求快樂。人生的眞快樂，我勸諸位能從書本中去找；只化三兩塊錢到書店中去，便可買到論語、孟子；即使一天讀一條，久之也有無上享受。

還有一部老子，全書只五千字。一部莊子，篇幅較巨，文字較深，讀來比較難；但我說的是業餘讀書，儘可不必求全懂。要知：即是一大學者，他讀書也會有不懂的，何況我們是業餘讀書；等於放眼看窗外風景，或坐在巴士渡輪中欣賞四周景物，隨你高興看什麼都好；不一定要全把外景看盡了，而且是誰也看不盡。還有一部佛教禪宗的六祖壇經，是用語體文寫的，內中故事極生動，道理極深邃，化幾小時就可一口氣讀完，但也可時常精讀。其次，還有朱子的近思錄與陽明先生的傳習錄。這兩部書，篇幅均不多，而且均可一條條分開讀，愛讀幾條便幾條。我常勸國人能常讀上述七部書。中國傳統所講修養精義，已盡在其內。而且此七書不論你做何職業，生活如何忙，都可讀。今天在座年幼的同學們，只盼你們記住這幾部書名，亦可準備將來長大了讀。如果大家都能每天抽出些時間來，有恆地去讀這七部書，準可叫我們脫胎換骨，走上新人生的大道去。

其次便是欣賞類的書。風景可以欣賞，電影也可以欣賞，甚至品茶喝咖啡，都可有一種欣賞。我們對人生本身也需要欣賞，而且需要能從高處去欣賞。最有效的莫如讀文學作品，尤要在讀詩。這並非要求大家都做一個文學家，只要能欣賞。諺語有云：「熟讀唐詩三百首，不會做詩也會吟。」詩中境界，包羅萬象，不論是自然部分，不論是人生部分，中國詩裏可謂無所不包。一年四季，天時節令，一切氣候景物，乃至飛潛動植，一枝柳，一瓣花，甚至一條村狗或一隻令人討厭的老鼠，都進入詩境，經過詩人筆下暈染，都顯出一番甚深情意，趣味無窮；進入人生，所遇喜怒哀樂，全在詩家作品中。當我們讀詩時，便可培養我們欣賞自然，欣賞人生，把詩中境界成為我們心靈欣賞的境界。如能將我們的人生投放沉浸在詩中，那眞趣味無窮。

如陶淵明詩：

犬吠深巷中，鷄鳴桑樹顛。

這十個字，豈非我們在窮鄉僻壤隨時隨地可遇到！但我們卻忽略了其中情趣。經陶詩一描寫，卻把一幅富有風味的鄉村閒逸景象活在我們眼前了。我們能讀陶詩，儘在農村中過活，卻可把我們帶進人生最高境界中去，使你如在詩境中過活；那不好嗎？

又如王維詩：

雨中山果落，燈下草蟲鳴。

諸位此刻住山中，或許也會接觸到這種光景：下雨了，宅旁果樹上，一個個熟透了的果子掉下來，可以聽到「撲」「撲」的聲音；草堆裏小青蟲經著雨潛進窗戶來了，在燈下唧唧地鳴叫著。這是一個蕭瑟幽靜的山中雨夜，但這詩中有人。上面所引陶詩，背後也有人。只是一在山中，一在村中；一在白天，一在晚上。諸位多讀詩，不論在任何境遇中，都可喚起一種文學境界，使你像生活在詩中；這不好嗎？

縱使我們也有不能親歷其境的，但也可以移情神遊，於詩中得到一番另外境界，如唐詩：

松下問童子，言師採藥去；只在此山中，雲深不知處。

那不是一幅活的人生畫像嗎？那不是畫的人，卻是畫的人生。那一幅人生畫像，活映在我們眼前，讓我們去欣賞。在我想，欣賞一首詩，應比欣賞一張電影片有味，因其更可使我們長日神遊，無盡玩味。不僅詩如此，即中國散文亦然。諸位縱使只讀一本唐詩三百首、只讀一本古文觀止也好；當知我們學文學，並不為自己要做文學家。因此，不懂詩韻平仄，仍可讀詩。讀散文更自由。學文學乃為自己人生享受之用，在享受中仍有提高自己人生之收穫，那眞是人生一祕訣。

第三是博聞類。這類書也沒有硬性規定，只求自己愛讀，史傳也好，遊記也好，科學也好，哲學也好；性之所近，自會樂讀不倦，增加學識，廣博見聞；年代一久，自不尋常。

第四是新知類。我們生在這時代，應該隨時在這時代中求新知。這類知識，可從現代出版的期刊雜誌上，乃至報章上找到。這一類更不必詳說了。

第五是消遣類。其實廣義說來，上面所提，均可作為消遣；因為這根本就是業餘讀書，也可說即是業餘消遣。但就狹義說之，如小說、劇本、傳奇等，這些書便屬這一類。如諸位讀水滸傳、三國演義、紅樓夢，可作是消遣。

上面已大致分類說了業餘所當讀的書。但諸位或說生活忙迫，能在什麼時候讀呢？其實人生忙，也是應該的；只在能利用空閒，如歐陽修的「三上」，即：枕上、廁上和馬上。上牀了，可有十分一刻鐘睡不著；上洗手間，也可順便帶本書看看；今人不騎騾馬，但在舟車上讀書，實比在馬上更舒適。古人又說「三餘」：冬者歲之餘，夜者日之餘，陰者晴之餘。現在我們生活和古人不同，但每人必有很多零碎時間，如：清晨早餐前，傍晚天黑前，又如臨睡前；一天便有三段零碎時間了。恰如一塊布，裁一套衣服以後，餘下的零頭，大可派作別的用場。另外，還有週末禮拜天，乃及節日和假期，尤其是做教師的還有寒暑假。這些都可充分利用，作為業餘讀書時間的。假如每日能節約一小時，十年便可有三千六百個小時。又如一個人自三十歲就業算起，到七十歲，便可節餘一萬四千四百個小時，這不是一筆了不得的大數目嗎？現在並不是叫你去吃苦做學問，只是以讀書為娛樂和消遣，亦像打麻雀、看電影，那會說沒有時間的！如果我們讀書也如打麻雀、看電影般有興趣、有習慣，在任何環境任何情況下都可讀書；這樣，便有高的享受，有好的娛樂，豈非人生一大佳事！讀書只要有恆心，自能培養出興趣，自能養成為習慣，從此可以提高人生境界。這是任何數量的金錢所買不到的。

今日香港社會讀書空氣實在太不夠，中年以上的人，有了職業，便不再想到要進修，也不再想到業餘還可再讀書。我希望諸位能看重此事，也不妨大家合作，有書不妨交換讀，有意見可以互相傾談。如此，更易培養出興趣。只消一年時間，習慣也可養成。我希望中年以上有職業的人能如此，在校的青年們他日離了學校亦當能如此，那眞是無上大佳事。循此以往，自然人生境界都會高，人生情味都會厚。人人如此，社會也自成為一好社會。我今天所講，並不是一番空泛的理論，只是我個人的實際經驗。今天貢獻給各位，願與大家都分享這一份人生的無上寶貴樂趣。

（一九六二年十二月二日香港調景嶺慕德中學講演，新亞書院生活雙周刊五卷十五期。）

三　中國文化與人文修養

人文修養即是講究做人的道理和方法。懂得如何做人才是最高的知識，學如何做人才是最大的學問。學做人是人最切身的問題。任何一個社會，一個民族，都有其教人做人的道理；生長在這社會裏的人，都得接受這社會教我們做人的道理。

世界上最偉大的人如孔子、耶穌、釋迦，他們都教人如何做人。尤其是中國文化的中心思想即為教人如何做人。但孔孟與耶穌、釋迦不同，因耶穌、釋迦乃教主，而孔孟則不然。

如我們要立志做一科學家、史學家、文學家或教育家，我們首先不能忘記我們是人，必須站在人的立場去獲得知識來為人類服務。若脫離了人的立場，則所有一切均成泡影，全無意義。要了解中國的文學，必須了解中國做人的道理，因中國文學的最高理想，要將自己最高的人格溶化在自己的作品中，要使作家與其作品合而為一。故不了解作家，即不易了解其作品之最高最深之境界。若只求了解一篇篇的作品，而不去了解作家的人格，那麼我們不能洞曉其作品所涵眞實的意義。如或有某作家的作品，不需通過瞭解作家本身的人格，而便能予以全部把握，則那些作品在中國人眼裏至多是第二流的。

如屈原與其作品是溶合為一的，若不了解屈原其人，便不能了解其作品。這種作品才是第一流。至於如宋玉，其作品雖美，可是我們只了解其作品即可，並不必去了解宋玉之為人，故其作品最多只是第二流。又如陶潛、杜甫、歐陽修、蘇軾，直至近代如曾國藩等人，其詩文都是基於其人格而成，其人格均能表現在其作品中，我們若不了解他們的人格，就無法了解他們的作品；這才是第一流作品。如水滸傳、紅樓夢等書之作家究竟是誰，知與不知，並不影響到我們欣賞這些作品上，所以它們只算是第二流的。中國人常把小說、戲曲都列為第二流的文學，就為這個原因。

歷史是人事的記載，史實以人物為中心，所以不了解人，即不易了解歷史。尤其中國文化，特重人文精神，如二十四史等書皆以人物為中心，其體裁特別重在列傳。因人可以支配歷史，而歷史並不能支配人。我們讀歷史，必須懂得歷史裏的人物，能品評其人格之忠佞賢奸，邪正誠偽。若不了解人物，則無法了解到歷史。即如岳武穆、文天祥、史可法等，我們當知並不是因他們為國而死，才成為這樣的人；而是因為他們是這樣的人，才會碰到這樣一個死的機遇。

人之生死，只是一個機遇，機遇仍在人之選擇。他們之死，才顯示出他們的忠直誠正。這是一個主動的表現。他們可以不死，因為機遇可由人自己作選擇。故中國人講歷史，主要在人物精神，所以學歷史必須知道做人的道理。中國人講教育，常言「身教勝於言教」。所以我們與其說孔子是一位教育思想家，不如說他是一位教育家。從這裏可以看出身教和言教的分別。身教是以身作則，用人格來教人格。教育家的一切思想言論，只是他人格之表現，他的主要價值不在其思想言論，而更要在其背後的人格。中國之品論文學，不重其文章，而重在作者與作品之合一。講歷史不重其事業，而重在其人格與事業之合一。我們不了解一人，亦不能了解其教育精神與目的。如孔子、孟子及宋、明諸大儒，他們全是以自身人格來發揚他們的教育精神與目的的。所以不了解中國的做人道理，就不能了解中國的史學、文學、教育、人生和全部文化精神。這是我們中華民族文化中特殊的地方。所以說教人做人的道理是我們文化的中心思想，這叫做人文修養。

在易經上說：「觀於人文以化成天下。」今天所用「文化」「人文」兩名詞，雖從英文譯來，然而這觀念中國自古已有，不過與西方有些不同。何謂人文？曰：「物相雜謂之文。」所以文就是一種花樣，如黑白相雜便成了花樣；若只是純白或純黑，則無所謂花樣。中國人講有天文、地文、人文，如男女相雜亦就是花樣。因男女相雜才化合成夫婦，為父母，有子女，這就是物相雜，即是一種人文。老一輩人與晚一輩人相雜化合，即可產生新的，今之天下即是經化合而成的天下。大而言之，時空相雜遂形成今日的社會。用中國話說，即一經一緯，而織成了人群相處的文采，即謂之人文。人文也可說即是世綱。說到空間，人易懂，如這是臺北，那是臺南。但說到時間，便不易把握，如何時才有此日月潭、此小學和此文史年會。雖然今天是在這日月潭的國民小學來舉行文史年會，可是這三個形成的時間是不同的。猶如同長在一個園林中的樹，也是歷史不同，年代不同。在這種各個不同的情形下織成了一個世網。人羣社會中之形形色色，因於時間不同，空間不同，複雜多樣，我們稱之謂文化，這是包括著很多東西的。這即是人文，因複雜而化合。經於複雜之交織化合而又成了新物。

什麼是修養？如修剪花朵枝葉、培養泥土等。一顆花種，生出花苗後，需要慢慢培養修剪，才能長出一朵合意的花來。做人亦如此。天地生人，單獨的人沒有意義，沒有價值。於是男女老幼、民眾政府交織形成了世網。若把今天這個年會擴大來講，便可以把整個世界都牽上。換一面講，若非整個世界的化合，亦無此年會。人一定要進入社會才成人，因此必要在人羣中做人，若脫離了社會便不成為人了。故人定要二人以上相雜，才能做人。中國提出「仁」字即二人，所謂「相人偶」。中國人講做人道理，最基本的是要人參加進社會，在人文中修養他自己，成為一「人文化成」的人。西方講人文乃是針對宗教而言，因宗教最大目標重在死後人可接近上帝因而得救，於是反過來主張人文主義；其所講重要精神並不與中國相同。中國講做人的道理，一定要把人與人配合起來才能做人。如果你死了，但在社會上還有因你之化合而所成的新的你保存。所以中國人注重的是後世，不是天國。要言之，脫離了社會的人，不算是一個人。

請問跑進社會以後如何做人呢？當然，如做老師、做公務員等，不能一些花樣都不做而單獨說要做個人。所以要做人，便須做社會上的人，進而做歷史上的人。天地所生之人只是一「自然人」，入了社會以後做的人，才是社會的人，歷史的人，才是「文化人」，即是人文修養之人。

但是要怎樣做社會的人、歷史的人呢？我國文化主要精神就是要教人如何做人。我們今天講講做人的道理，並非說別人要做個什麼樣的人，我要做個什麼樣的人；這不能分開講。現在所講，只是全人類做人的道理，只是講人如何做人，便該在人以外更沒有條件。這一切是無條件的。與教育程度的高低，人的貧富貴賤等都無關，而只是就全人類中每一人如何來做一個人講的。只要他是一個人，就應該在社會上做一個人，也就可在社會上做一個人，不需任何條件的。有知識的要做一個人，無知識的也要做一個人；富貴的要做一個人，貧窮的也要做一個人；不管男女老幼，富貴貧賤，只要是生而為人，就要做一個人。而且人格是要一貫下來的。從幼到老，從生到死；因此不能說待我到某階段了，才來講做人。我們要講做人，是要每一個人都要做的，通貫古今，在每一個地區和環境下都要做，不受時空限制。而這一個理想又是人人須做而又永遠做不到十全的。就因為永遠做不到十全，所以要人不斷地去做。這就是中庸所說：「極高明而道中庸，致廣大而盡精微。」

試問我們做人應從何處開始呢？孔子曰：「弟子入則孝，出則弟，謹而信，泛愛眾而親仁。行有餘力，則以學文。」弟子就是青年人。孔子這番話就是要我們在一切條件下做人，從頭一開始便講究做人。人總有父母，總有社會，做人惟一的條件，便是要在你以外再有人，其他便無條件了。但是為何要這樣去做呢？就藉孔子那句話中「泛愛眾而親仁」的「親愛」二字來看。你若有一個親人、愛人，你心裏一定喜悅。你能以親愛之心待人，你自己一定很高興。人家以親愛待你，你也會很高興。所以親愛是人心之所欲。難道天下有不要人親愛的人嗎？孝弟只是親愛的別名而已。這既然是人心之所欲，人為何不去做呢？苟非人人心之所欲，又如何能勉強人人去做呢？故中國人教做人，開始只要能「從心所欲」，做到家，仍還是「從心所欲」，再沒有更易的工夫，更高的境界了。故孔子曰：「七十而從心所欲。」孔子一生修養到最高境界即為此從心所欲。然而從心所欲是一件最容易而又最困難、最淺近而又最高深的事，同時也是最普遍而又最個別的事。

但一個人每為要「從心所欲」而走上不能「從心所欲」的路，到處碰壁，不開心。這是因為不知從心所欲的方法所致。什麼是從心所欲的方法呢？孔子曰：「吾道一以貫之。」曾子釋之曰：「夫子之道，忠恕而已矣。」朱子注：「盡己之心之為忠，推己及人之為恕。」盡自己的心，如要睡則盡心的睡，要吃則盡心的吃，只有自己的心能替自己做主，自己才能把握住自己，自己的心才是自己的主人。我們進入社會，到了一個複雜的世網中，我們應該「不怨天，不尤人，下學而上達，知我者其天乎」；你不要在一切外在的條件上怨天尤人，你要從最根本處做起，從你初生做小孩時的那一顆心的根本處做起，才可上達到最高的境界，這時則只有天知了。所以學做人，須從自己的心上做。孔子是「七十而從心所欲不踰矩」，要「從心所欲」而「不踰矩」才是，若踰矩則不能從心所欲了。這個「矩」還是在我們心裏，做事違背自己的良心還是不能有矩。因規矩在人心中，故心之矩即天之則。這法則照宋儒講，這是天理的流行；用宗教語言來講，這是上帝所給的心的法則，即是上帝的法則。這法則給了我們就是「心矩」，就是「天德」。下學而上達，是要從根本處學起而直上達天德。宋人稱之為「天理」，與「天理」相反的是「人欲」。「天理」的內容只是人心所欲而不踰矩，「人欲」亦是人心所欲而踰矩了。人心之欲，想這又想那，但必須有一矩。所欲只在矩中，就是天理了。故人欲和天理並不是相違背的，而且是一體的，只要不踰矩就行。

人總有一死，若想長生不死，這固然是踰矩之欲；但若如讀書過火，吃飯過火，休息過火，尋樂過火，亦都是踰矩；結果因過火而生了病，終生愁死，反而早死，都是違背天理所致。所以要從心所欲不踰矩。矩在心中，是「人同此心，心同此理」的。人皆可以為堯、舜，滿街都是聖人，能做到矩在心中時，也就是天人合一之時了。

今試問如何認識此心矩呢？這也很淺近，只自己心下覺得快樂即合心矩了，若心下不快樂則總有毛病。凡一切事皆不能過份，不用求快樂，只要求合理，合理則自然快樂，才能理得心安。這不是講思想，也不是講人生哲學，只是學做人的道理。這道理只在於躬踐實行，只在學。

孟子曰：「魚我所欲也，熊掌亦我所欲也。二者不可得兼，舍魚而取熊掌者也。生亦我所欲也，義亦我所欲也。二者不可得兼，舍生而取義者也。生亦我所欲，所欲有甚於生者，故不為苟得也。死亦我所惡，所惡有甚於死者，故患有所不辟也。」岳飛、文天祥都死了，其所欲之義則至今尚存。人的生命是總要丟掉的，但需要選擇一丟不掉的東西。眼前有很多路，但得你自己挑一條去走。故人需要立志，用自己的心去選擇一下。取捨之間尤見志。人之求學相同，但「志」不一定相同。在一取一捨之間，建立起自己的志，然後再從志去學。孔子曰：「吾十有五而志于學。」這「志于學」就是孔子立志去學做人的道理，這是中國文化精神的中心。希望諸位能立志求學，做一個中國理想的標準人。

（一九五九年二月臺北青年文史年會講演）

四　當仁不讓

從前孟子說過：「徒善不足以為政，徒法不能以自行。」這是說我們有了一套好的理想，儻使不能展布出一套制度來，那項理想，便不能在政治上實現。但若我們僅有了那一套制度，而沒有人來主宰斡旋運用行使，制度是死的，也無法由制度本身來推進。在政治上，制度與人物互相為用的精義，遠在兩千幾百年前，孟子早已如此般揭示過。

孟子這番話，乃從歷史經驗來。周公制禮作樂，開西周一代之治平，良法美意，維持著幾百年。下逮孔子時代，卻全不是那麼回事了。所以孔子說：「人而不仁如禮何，人而不仁如樂何。」孔子所特地提出的這一個「仁」字指人之德性言。此種德性，至少要有良心，有勇氣，才當得孔子之所謂仁。人若昧了良心，缺了勇氣，縱有好制度，也將無奈之何。上舉孟子的話，即從孔子意見引伸而來。後來中國儒家，遂有「有治人無治法」之說。這可謂是中國人之傳統意見，一向重視人勝過其重視法，即是說：制度雖重要，而人物更重要。這一項傳統意見，實有長時期的歷史經驗作它的根據。

直到最近一百年來，中國人看到近代西方的民主政治，認為他們的制度，遠勝了我們的；認為我們只要學習到他們那一套制度，一切問題也都解決了。但流弊所及，過分重視了制度，而忽略了制度背後的人物，忽略了作為人物骨幹的德性，忽略了作為一個人物所必需具備的良心與勇氣。中國儒家一向重視對於人的德性方面之教育之傳統意見被棄置，人的德性逐步墮落，儘在制度上求改變，甚至鬧革命。似乎民主政治急切也不見有速效，人心思變，一轉身遂到極權政治的路上去。從辛亥革命以來，這五十年，種種擾攘動亂，不能不說，太重視了制度，而忽略了人物與德性，這一偏見，也是一項主要的因素。

這裏牽涉到知識問題，牽涉到我們對西方政治的瞭解問題，牽涉到東西雙方歷史記載的異同問題上。西方歷史記載，主要以事為主，以人為副，人物的活動，只附帶於事變之演進中。此種歷史體裁，略當於中國史書中之「紀事本末體」。至如西方之傳記體，並非歷史正宗，又多以一個特出人物作主體，作中心，而擴大及於一時代，及其牽連相關之一羣人。因此中國人讀西方史，容易注重在其事變上，而忽略了在此事變背後之人物；又容易注重某幾個特殊人物，而忽略了其他一般人物之重要性。至於中國歷史記載，傳統上最主要的方式，總求將歷史上每一事變儘量分寫在有關此一事變之一切人身上；不論此人物之是成是敗，而人物在歷史上之重要性，則躍然如見。此即中國史書中之「紀傳體」，被認為中國之正史。此種史體，卻是最富民主精神。歷史由於人造，但歷史乃由人之羣體所造；特在此羣體中，某些傑出人物，所佔分量尤重大；然亦非少數傑出人物，能違離羣眾，而創出此一時代之歷史。中國此種歷史記載之內在精神，正合於上舉孔孟儒家傳統之精義，而惜乎為近代中國智識分子所忽略了。

我最近讀到美國新總統甘迺迪所著榮獲普立茲傳記文學獎一本書的中譯本當仁不讓。我認為此書卻極合我們中國人當前所需要，值得來推介給國人。甘氏此書，記載了美國歷史上八個人物，都是參加美國參議院的，論其在歷史上之表現，好像都僅是一枝一節，其姓名有些並不為我們中國人所知；即在美國，也並不即是第一流的大人物，說不上旋乾轉坤，震鑠寰宇；也不就是精金美玉，無瑕可摘。然而我們從甘氏此書之八位人物，他們的志節操守，意氣事業，細細讀來，卻可瞭解美國的民主政治之透進一層的內涵與意義。使我們瞭解到我們要學步西方政治，不僅是一項理論上，一番制度上，一部憲法上，一套程序上；而在此理論制度法則規程之外，更要者還在其人物上，還在其人物之德性上，還在運使此項制度與法規之人的良心與勇氣上。孟子所謂「徒善不足以為政，徒法不足以自行」，這是一項普遍公理，東方西方，都無可自外。

甘氏此書，固不重在討論政治，但有意要瞭解西方民主政治制度的人，此書不可不讀；固不是一部正式的史學書，但要瞭解東西歷史文化異同的人，此書也不可不讀。甘氏此書，只是一部人物傳記，而且是偏在一個門類中的少數幾位並不是第一流傑出與成功的大人物；然而人物之德性與事業，則可以不限時地，不論大小與成敗，而有其共通合一之意義與價值的。因此即在我們東方社會，縱使對政治無興趣、對歷史無研究的人，對此書仍當一讀。尤其是青年人，讀此書可得無上鼓舞，無上激勵，得無上的啟示與振作。

甘氏此書描寫人物，有其極成功的兩點。第一點，他能對每一人之某項活動之對於歷史與時代之關係重大處扣緊落筆，使讀者能了然明白到此一人之所以成為時代人物與歷史人物之所在。第二點，他能設身處地，把此一人在當時之某項活動中從其內心深處所藏有之種種刺激與顧慮，壓迫與憤懣，清晰剖示，曲折傳達，使讀者能明白到此一人之所以卓然成為一時代人物而在歷史上有其不朽價值者，在其人之內在的德性上，必具備有如是之基礎，與如是之磨練。甘氏書之主要價值正在此，而其筆力生動亦足以達，使讀者能在無意中受其激動與感召。

甘氏新任總統，尤其是美國史上最年輕的一位總統，而出身膺受有關世界全人類當前禍福所繫的艱鉅重任；彼平素之抱負與學養，亦可在此書中約略窺見。歷史以人物為中心，而人物必受歷史之考驗。此刻之甘氏，正已站在歷史時代中心，正在挺身接受此時代之考驗，故凡關心甘氏之為人，及其事業前途者，披讀此書，當必感有一種異樣興趣，可以循誦終卷不疲。這亦許是譯此書者之一番用意吧！

（一九六一年一月今日世界）

五　回念五四

歷史上的事件，應該即就歷史本身之演進來認識，來批判。五四運動到今已有三十二年的時間了，讓我們從此三十二年的歷史演進來回頭認識三十二年前的五四運動，再來加以一些批判吧！

我們一提起「五四運動」，便要聯想到當時所謂的「新文化運動」。本來從鴉片戰爭、五口通商以來一百多年的中國史，古老的舊文化開始和歐洲文化相接觸，直從曾、左、胡、李，中經孫中山、康有為、張之洞、梁啟超乃及嚴又陵一輩人，可說他們全都有意無意或激或隨地在主張來一個新文化運動的；然而新文化運動的正式口號，正式旗幟，直要到五四前後才成熟，才確立。我們應知五四前後的那一番新文化運動，並非平地突起，而實有它幾十年來的醞釀與淵源的。只是任何一種文化運動，不能和它已往的傳統相隔絕。文化本身，即是一種傳統性、歷史性的，若完全否定了傳統，擯棄了歷史，即無異否定、擯棄了文化之自身。最可惜的，是在新文化運動以前，那一段醞釀時期，並沒有對自己以往傳統有一個較清楚的認識。新文化運動的口號要「重新估定一切價值」，正為在先幾十年沒準備，沒基礎，在倉促的短期間，何從來重新估定一切價值呢？於是重新估定轉變成一概抹殺。

讓我舉兩個例：吳稚暉主張「把線裝書丟毛廁裏」。胡適之說：「中國文化除卻太監、姨太太、女子裏小腳、抽鴉片、打麻雀之類以外無他物。」這些話，在當時本未經審慎考慮，亦並沒有堅強的理據。然而這三十年來，卻不能說這些話在社會上沒有發生相當的影響。

中國傳統文化既是一切要不得，則中國的出路，自然只有全盤西化。西化無疑是新文化運動一個題中應有之義，然而說要「全盤西化」，這談何容易？不幸而西方文化自身發生了分裂，於是中國出路，更見徬徨無主。陳獨秀是當時新文化運動一員大將，他開始走歸共產主義的路。到晚年，又主張實施共產主義不能不兼顧民主政治。這依然徘徊在美、蘇歧路上，依然是兩眼向外，沒有一個顧到自身的心魂。照理，新文化運動，該是要求一個自己文化之再生，並不是要先扼殺自己，再把別人的精靈來借屍還魂。今天的中共，若平心把此三十年來的歷史回頭細看，不能不說他們仍在依照著五四前後新文化運動的大體目標而前進。至少可以這樣說，若使沒有當時一番新文化運動，共產主義在中國，斷不致蔓延得這樣快。

今天的中國問題。歸根說來，還是一個思想問題。換言之，還是一個文化問題。若使中國已往傳統，眞個一切要不得；若使線裝書眞個該丟毛廁裏；若果中國的出路，眞個只有全盤西化；則專心一意追隨馬、恩、列、史，比較還不失為一條較近情的路。因為中國既是一窮國，如何能模倣英、美？禁止讀英文，大家來學習俄文，至多也不過是五十步與百步，你不能說中國人只該學英文，不該學俄文呀！至於中國文字之該廢棄，則早在新文化運動時已有人竭力提倡過。我只惋惜自鴉片戰爭以來，以至辛亥革命的一段期間，沒有替新文化運動好好做一番準備；而新文化運動卻已為今天的中共盡了陳勝、吳廣的驅除工作了。

我們若要正本清源，還該重新提出五四前後新文化運動時的舊口號，來重新估定其一切價值。對已往舊傳統，還得有個再認識。再認識為的要我們此後文化之再生。在文化再生中，少不了要容許西化，卻不能說要全盤西化，更不是一面倒。若此下不能有一個自己的文化再生，則仍只有倒向外面。要倒向外面，則只有一面倒。所以說，當日的新文化運動不啻為今天的中共打先鋒，這是一個歷史事實，不容我們來否認。

然而五四運動畢竟和新文化運動有別。「五四運動」主要是一種民族復興意識之強烈的表現，「新文化運動」則是一種自我文化之譴責與輕蔑。照理，民族復興，必與文化新生相依隨、相扶翼。文化是民族之靈魂，民族是文化之骨骼。二者同根同源，無可劃分。對自己傳統文化極度譴責輕蔑，這是民族精神之衰象，決不能與要求民族復興的強烈意識同時並壯。中國近百年史，所以只成為一段悲苦紛亂的歷史，正為在民族復興意識強烈要求的主潮之浮層，有此一種對自己傳統文化極度輕蔑、極度厭棄的逆流來作領導。遠從太平天國起，其底潮顯然是要求民族復興，而其浮層則是天父天兄，把西方耶教淺俗化，來推翻自己全部傳統文教。這一番失敗教訓，直到今天，仍未為國人所認識。

今天中共政權，所大聲疾呼的第一件事，便是要一面倒，要向馬、恩、列、史表示信仰。不信仰馬、恩、列、史，便算不得中國人。毛澤東之所以為毛澤東，就在其對馬、恩、列、史之信仰。馬、列是上帝，史太林是天兄，毛澤東依然是一個天弟。你要信仰天弟，自然不得不先信仰天父天兄。你要希望中國民族抬頭，也不得不先盡忠效死，讓共產主義祖國蘇維埃民族先抬頭。蘇維埃抬頭，才始是中國民族之抬頭。馬、恩、列、史得人崇拜，才始輪到毛澤東連帶得崇拜。太平天國是耶教之淺俗化，今天的中共，卻把馬、恩、列、史神聖化。在中國大革命潮流奔放直前的今天，第一要務先要輕蔑中國，輕蔑中國傳統，把近百年來中國史上要求民族復興的強烈意識無情扼死。卻不知正因為在中國社會潛深底層，有此一股要求民族復興的強烈意識之伏流，才肯跟著來推翻一切、打倒一切。等一切推翻了、打倒了，擺在我面前的，已不是我自己，而是一別人，而且不是一像樣子的別人，還是我自己的醜態在替別人當小丑，當下作。洪秀全由此失敗，領導新文化運動的巨子們也由此失敗。除非這一百年來中國民族復興意識的強烈要求忽然消散，否則高抬著馬、恩、列、史的神像來領導這一百年來要求民族復興大流的，仍不免要失敗。這又是一個歷史事實！

我對中國近百年史，不能不悲觀。而對中國不遠之將來，則依然將樂觀。正為此一百年來的中國，雖然歷盡艱辛，而此一番強烈要求民族復興的深在的底潮之奔放直前，始終沒有停息，而且似乎愈來愈有勁了。一切失敗，全在領導者，不在支撐者。領導者儘管眼光向外，支撐者永遠精力內在。太平天國的支撐者，是一輩下層民眾。五四運動乃及新文化運動的支撐者，是一輩青年學生。今天的中共革命，是民眾與青年合流了。中國正在黑暗與腐化中，上層的，中年以上的，捲進黑暗與腐化，與為一體。打倒黑暗與腐化，即是打倒了他們自己。所以推翻與打倒，只有寄託在下層與青年。然而下層與青年需得領導，其本身只是一響應者、支撐者。只要領導勢力不能與此支撐勢力走歸一路，支撐者可以轉身支撐別一個。領導者失卻支撐，勢必失敗。中國近百年史裏的下層民眾與青年知識分子，便是代表此一股民族復興意識的強烈要求之潛伏的主潮。然而他們各有其自身之弱點。中國下層民眾，絕大多數是散漫的農民，不易動。青年學生易於集合，又富血氣，然而又太易動了。而且農民趨於守舊，青年知識分子偏於喜新，二者又不易合。共產主義是外來貨，只有外來貨可以救中國，已成為近代中國智識界之共同信仰。共產主義號召的是下層民眾，是勞苦階級，於是青年智識分子與散漫的農民在此一點上接觸了，結合了，那得不產生絕大的力量？然而他們的內心是純潔的，是眞為著中國民族復興而始效死努力的。而共產主義者的信條，則國際超越了民族。更不幸的，是共產主義者之祖國，卻明明是民族超越了國際。今天中共的勝利，與其說是他們思想之勝利，政治之勝利，無寧說是他們軍事之勝利。軍事勝利，則正為其能動員了中國北方純樸天眞的、數以千百萬計的北方農民，爭先效死來奮鬥、來衝鋒。當知並不是為馬、恩、列、史，亦不是為爭取個別自身的經濟權益，他們內心深處，實有一番一百年來民族復興的強烈要求之眞力量。然而他們的領導者——中共卻決不承認。一旦軍事勝利有把握了，他們立刻宣佈，這是受了史太林指導。中國北方農民高興地在唱「中國出了一個毛澤東」，但他們的領導者中共，現在明白告訴他們，在毛澤東之上，還有一個「親愛的太陽」與「親愛的鋼」的史太林。當共產軍隊開入北平城，宣示他們得意的勝利時，在最前列的還是大砲和坦克；他們已忘了北方農民為他們拚死打游擊時眞實的貢獻。他們的內心深處，依然兩眼向外，一心西化。他們的怯弱淺薄處，尚不在其信仰馬克斯，而在其信仰馬克斯之後，必然應該信仰列寧，更在其信仰列寧之後必然應該信仰史太林。更在其認為必然應該信仰史太林而受其指導，始是中國惟一的出路。這不能不說是他們的怯弱與淺薄，其根源則全在自我輕蔑與自我取消。因此他們最近又宣佈了要訓練三百萬國防軍，而這些國防軍是要全體改穿蘇俄軍服的。北方農民軍隊並不是穿了蘇俄軍服而始獲得他們的勝利，但他們的領導者，內心怯弱，認為今天勝利了，他們將要像樣的幹一番，如是則不得不叫中國軍隊開始穿著蘇俄軍服。最先是中共分子散入農村，學他們的扭秧歌腰鼓舞；今天勝利來臨，要像樣子幹了，便開始在農村遍設「中蘇友好協會」，恨不得叫全國農民全來學俄文與俄語。扭秧歌與腰鼓舞據說已在沒落了。同樣道理，在中共分子用種種動聽的宣傳來鼓動青年們加入他們隊伍時，並不坦白宣傳馬、恩、列、史；但到把握到勝利之後，卻翻過臉來要他們嚴正地學習馬、恩、列、史的理論和思想。試問當時全國青年擁護中共的，是不是早知在擁護馬、恩、列、史呢？這是當前的歷史事實，在中共自身，不應該不明白。他們高呼一面倒，並不是倒向農民，並不是倒向青年，並不是倒向一百年來這一股推動中國歷史前進的、要求民族復興的強烈意識之潛藏在中國人心底裏的洶湧大伏流，而依然是倒向西方，倒向民族意識之自我取消與自我輕薄。依然是隨著那條浮層的逆流而前進。農民與青年代表的是五四精神，他們的指導者中共所代表的是新文化運動的精神，這並不是一回事。有時合，有時仍得分。這是三十年來的歷史事實。我們仍盼擔當指導中國前進的中共分子，應該徹底認識這一段歷史。除非中國近代史從此變質，除非這一股要求民族復興的潛深大流從此乾涸，否則中國史仍將走它自己要走的路。就中國歷史之根深柢固而言，中國民族終有一日大踏步走上這條路。在這上，是依然不許我們抱有絲毫悲觀餘地的。

（一九五〇年五月民主評論一卷二十二期，筆名蔡寬。）

六　青年節敬告流亡海外的中國青年們

青年節快到了，我因中國學生周報編輯人的美意，許我乘此機會向我們可愛的中國青年，尤其是可同情的、此刻流亡在海外的中國青年們，掬誠地說幾句我想說的話。

中國是一個有著四五千年長期的優良文化傳統、光榮歷史積累的國家。但同時又是在這近百年來，外面受盡屈辱和壓迫，內部不斷動亂和災禍的國家。但直到最近，這一個多災多難的中國，依然在世界上有其舉足輕重的地位，而成為各方重視的一個焦點。

這幾層，我想凡是一個中國青年，都該先知道。而所不幸的，今天我們可愛的中國青年們，若許我坦白直率地說一句，實在對於以上所述的幾個大綱目，似乎還模糊；沒有能在我們可愛的中國青年的心裏，獲得鮮明而正確的認識。

不容諱言，今天中國的青年們，對自己祖國已往的歷史傳統和文化精神是模糊了。由於模糊而輕忽而誤解了。今天流亡在海外的中國青年們，似乎無不同聲一致，反對這幾年來中共大陸政權對自己祖國歷史文化之刻意摧殘和存心曲解。那是一可喜的現象。但試問：一旦大陸變動了，我們重回大陸，我們對自己祖國已往的歷史文化，把什麼的態度、什麼的意見，來糾正此刻大陸的種種措施？來重新宣揚自己祖國歷史文化種種內涵的意義，以及種種實際的過程呢？

想到這裏，不由得我坦白地說一句，此刻流亡在海外的中國青年們，實在對我們祖國已往的歷史文化傳統，還是非常模糊。而且恕我再進一步說，此刻我們流亡在海外的中國青年們，似乎在其內心還未痛切地感覺到，我們對祖國已往歷史文化之模糊，是一件要不得的事。

我敢竭誠正告我們這一代可愛的中國青年們，尤其是此刻流亡在海外的中國青年們，一個國家的青年，無論如何，對他祖國已往歷史文化是該有所知的。不知你祖國自己的歷史與文化，你就不配算做這一國家的青年！

固然我們該原諒，何以我們這一代的可愛的中國青年們，對自己祖國已往的歷史與文化，會如此般模糊而輕忽呢？這正因近一百年來，我們祖國對外受盡了種種屈辱和壓迫，對內又受盡了種種禍亂與災難，才使大家對祖國的文化和歷史，逐漸發生了懷疑而遂加忽視的。但我們該知道，這一百年來的屈辱和壓迫、禍亂和災難，又是從何而來的呢？我們若眞想知道這些內在的因緣，我們還該向自己的歷史和文化去追求。譬如你生了病，你該檢查你的身體全部，你該反省你以往的生活。那能因為是病了，便把你身體看輕，便把你以往一切生活完全棄置忽忘了的呢？

我們這一百年來的屈辱與壓迫、痛苦和災難，使我們對祖國已往的歷史和文化輕視了。而且激情所動，有些人還加以怨恨。但我得告訴我們可愛的青年們，即看我們當身所直接知道的歷史事實吧！

在全世界，這一塊中國的土地，在全世界，這一羣中國的人民，不還是在世界舞臺上，乃佔據一席位，仍扮演一角色，而且還有它舉足重輕、受人注意的一個力量、一番作用嗎？

才過去的中日戰爭的一幕，我想我們這一時代的可愛青年們，都該知道吧！對此且不詳說，讓我們來講一講目前的事實吧！自從我們大陸赤化了，一面倒向蘇維埃，不正掀起了世界的大風暴，引動了全世界人的矚目和關心嗎？我敢正告我們這一時代可愛的中國青年們，這正是我們祖國已往歷史文化的一種潛在力量在背後鼓動呀！我試問你，我們如何能挺身而起，抗禦了暴日，為世界人道和平爭勝利？我再問你，我們如何能為虎作倀，輔助了蘇聯，為世界黑暗殘忍增聲勢？從表面看，這是絕然不同的兩回事。但若我們仔細一深究，便知這是同一種力量，那便是中國的力量；也即是我們祖國四五千年長時期的歷史文化所累積的力量，還在我們這一代中國人身上，才始發揮出這樣的作用呀！

說來也慚愧，因於我們不瞭解我們祖國已往歷史文化的眞情，因而也像不再信我們自己有什麼力量和作用了。我以前時常聽人說：中國那能戰勝日本呢？這是依賴了美國人的幫助呀！我此刻又時常聽人說：中共怎會有今天的模樣呢？這是接受了蘇俄的指導呀！外國人不承認中國人本身有力量、有作用，這且不說了。我敢正告我們這一時代的可愛的中國青年們，你們畢竟是中國青年呀！難道你們也不再信中國人本身可以有力量、可以有作用嗎？若你們仍然肯信中國人本身還是有力量，還是有作用，你們便該知，這一番力量，從前用之於抗日的，現在可以用之來赤化。你們更該知，共產主義傳播到中國，便會在世界舞臺上掀起這樣的大波瀾。於是你們更該知，我們將如何般來善用我們這一番力量呀！說到這裏，自然要牽涉到全部歷史和文化的問題。你們卻千萬不該說：今天中國大陸的一切，全只是蘇維埃共產主義之宣傳和組織呀！好像一切力量和作用，全該歸罪或歸功於列寧與史太林，這你們的意見和想法，不還和毛澤東一鼻孔出氣嗎？

目前正有一問題，招惹了全世界人的興趣。大家問，毛澤東是不是也會變狄托呢？這一問題之焦點，讓我先指出，中國並不是南斯拉夫呀！中國問題該從中國求解答。有人這樣說，狄托尚且不願全部接受史太林指揮，難道毛澤東肯全部服從馬林可夫的意旨和命令嗎？我想這問題不是如此般簡單。我們要解答此問題，我們該瞭解中國人，我們該瞭解中國的國民性，我們更該瞭解當前中國大陸如何會走上赤化的全部歷史之經過，與其內在涵蘊的意義。這才算瞭解了今天的中國。於是毛澤東變了狄托便怎樣，毛澤東不變狄托又怎樣？也全可以有答案。這一切的一切，卻全該瞭解到中國的文化和歷史。

可愛的青年們！你們不自認為是中國的青年嗎？你們不也想像到將來新中國旋乾轉坤的主人翁便是你們嗎？你們不也相信，將來中國的前途，你們總該有一份的責任，也該貢獻你們一份的力量嗎？可愛的青年們！讓我竭誠先告訴你們一句話，你們該對已往祖國的歷史和文化先有所瞭解呀！

我並不絲毫存心菲薄著你們。你們對祖國已往的歷史和文化，實在是模糊的，而且是輕忽的。惟其由於輕忽與模糊，所以你們對祖國已往的歷史與文化，如有所想，多半是屬於空想的。如有所解，也容易是陷於誤解的。

我總信，要做一個標準中國青年的話，總該對中國有所認識和瞭解。因此對中國已往的歷史和文化，不該長此模糊與輕忽。然而話說到這裏，卻使我對此刻流亡在海外的一輩中國青年們，抱著異樣沉重的同情。

你們是知道的，此刻困陷在祖國大陸的青年們，他們正在強力的壓迫和陰險的誘惑下，追隨著的那批所謂共產黨，加緊摧殘祖國的文化，狂妄改造祖國的歷史。因此，保留祖國文化、宣揚祖國歷史的一番大責任，在眼前，不得不專放在我們此刻這一輩流亡在海外的可愛的中國青年們的肩膀上。然而，讓我們放眼靜觀這現實的環境吧！

可愛的中國青年們！可同情的我們眼前這一群流亡在海外的中國青年們！我瞭解你們的責任，我更同情你們的處境。但我敢披肝瀝膽，向你們說一句我所永遠想說的話。無論如何，你們總該對祖國已往歷史文化求有所瞭知，眞有所瞭知呀！

可愛的青年們，請你們平心靜氣地體察一下我這一句的忠告吧！

（一九五三年香港中國學生週報三十六期）

七　在現時代怎樣做一個大學生

大學生活的主編人，要我在大學生活創刊號上寫一篇文章，而且希望我寫的題目是「如何在現時代做一個大學生」。我自己想，我在大學教課，已整整二十有五年，目前仍然守我的舊崗位；我這下半世生命，可說永遠與大學生們相親處，我應該義不容辭，據我所知，來寫這一篇文章。但我眞要動手下筆，卻不禁使我躊躇。我自己又想，若是我減輕了四十年，讓我今天也來做一個大學生，我該如何做？我這樣設身處地般一想，卻使我不敢下筆了。

我自己是一個沒有幸福做一個大學生的人，回憶我向前四十年以來的心境：我曾如何懇切地希望知道一些大學生的生活呀！起先是我的中學同學和與我年輩相若的相識人們，絡續進入大學了。以後是我的一批批的小學生，他們也絡續地進入大學了。以後是我自己，僥倖跑進大學教書，有一大批大學生來當我的學生了。從二十歲後起，我一直對大學生生活，抱著無限熱情的注意。每逢一位大學生，有機會和他們談話，我總會詢問到他大學的教授們，以及關於課程，關於大學中的各項講演、活動，以及大學生的理想、心情，和其他的一切。我雖沒有眞享受到大學生生活，但也算參預了大學生生活了。

我回想在我這四十年中，所知道的一般大學生的理想、抱負、心情、興趣，以及大學生活之一切，實在是不斷地有著巨大的變化。最先，每一青年，只要一腳踏進大學的門，那時，是何等地自負、自信，何等地高自位置，似乎認為救國救民，立功立業，全是他們的事。那時的大學，正好像一大龍潭，羣龍無首，都潛伏在那裏，一朝飛龍在天，霖雨蒼生，舍我其誰。但似乎那一種想像，逐漸地受到挫折而黯澹了，逐漸地，一般大學生，都轉移目光和心思，來打量他們大學畢業後的出路、職業、為私人謀生作準備。出路問題橫梗心頭，而平添了許多苦悶。那時的大學，又好像是一大工廠，工廠裏生產過剩，出貨不一定能推銷；而每一件貨品，不幸的是各帶一心靈，它們能在自愁銷場。

待我親身跑進大學裏教書，那時的大學生，心境更複雜，更苦悶了。九一八事變之後，尤其在北方，身當其衝。我當時正在北方大學教書，那時的大學生，不僅要愁自己出路，更會愁到國家民族整個的出路。不僅在愁貨品推銷不到市場去，而且會愁到整個市場之存在與不存在。而那時的大學生，好像自己總是一件貨品般，他們前途的命運，都像不由自主，一切需看市場情勢和推銷員之宰制和擺佈。

不久之後，大學變成了流亡集團，大學生變成了流浪者。那時的大學生，心情又劇變了，我們上火線呢？還是留在講堂裏？縱使留在講堂裏，也天天嗅到火藥氣，聽到砲彈聲，而且逐漸的饑餓逼來；前面縱使有遠景，也無心情去注視，他們所急迫地要關心考慮的，是每天眼前的局面了。

那一些流亡集團，好容易回復安定下來，譬如千里行腳，一旦重見家園，但讓不得你稍作休息。內面是家徒四壁，什麼也沒有；外面卻人聲喧嚷，好像有一大羣暴客，隨時在打進你屋來。那時的大學生心情，眞是變得又厭倦、又空洞、又惡劣，似乎對自己命運，乃及前途出路問題等，已然一切顧不到。

其次是我們目前的第二度流亡時期了。目前的大學生，本已是在流亡中長大，在流亡中開始受教育，而仍在流亡中走進了大學。過慣了流亡生活，他們的心情，已不知道有所謂安定；正如生下便帶著病的人，不知道健康是什麼。而且饑餓的壓迫更沉重了。有些還有一個家，有些則隻身流亡，連家都沒有。說到遠景吧！似乎在我們此刻眼前的遠景，較之十年前抗戰時期更模糊、更黯澹。世界分著兩個，國家也分著兩個。流亡的天地，更狹小、更侷促。有些尙是流亡在本國的疆土，有些則流亡在異國統治下的疆土了。

不錯，我們是希望有一批理想的大學生，來支撐、來挽救我們不遠將來的局面。然而要求有理想的大學生，也該有些理想的條件供給他。他該有一個理想的家庭，他該有一個理想的社會，他該有一個理想的國家，乃至有一個理想的世界。他也該有一段理想的中小學教育過程，又該走進一個理想的大學。目前是一切都不理想，卻單希望他們能做一個理想的大學生，那是何等的苛求呀！因此，眞要我來為這一題目，教一輩靑年們如何來做現時代的一個大學生，我只有躊躇擲筆，四顧而歎，叫我從何說起呢？

然而理想總得是理想。愈是在不合理想的現實狀況下，愈該有理想。我總還是應該向我們現時代的大學生，說幾句理想的話。我先希望讀我文的大學生們，莫先怪我只在高論空談，不顧現實！

首先我希望，當前的大學生們，應該懂得鄭重寶貴他眼前所獲得、所享受的那一份自由。孔子說：「後生可畏，焉知來者之不如今也。」我常愛向接近我的青年們來述說孔子這一節話。馬克斯也算是一個了不起的人，然而若使在馬克斯的青年時期，也同樣受著此刻在信奉馬克斯思想的那一半世界裏，受著不許青年們有自由思想的教育；則在當時，斷然不會產生出一個馬克斯。難道這世界，自有馬克斯降生，此後便不再會有另一像馬克斯的青年出現嗎？因此，教育是必然應該自由的，因教育的對象是青年，我們若要尊重青年的前途，便該尊重自由主義的教育。而大學教育才是到達了眞該盡量發揮自由主義的教育精神之階段。我敢敬告我可敬愛的當前的大學生，你們既是在自由世界裏走進了大學，你們那能不鄭重寶貴你們當前所獲得所享受的那一份自由？

如何珍重我們這一份自由？首先該珍重我們各自的前途。如何珍重我們各自的前途？至少不該專以謀求職業和解決私人衣食生活來作為進入大學唯一的目標。若是專為謀求職業和解決私人衣食生活，那麼，極權政治下的教育者，正在向你們招手，說：來吧！你該獻身大眾，為大眾服務。我們必然替你安排一職業，謀求一出路，你將來私人的衣食生活，再不用發愁了。而且還替你裝上一塊好招牌，說你在為大眾服務。這眞是一塊金字招牌呀！他們唯一條件，只要你肯出賣你自己的自由。換言之，則是出賣了你自己的前途。你今若自己限定了你自己的前途，說：我只要謀求一職業，僅圖一身溫飽便夠了。你既早把你自己前途抹殺乾淨，試問你尙要此一份自由作何用？還不如肩上那一塊金字招牌，對你像光榮些，你還可自掩己醜。這是我們當前的大學生們所最該鄭重考慮、鄭重思索的一問題。

「後生可畏，焉知來者之不如今。」世界人類一切前途，全依靠在後生的青年們。若後生的青年們，將來的成就，永遠不得超過這一代，而且永遠只能在目前這一代的已成局面下，挨進一身，揷進一足，爭取一職業，來滿足他一身的溫飽；試問：那樣的社會，前途何在，希望何在呢？難道大學教育的意義與功能，是即此而止了嗎？

我說到這裏，或許大學青年們會問我：你既不主張大學生注意他們自己將來的職業和出路，那麼，你所說的大學生前途，又是什麼呢？我想這一問，才是我所要提醒我當前可敬愛的大學生們之唯一要點了。在我想，只有撇開一個人的必須遇到的職業和出路問題之外，才始有他眞正遠大的前途，才始會眞感到他自己當前那一份自由之可珍重。否則，若專在職業問題上用心思，當知在這上，根本並無多大自由可言，也並無多大的自由須爭取，也將不見得所謂後生之眞可畏。社會上各項職業，都現成安排在那裏，只待青年們各憑機會去投進。大學裏各門課程，各項知識和技能，也都現成安排在那裏，只待青年們各憑匆匆的大學四年光陰去修習。到那時，各自拿著一張大學文憑去社會求職業，難道便是大學教育之使命，便是大學青年的前途嗎？

我所說的大學青年之前途，在我想，也不是憑空不顧現實的一番高論和空談。我想最應顧到的現實，莫過於大學青年之本身；最應付以理想的，莫過於大學青年將來各自的前途。只要當前的大學青年們，在這大學四年光陰中，各自莫忘了他自己本身，各自能對他自己將來前途，有一番懇切的認識與努力；只要當前的大學生們，各就自己那一份耳聰目明、年富力強、後生可畏的本身去努力，應該有一番理想前途的。只要當前的大學生們，將來各有他們一番理想前途，則一切將會連帶著有前途。

昔宋儒張橫渠有言：「富貴福澤，將厚吾之生也。貧賤憂戚，庸玉汝於成也。」當前的大學生們，富貴福澤，似乎說不上。貧賤憂戚，正是當前大學生們一幅十分恰切的寫照。這或者正是天降大任，要來玉成這一輩青年的理想前途的。我只有貢獻橫渠先生此語，來為當前大學生們祝福！

然而青年總還是青年，大學生也總還是大學生。我勉強來寫這一篇文章，我只有為當前那一輩可敬愛的大學生們抱無限之同情，我仍只有擲筆躊躇。我更深切地希望負責當前大學教育，乃及關心當前大學教育的各方人士，來共同為這一題目，共同為當前的大學生們，貢獻他們的同情與解答吧！

（一九五四年香港大學生活創刊號）

八　關於提倡民族精神教育的一些感想

教育與文化週刊社擬出「民族精神教育」專號，來信要我也寫一文章。茲事體大，未敢於冗忙中輕易下筆，又承函催，不得已姑就一己感想，作一番直率的拉雜談。

竊謂提倡民族精神教育，決不是要把自己民族孤立脫出於並世各民族之外，抱殘守闕，關門自大，遺世獨立。所以要提倡民族精神教育者，乃為求把自己民族投進於並世各民族之林，釋回增美，革舊鼎新，爭取自己民族在現代世界潮流下，並駕齊驅，得一平等自由之地位。

晚近數十年來之教育精神，因於急求後一希望，過分排斥前一趨嚮，乃至認為凡屬提倡民族教育，便是抱殘守闕，關門自大，遺世而獨立。於是為要並轡前進，卻先跳下了自己的馬背。既覺步行趕不上，再自刖毀了雙足。為慚動抬不得，更求自刎以洩恨。儻有另一騎，把此殘廢之軀，弔懸在他馬屁股後，拖帶顛簸而前，他卻沾沾自喜，認為是「附驥尾而行益顯」。其實則別人的馬跑得愈快，那懸掛在馬屁股後的人，他的生命危殆的程度，亦將以正比例而增。

在此種心理與風氣下，來談民族精神教育，實在難言。竊謂且莫論精神，一切教育，起碼工具仰賴於文字。而我們這數十年來，對於本國文字教育，無可諱言，是每下愈況了。

從本源上下工夫，國家應積極提倡，使後起國民中才性相近的有志青年，肯埋頭從事於本國語言文字之研究，由語言學，而文字學，而文章學，分途精研；而尤貴有一貫精神，且先專注重在教育意味上，使大學校有理想的國文系，然後中學校可得理想的國文教員。中學有了理想的國文教員，小學也可有合水準的文字訓練。此是提倡民族精神教育一最先的要求。

為求應急起見，應從現在小學、中學中之國文、國語教員身上著眼，加意讓他們有進修之機會。不在這上面注重，只想漢字簡化，只求提倡白話文更能通俗，只想如何能把文字文體變了，好讓通國人民，不費心，不化力，大家能一旦豁然貫通；竊恐古今中外，難期此神蹟之出現。

國文教育之外，繼之應注重國史教育。所謂國史教育者，決不是要通國學生，都能爛熟二十四史、九通那一堆繁浩的史籍。但既做了這一國的國民，決不會不關心到他本國已往的歷史。我們儘忽略了自己的歷史教育，但全國人民，卻依舊整天滿口在談歷史呀！譬如說：中國二千年來是一個封建社會。這不是已成為一句全國流行的普通話了嗎？但我問：誰曾從二十四史、九通那一堆浩繁史籍中來歸納、來證實、來確定了這一句話的呢？

又如說：中國學術思想，二千年來定於一尊，我們要追上現時代，便該打倒孔家店。這不是在學術界，在言論界，在一輩較高級的智識階層，還是不少人抱此觀點，不憚煩地，一而再、再而三的在提到此項主張嗎？但此仍是一歷史問題。試問誰曾在浩繁的史籍中，真能指實此定於一尊的說法呢？

誰能確實指明那所謂孔家店的後臺老闆，和那店裏批發經售些什麼貨色呢？

學校教育不注重歷史，但禁不住全國民眾一開口便談論到歷史。難道只有中國歷史可以不學而知的嗎？

現代的中國人，好像都認為中國史可以不學而知，因此他們想進一步，希望中國文字也可以不學而通。再進一步，則是希望可以不受中國教育，而做一個合格理想的中國人。

我們既不能禁止中國人開口便講到中國史，我們只有對中國史提倡研究，莫使謬種流傳，來妨礙中國一切可有的進步。這一層，正本清源，依照目前情形論，也仍只有由國家來在最高的研究所裏培養對本國史有深造的後起青年，使大學校有理想的中國歷史系，循次來改進中小學的歷史教育。

歷史知識之成為一空白，且不論。更可怕、更可惋惜的，目前的中國人，已不知道中國的疆土和地理。我兩月前，曾在九龍公共汽車上，清晰聽到我後面座位上，一位年近二十歲的姑娘和一位三十左右像太太模樣的，因開一信封而爭辯。那位姑娘說：「寫了蘇州，不必再添寫上海，因蘇州是一省，上海是蘇州省一市。」那太太模樣的說：「你錯了，只有江蘇省，沒有蘇州省，而蘇州只是上海市之一城。因此大家寫信，都寫上海蘇州的。」繼此還有許多辯論更可笑。她們口齒清利，儀表文雅，應該是也受過教育的。那是兩位中國人，竟可說是比較代表優秀的、中上階級的中國人，而她們講話，又是江、浙口音呢！

中國歷史，有人會嫌其太長了，史籍太浩繁。中國地理，我想或許會有人嫌其太廣大，太費記憶了。不知有否辦法，也像簡化中國文字一樣，把中國地理也簡化了。有人主張索性廢止中國字，改用羅馬字拼音。不知也有人可能想出廢止中國疆土、改用外國疆土的辦法呀！

一家的子女，記不得自己家裏死去的父和祖，那不說了；但不應該不知道他家庭現有的臥房在那裏，毛廁在那裏，廚房在那裏，大門在那裏呀！

本國的文字，本國的歷史，本國的地理，那一些教育，說不上「民族精神教育」，但說到「國民教育」，總該注意到這些上。我們究竟要不要國民教育呢？

我們大家說，我們中國是一個落後的民族，一切應該向外國人去學。但至少，中國文字、中國歷史、中國地理，這三項，目前尚不到定需向外國去學的階段。縱已有此趨勢，恐怕也得等一時。若使我們認為此三項科目教育之重要，至少國家應該積極提倡，在本國自設的研究所裏，加意培養這三項之繼起人才；在大學校，加意整頓這三項的課程標準；由大學影響到中學而小學，使各級學校，都有對此三項勝任愉快的教師。

目前的情形，一般中學校，都由國文教師來充教歷史，又由歷史先生來兼教地理。但大學國文系，選修人數，決不能比外文系。外文系若有一百名，中文系最多得十名。而且優秀青年多喜歡進外文系，無系可進則派進國文系。因外文系畢業，可以出國留學，有前途；國文系畢業，任其自漂自沉，自生自滅，誰也不理會。試問聰明俊秀，稍有遠志的青年，那肯自陷此冷宮。一般情勢已到如此，還有人一聽到「民族精神教育」那題目，準會痛心疾首，聲色俱厲，來冷嘲熱諷的。其實又何必打死老虎？我們也不如卑之毋甚高論，且談一些「國民教育」的好。

今天要談國民教育，已不是一件輕易的事。主要在政府當局肯決心來提倡，來培養後起人才。我們且莫認為國民教育不重要，大學教育才重要。且莫認為大學教育不重要，留學教育才重要。本文作者，是不幸而沒有受到大學教育的，當然更沒有享受到留學教育。但幸而是在幼年時，還受到一段在我當時的國民教育，那尚在前清時代，國家尚未注意到大學教育和留學教育的時候。但那時國民教育的師資，實在比此後強了不知多少呀！那時是前清的舊社會，不知新教育，但為國民教育卻不知不覺早安排有許多好師資。此後五十年，越講教育，越懂得注重大學教育和留學教育了，但國民教育的師資卻愈降愈低了。正因為國家的新政策和社會的新風氣，似乎對這基礎的國民教育太忽略、太輕視了。

目前再要來談國民教育，那時舊社會替我們安排的那批人全老了，死了，沒有了。我們得自己來再安排。這就非從大學校和研究所培植起。三年之病，求七年之艾，也只有耐心此七年。

師資是第一，除卻師資，一切是空談。現有的師資，如何設法讓他們再有進修；繼起的師資，如何加意從頭來培植。尊師然後可以重道，師嚴而道尊，試問我們如何來尊嚴這些師資吧！

我們要講究民族精神教育，前一步應注重國民教育。我們要注重國民教育，應該看重中小學裏的擔任本國文字、本國史地的先生們。如何扶植現有的，如何培養新進的，如何鼓勵他們，如何誘導社會上一部分的聰明才智肯向此一途而努力，這已不是一件容易的事了。再拖一些時，在國內大學裏，將選擇不到能擔任本國文學、本國歷史和本國地理出色當行的教授。大學缺了此幾門，中學小學再也無法在此上有希望。

就本文作者個人經驗講，在大學校擔任中國史，也有二十年以上的時期了。在十年以前所編撰的講義，此刻上講堂，無法講。甚至在二十年以前在中學任教時所編撰的講義，此刻在大學講堂裏，有些仍感無法講。猶憶在對日抗戰時，有一位大學同事親口對我說：「像我們這四十五十的人，此後十年二十年，儘可不再讀一本書，儘可不再求一些長進，那一碗大學教授的飯，還得讓我喫。因現在的大學畢業生，在此後十年二十年間，再也趕不上我們。」

其實那位教授的話，只說準了一半。因到外國留學的，仍可把外國大學的新智識、新發現，帶回中國來，勝過老教授。只有教中國自己東西的，即如上舉本國文字、本國史地之類，還沒有可到外國留學的，便眞要像那位教授之所想了。而眞可怕的，是待我們這一批打不破飯碗的人逐一老了死了，而這十年二十年內，再也沒有來繼續喫這一碗飯的人。這並不是我菲薄後生，實在是這學術界幾十年來的大趨勢如此，誰也無可否認呀！

如何扭轉這趨勢，改換這局面，此刻不再留心，此後會更難措手的。我自問我上面這些話，決不是存心頑固守舊，或是抱殘守闕，說是提倡中國舊文化，來反對新教育、新智識、新潮流。更不是因我讀了幾本中國書，希望全國聰明才智，都鑽進那一堆所謂早該扔進毛廁的線裝書裏去，來乞媚於所謂塚中之枯骨。實因為中國人急切間仍將是中國人，中國教育也無法不仍將是中國教育，而中國文字和中國史地的人才，又急切間無法也向外國留學去造就；因此，心所謂危，不得不言。至於如何著手，則在我個人，已是感到茲事體大了。若忽視了這一現實情況，而驟然來高談「民族精神教育」，就我私人言，更感其有無從說起之苦。因而拉雜陳其所感，以待教於關心教育之通人。

（一九五五年六月教育與文化七卷十二期）

九　敬告中華民國的青年們

一

敬愛的青年們，我有幾句話要直率的告訴諸位。中國文化已緜延了五千年之久，但「青年」一名辭，中國古人向不運用。只唐宋詩人詠詩偶一用及此兩字，但亦僅一二見，非常用。中國古禮，男子二十而「冠」，女子十八而「笄」，謂之「成人」。女子成人，始可出嫁。男子成人，在國家為壯丁。農家則受田百畝而耕，又需出當兵役，或衞護國都，或戍守邊防，或保安鄉土，隨時更換。工商業壯丁亦當充兵役如農民。換言之，長為一成年壯丁，即是國家一正式公民了。

今天我們所謂之「青年」，此一稱呼，不知起於何時，大抵不過在百年上下，為時不久。或者是日本人開始用此一名稱，而中國人亦加沿襲使用。此一語應是由西化而來。不如言子女或國民，多見其與大羣相關係。中國文化是一種「大羣」文化，與西方「個人」主義不同。你是一中國人，你的一切稱呼應在大羣中與他人有關係。如子女，或兄弟姊妹，乃及如鄉人、如國民等其他稱呼，豈不表示出你與他人的關係嗎？有了關係，便見出人與人間的親疏遠近、上下尊卑的種種分別來。今稱「青年」，便都不見和他人的關係了。所以「青年」二字，只是一獨立的、平等的、互不相關的一種稱呼。而中國人一切稱呼，則必表示出他和人羣中的相互關係來。故知青年二字應非一中國稱呼。日本人接受西化早過中國，故疑青年一語最先或源於日本。

抑且此「青年」一詞，並非由國家法律訂定，乃亦無一定的年限，究竟從那一年起到那一年止，纔稱為青年呢？直到現在還是沒有一明確規定的。或有人說，青年應該是指十五六歲到二十五六歲的一段時期言。儻使如此，便不該再有舊式冠與笄的分別，否則便自相衝突了。是不是冠與笄是古禮，現在再不沿襲了呢？這事是仍該由公家明文來加以規定的。又如中國古人用「壯丁」二字，即指男子二十而冠以後言。今言青年，是否壯丁二字亦歸廢棄了呢？

論語孔子言：「吾十有五而志於學，三十而立。」我們今天儻定十五歲到三十歲為青年，似乎差近情理。但青年二字是指一切人言的，並不是指學術界少數人言的，這又不對了。而又十五以前當呼為童，不得稱青年。三十以後已得為人父母，也不得稱青年。故我們今用「青年」兩字，亦應以十五到三十為期，庶乎較為恰當。現代社會上對「青年」兩字太過尊重了，甚至到了四十歲，還得稱青年，那是萬萬不妥當的。中國人是最講究長幼之節的，今使十五六歲和四十歲的人同稱青年，這又如何來講究長幼之節呢？

青年的年限決定了，卽自十五到三十，青年的義務與責任呢？這就難說了。依照中國慣例，二十以後為成人，二十以前為未成人，這十五到二十一段未成人時期也稱青年，那就有許多問題難解決了。若待二十以後始稱青年，則所謂青年直自二十到三十的短時期，又豈不與「成年」二字相衝突，也就沒有必要用此一名稱之理由存在了。此一名稱徑用西方語來說，應稱「年輕人」，則比較妥當適切的多了。

二

我此下試另用一番意義來說。中國古書中庸上說：「天命之謂性，率性之謂道，修道之謂教。」我們一個年輕人，同樣由天命，同樣有一天賦之性，這似乎是人盡相同的。其實則人與人間，卻有其絕大不同處。試以我來說，我生於清代光緒的乙未年，那年正是中日甲午之戰以後，中國把臺灣割與日本的一年。則那時生在臺灣的，豈不生下便為亡國奴了？這是何等不幸呀！諸位遲生幾年，今已為一中國的臺灣人，那又是何等幸福呢！我又要告訴諸位，儻今年諸位中尚未過十五歲，或今年是始生的嬰孩們，卻又是莫比的幸福了。因當今世局大變，以後更要變，愈後生愈幸福，那眞是一言難盡的。所以當前的青年，和以前的青年，以及以後的青年，時代不同，卽天命不同，運氣不同，還有種種大相異處。我們該如何各自做一好青年，人人各盡其職，那又何可一語而定呢？

生在這年的，和生在那年的不同。生在這地的，也和生在那地的不同。同是一青年，而時地不同，卽職責和幸運又各不同，那又何堪用幾句話來道盡呢。

現在我要告訴諸位青年一句話，諸位今天是臺灣一青年，不僅與日本、韓國乃及世界其他各地一青年有不同，卽與臺灣前一時代後一時代之每一青年亦各有不同，我們為此時代此地域一青年，該如何好好般善盡職責，便該有一番「修養」、一番「學問」。但如何般修，如何般養，該向何人去學去問呢？這一問題是我此刻要敬告各位的。儻我們不把青年的期限指劃分明，此一問題將更難回答了。

三

我們的至聖先師孔子說過：「三人行，必有吾師焉。擇其善者而從之，其不善者而改之。」當知我們生在此社會中，不是可以獨立為人的。必有他人同居為羣，乃得好好做一人。人有好壞，不怕不識貨，只怕貨比貨。只要三人同行，除我以外，尚有兩人，便好把此兩人作一個比較了。這件事，那人對，那人不對。這句話，那人好，那人不好。只要把此兩人一比便知了。我只是學那好的，不要學那壞的，豈不那兩人全成我師，全由我學了嗎？但你的學，只該從做人的道義上學，卽知我該如何，和不該如何。卻不該從做事的利害上學。你該知學他為人便好，學他為人便不好，那就夠了。不要想學他做事我有利，學他做事我有不利；如此學則不好的。所以學只是學是非好壞，不是學利害得失。這是最要一分辨，最要一問題。你一問自心便自知。此在中國人謂之「義利之辨」，即是非之辨，亦即做人高下之別。儻你連此也不知，只懂如此則我佔便宜得利，如此則我要吃虧不占便宜，那就只在做事的利害上打算，不在做人的是非上計較，那你就太不天真，不像是一青年，我也無話再對你說了。

或說，你謂「青年」二字非中國原有語，今我國名「中華民國」，「民國」二字不亦非中國原有語嗎？我說君言誠是，中國人觀念，國之上尚有一「天下」。則天下的語言，並非一國之內即不能用。但創造中華民國的孫中山先生，是道地十足的一位中國人，他可稱是中國近代的大聖大賢。他有「三民主義」的講演，首先第一講便是「民族主義」。儻我們今天的青年，都能道地十足的尊重孫中山先生的民族主義所講，成為一個當前中華民族的理想青年，那豈不是國家民族一大幸運所在嗎？我請我們當前的青年，把我此言，其善加思量體會之。

（一九八七年十月八日中央日報邀稿，報社刊載時改題為「及時作青年」。）

一〇 青年的責任

——與青年書之一

諸位可愛的青年們，從這一期起，我將借著中央月刊的篇幅，連續和諸位作長期的公開通信。首先我將介紹我自己，和述說一些我要和諸位通信的心情。

我自七歲在私塾讀書，四年後，進入初等小學，高等小學，而中學。在十七歲那年，本該中學畢業；但那年秋天，辛亥革命起義，學校中途停輟。明年是中華民國的元年，我年十八歲，跑進鄉間一所私立小學去教書。那時的小學生，有大過我四五歲的，不少和我同年齡的。我自己還是一青年，既脫離了做學生的時期，但我仍是在青年羣中一起生活，如是者幾近十年。

脫離了小學，去教中學，又九年。在那時，我自己已漸漸進入中年期。但當時，我教的是國文科，必須兼任一班導師，日常還要和一輩青年生活在一起。

直到民國十九年，我年三十五歲，開始進到大學去任教。在那時，我已是一中年人。但我的日常生活，仍是和青年接近。如是，直到我七十歲，才開始脫離了大學教書生活。回念我一生，從十八歲到七十歲，超過五十年的長時期，在我的整段生命中，可謂是永遠和青年們相接觸。

七十歲以後，我還時常在大學兼課，但所教全是大學畢業生，在研究所修讀碩士學位的。他們大體亦已到了中年，有的已結婚，生下子女。我和青年們接觸的機會，於是愈來愈少。

我自己在青年時，雖已靦顏為人師，但總抱著兩種心情。第一，我不願強不知以為知。如在課本上，教青年要孝父母，我自己問：為何為人子者必該孝，又該如何般孝？我自己不懂其中道理，如何隨口教人。我自該先自明白。如此，卻領導我走上了一條讀書做學問的道路。

第二，我不願做一口是心非或只說不做的人。如在課本上，教青年要立志好學，我常先問自己；我究竟立了什麼志，我是否也好學？我不該只在口裏說，不在身上行。如是我便常常奮勵自己，把教導青年的話回頭來教導我自己。

因此，我雖從十八歲起，便脫離了學生生活，不再有師長教導我；但一輩青年們，他們雖是我學生，同時也像我師長般。至少，我只當和他們是同學。古人說：「教學相長。」我正是受此益處。逮我進到中年，總算自己也不斷有些長進。不僅在學問方面，同時更是在做人方面。

我進到大學，大學青年雖和中學青年有不同，但其為青年之可愛則一。青年人最可愛處，在其心地純潔，還未入社會，少習俗沾污。又未有其他牽掛，無家累，無職業，充滿身心，只是一番活力。尤其是正值國家多難，只有青年們，感受最敏銳。他們能有一番眞誠，肯向前，肯出力，肯以天下為己任，肯先天下之憂而憂，肯後天下之樂而樂。我常和他們接近，亦能時時激起我心熱忱。使我亦追隨著他們，把我個人心情，常更多寄放在國家民族當前大問題上。我雖已在中年，而且逐漸走向老年，但我自己感覺到，只要常能和青年們接近，常處在青年集團的氛圍中，聽其言論，感染其意氣，也會時時啟發我的豪情壯志，使我身上原所自有的一番青年氣息，不至於遽爾消散。如入芝蘭之室，久而不聞其香。我正為自己五十多年來常和青年接近，使我心上還時時保有一些青年氣息。我雖無他長，只此尚堪自己幸慰。

然而話雖如此，又得說回來。我日斯邁而月斯征，年歲不饒人，在我究已老去，尤其在我脫離了青年羣之後，我實在更感到我易老易衰。回念以往，我常和青年們在一起，我也自懷有一番志嚮，一番抱負。而今老了，什麼成就也沒有。當時是「高山仰止，景行行止」，雖是巍峯插雲，我也常想盡力攀躋。然而此刻，則迤邐陂陀，此身實不啻仍在平地上。古人云：「少壯不努力，老大徒傷悲。」只把我現身說法，正是一眼前好例。當時如何般指導青年，如何般自勉自勵，此刻只落得一場空話，眞是感慨萬千，不堪回首。適因中央月刊社編者出了一個題目，要我來連續寫一些對青年們的公開信，在他們月刊上發表，引起了我五十多年來心中無限的蘊蓄和幻想。我雖年事已邁，歸入了老年隊伍，從此將和青年們日隔日遠；但藉此一題目，正可使我雖不能在軀體上有返老還童之望，但在心情上、精神上，仍得和我心上所眞誠感到的當前可愛的青年們有一番無形的接近。這事在我未來生命中，正如打了強心針，補充新血液，不僅喚起我許多回憶，抑且將增進我無限生氣。在我自然十分高興來嘗試接受此工作。

現在我將撇開自己個人，來回憶到我這五十多年來所親身處在的這一個時代，正是我中華國家民族歷史上前所未遇的一個大時代。我常想，我中華國家民族在此一時代，正如一葉扁舟飄蕩在茫茫大海之上，四面是波濤洶湧；要求渡此險惡，到達目的地，正是一萬分艱鉅的時代。須得我國人全體發揮無限智慧，無限精力，來同舟共濟。此刻則仍在此大海上，波濤則依然險惡，更需要我們緊密團結，掌穩羅盤，努力登上彼岸。諸位可愛的青年們，這是一個科學技術突飛猛進的時代，也是民族意識覺醒的時代。我個人以往的全部生命，雖在此一時代中過去，我自問對此時代，分毫無所貢獻，但總是在此一時代中獲得了我自己一些經驗。我此一些經驗，在今天來從頭訴說，或許將會對我當前的一批可愛青年們，增加一些警惕，供作一些參考。讓我們當前的一輩可愛的青年們，更知當所從事，來繼續努力，向前猛進，為我們國家民族打開一條眞出路，到達一番新境界。若我此下幾許公開信，能在我此一想望之下獲得千萬分之一的效果，在我是何等地堪以自慰，堪以自足。

此一時代，讓我坦白直說，乃是一艱危的時代。在此時代中誕生的青年們，也都遭受了可悲的命運。五十多年來，我眼見一批批青年，在他們的內心，無不抱有一顆愛國家愛民族的至誠赤心。退百步千步講，至少每一青年們，無一不對自己有愛心，無一不為自己謀出路。而且每一青年們，無不具有一番活潑的新生力，一番發掘難盡的新智慧和新能耐。大家都在說，時代的新使命，和時代的新希望，將擔負在青年們身上。而青年們也都能勇敢地來接受此使命，努力此希望。我也可說，在中國歷史上已往各時代中，我們此一時代，比較上可算是青年最活躍的時代。在今天，我們已被視為老年人的，或是已成了歷史古人，離此世而去的，在當時，都曾以一青年而躍現到社會上層，有過不少驚人的作為和活動。我們只稍一研究民國現代史，我們說此時代乃是一青年時代，當不為過。然而居今思昔，此一時代，固是一艱危的時代，也不能不說是一多變的時代。在此以前一批批的青年，他們在此時代中，固已各有表現，各有影響，然而總結一句，到頭仍是一無所成，還要待我們繼起努力。此一時代中前輩的青年們，只留下了一個未打開的局面，未解決的糾紛，沒有給我們一個安定的基礎，亦未給我們一條平坦的路向。古人云：「前車之覆，後車之鑒。」此刻要待我們當前的一輩青年們，來重新踏上從前將近六十年來一批批青年們所走的艱危之路，而終於要開闢出一條康莊大道，渡過難關，重履平夷，此則成為當前一輩青年人的責任。「時代考驗青年，青年創造時代」。證諸史實，絲毫不爽。今天我們若就人事論人事，一時代的艱危，而應該由此一時代人來負責渡過；所以我們絕不該捨卻人事來責怪時代。然則我們當前一輩可愛的青年們，一面是責無旁貸，一面卻該把此一時代中已往的一批批青年們作借鏡，庶可勿蹈覆轍，另創新趨。

由我個人說來，我也是此時代中已往的幾批青年中之一員。居今思之，一無成就，一無建樹，上無以報國家與民族，內無以自慰我自己在青年時期一番志嚮與願望，下亦媿對後起青年。豈敢以前輩自居，自負要作青年導師，來說空話，發高論。但痛定思痛，在我此五十多年來汗顏為人師之一番生命過程中，終不能說自己更無一些經驗，可為後起青年們，即當前的青年們，坦率直告。我決不敢說我自己乃是一匹識途之老馬，告訴青年們說：「來我導夫先路。」但我縱在迷途中，亦得向後來者報一聲「此路不通」，或說「前途艱危」，好為後來繼起青年有所警惕。這是我此下要和當前青年們連續通信一番真實誠懇之心情所在，當先求我可愛的青年們瞭解，則我此下說話，比較容易獲得青年之相說而解，至少希望能避免許多應可避免之誤會與反感。

我雖虛度一生，但我也是在教育崗位上牢牢履守五十多年。我至少自己認為常與青年們接近，能瞭解得一些青年們的真情實況。更要是在我前半段的教師生活中，在小學、中學任教，對未成熟的前期青年們，瞭解得更多。猶憶在那時，正是我們社會激起掀天揭地的大震盪之際；人人皆知的「五四運動」、「新文化運動」，接續而來，那時我正在小學教書。繼之而起的，是國民革命軍北伐，定都南京，完成統一，那時我是在中學教書。說來慚愧，那兩時期，正是我們此一時代中青年躍起，在社會上發生大活動、呈現大作為之時期。但我只是在小學、中學教書，不曾參加進這些活躍。待我進到大學教書，那時正已是渝關事變，及九一八淞滬抗戰，而下至於七七事變。在此以前，正為國家社會常在極度震撼中，一輩熱心人士，似乎有感於社會上大多數的中年老年人，不夠力量來應付此局面，遂大聲疾呼，要刺激青年人起來共同負荷此大任。但我在小學、中學，深知在我四圍的青年們，有此熱忱，此是青年之可愛處，而實是無此能力，正該栽培。青年人有青年人的崗位，青年人有青年人的前途。青年們的責任，應在其將來，而不在其當前。不該捨棄目下求學好光陰，來從事種種與學校無關之活動，要他們負擔起應由中年以上人該負擔之巨大責任。在我亦只是愛護青年，希望他們來作後備隊，莫要他們來作先鋒隊。國家民族前途遙遠，青年們眼前的責任在研究學問，充實自己，以備將來蔚為國用。任重道遠，應該在他們的將來，不該提前把大責任加在他們身上。在當時不知曾化了我多少唇舌，多少心血，來勸導青年們安心向學。然而外面的呼聲，那麼響亮，那麼激動；青年們熱血滿腔，那有不躍躍欲動之理！而且還有人看此形勢，存心利用，不止一方面，乃有多方面，想望能擁有青年，利用青年。青年們涉世未深，又加上此種種複雜，誤入歧途，從此失足。不僅於國家民族無補，抑且更加以大禍大害。最兇惡的，自然是當時的共黨。直到我在一九四九年避難逃到香港，那時我親身教過的中學生乃至小學生，他們並未進過大學，但很有在共黨政權中擔任重要職位、重要工作的，至此才暴露了他們的姓名和身份。他們在學校時，也曾對我盡了他們所應有的一份愛心和敬意。在出了校門以後，還有和我不斷來往的。他們該明白知我一向反共的意態，但他們還是對我有懸懸不捨之意。在他們或許也希望我一天有轉變，但我則對他們暗地裏的活動，竟是懵然無知。這也是一種成年人和青年人中間的隔距，為造成此一時代悲劇之一因。

逮我進入大學，接觸到的是已成熟的青年們。有些人的激情偏見，我雖知其是被利用，而非眞實本心要如此；但欲加勸喻，較在中學更感困難。尤其在抗戰時期為益甚。我的日常言說，縱或在大多數中立的游移不定的青年們心上，也曾發生些少影響，然而大勢何補！我有心無力，只自苦痛。若說青年是時代的新血，時代的柱石，我輩服務教育界，正是肩此重任，應來領導青年走上正軌，使他們終成大器，將來為國家之棟樑，來善盡他們的責任。但我不敢不老實說，我們自民國以來此一時期四十年來的教育，實也未能盡責。而我始終在此崗位上，最輕的說，也是一員素餐者之自鋤其口而止。

良心譴責，焉得不自知媿負。到今天，卻還要來對青年們說話，寧不覥顏。但有許多話，卻終是如鯁在喉，不得不一吐為快。

至少，在我想來，時代犧牲了青年，那亦是現代之史實。在往時，凡我所接觸到的那一批批的青年們，到底是熱血滿腔，勇往直前，不畏犧牲，本意是為著國家民族之前途，而存心要奮發有為者占其絕大多數。我直到今天，回念往昔，我仍對當時一輩青年們，抱同情，願加體諒，不忍多有所責備。然而今天的青年們，所負責任，實較以往更重大，更艱鉅。若說要來領導青年，我早已在上文坦白交代過，我自知非其選，不勝任。而中央月刊社編者，卻出此題目來督責於我。我所以不曾一口拒絕，也已在前文有交代。我只願趁此機會，說我心中所蘊蓄的一些老實話，來和我當前的可愛青年們，作幾番家常式的閒談，吐露我一番對自己、對青年、對國家社會之種種歉疚。在我將盡量力戒，不說門面話，不說空洞話，不發高論，不作過激之談，不使偏鋒，不尚意氣。若使青年們對我此一番心情有諒解，或許我所欲言，對當前的青年們，終還有些少裨益。我將馨香禱祝，以期待我可愛的青年們之反應。

（一九七〇年三月中央月刊二卷五期）

一一 愛我中華

——與青年書之二

我對臺灣青年們較為陌生，因我沒有在臺灣任何學校教過半年乃至幾個月的書，沒有和青年們有任何接觸。猶憶在一九五〇年冬初來臺灣，住在中正路勵志社，每日清晨，去路旁小館喫豆漿油條，遙見對面路上一羣羣青年，携著書包，結隊上學。我便想：我們正為在大陸失敗，播遷來此。若我們懲前毖後，在此生聚教訓，則此輩青年，不遠將來，皆將是社會柱石，國家棟樑，為我們反攻復國後擔負重建中國之大任。每一念此，不禁神往。

後承教育廳邀赴中南部在各中學作巡迴演講。一次在火車上，黃昏時，憑窗外眺，見不少青年在軌道旁步行。伴者告我：臺灣學生在家不見太陽，清晨日未出，即離家去學校；傍晚回家，則日已西落。此一情景，益增我之遐想。只要教育有辦法，國家民族光明遠景，豈不如在目前。

此等回憶，距今已逾二十年。臺灣教育日益發達，學校數、學生數，不知較之往年增添了幾許倍。當時道途所見，此刻都已脫離學校，在社會各方面服務，青年轉成了中年。只要他們每一青年時期不曾浪費，社會應獲幾許進步。固然臺灣此刻較之二十年前進步甚大，但理想亦豈僅止於此。我們總希望百尺竿頭，更進一步，則今日的青年們，豈不應更自策勵，更自奮進。

在今日的青年們，或許對當前社會，亦抱有許多不滿。當知此等不滿，正是今日青年們責任所在。正待他日投身社會，能再改進。孔子說：「焉知來者之不如今。」正待一批批青年們不斷有進步，社會亦將隨之有進步。社會所望，正在青年。苟使青年無望，則此社會更復何望？

今當設問，臺灣此二十年來，青年進步，究在何處？又當問，此刻臺灣青年，較之以往大陸青年，進步究在何處？此一問題，恐難具體作答。但關心社會，關心國家民族前途者，此一問題，不能不常置心頭。即青年本身，亦當存此問題在心。「見賢思齊，見不賢而內自省」，我們不該不時時有一個比較。

我願將我直覺上所感到者，提出一些比較來，和當前我所心愛的青年們作一番閒談。

以前青年種種心情，我已在上一書中約略道過。其時社會流傳有一句話，值得我此刻提起。謂：「讀書不忘救國，救國不忘讀書。」此似在五四運動時期由北京大學蔡孑民校長所提出。但此話由當時說來，實有許多為難處。緣當時，青年們救國心切；蔡先生意，只盼當時熱心救國的青年們，不要忘了讀書。讀書求學，使他日各得成材，則救國自有途徑，故勉青年們在救國運動中莫忘了讀書。至於說「讀書莫忘救國」，則勉青年應以讀書為救國準備工夫，以救國為讀書終極目標。此兩語，可謂是雙方兼顧，斟酌盡善。

但我說有為難處。因救國是一件急迫事，又是一件艱鉅事。不是說大家一躍而起，國便得救；待救得國了，再回頭來讀書。而且眞個躍起救國，心情必然緊張，精力又要集中，尙患力不從心，那能在救國中還分心不忘讀書。而且既是一件急迫而又艱鉅之事，大家又得羣策羣力，急起直追。待成了羣眾心理，各人心情不免變質。在成年老年人，修養有素，亦難把握心情使恰到好處。以此來責望青年，救國不忘讀書，實已落為一句空話。至於讀書不忘救國，卻易使青年們在讀書時期捨棄讀書，奮發救國。兩句話終成為一句。由我私人想來，這兩句話，現在不如改為「愛國不忘讀書，讀書不忘愛國」，則青年們在一念之頃便可做到。在學校讀書，自可心存愛國。只要心存愛國，便知我此刻讀書，意義深長，責任重大，自會更黽勉以赴。

猶憶我在北京大學教書，有一清華大學學生常來我家。我雖在清華兼課，此一學生並不上我課，只為其親長介紹，時時前來。每來必在星期六彼離校回城之晚，一來必談國家大事。其人誠懇敦篤，我勸其何不多談學問，卻專談國事。彼云：「校中同學競以國事相談，我聽先生一夕話，回校乃可安心讀書。若一次不來，便感此心搖搖無主，讀書不安。」我因隨其所問，為之分析解答。久之，實不耐煩，囑其以後切勿再談此事，彼此浪費時間，又永無止境。我當時聲色並厲，他亦悔悟，謂後當力戒，非關學問，將不來我處作無益閒話。時值隆冬嚴寒，彼深夜披一羊毛巾，辭我出門，我不禁深為感動。

翌晨清早，我盥漱未畢，彼忽又來，神色倉皇。我疑動問。彼謂：「本約再不談國事。但今晨忽又有大事，我心驚擾，不得不急來告知。」我謂：「一夜間何遽有此。」彼告我：「晨起見報，蔣委員長在西安蒙難。知先生只有天津大公報，此時未至，故急前來。」於是整一上午，彼又在我家縱談此事。此後我亦不忍再對彼堅持拒談國事之戒。

此一故事，正可說明當時國事及大學青年心情之一斑。此一青年後幸未入歧途，今仍在大陸，存亡不知。

另有一故事。在抗戰中，北大、清華、南開三校文學院聯合在湖南衡山開課。時有數學生決意赴延安，諸生集草地上歡送，慷慨陳辭，有聲淚俱下者。我與清華馮芝生教授，同被邀往講話。我最後發言，力勸諸生應安心讀書，國家在此辦流亡大學，正要培植諸君為將來國家大用。南京淪陷，非即是戰事結束。武漢繼陷，亦非即是戰事結束。國家調用諸君，尚非其時。諸君在此，惟有安心讀書，始為報國惟一正途。因力斥此數人決心赴延安之非。會散，馮芝生在房中與我力爭，謂我勸諸生安心力學是正理，但不該申斥赴延安諸人之非。當時曾有某教授在座。頃某教授亦在，當亦可追憶及此。

此數人決意前往延安者，在當時是否已加入共黨，我不知。然彼輩去延安後，結果可想而知。此數人在當時，亦是感情激昂，有志救國。然在己無補，在國有害。而其為害之深且烈，則為當時嚮往延安者所未能逆料。在我此時，回念當時青年，終不能不抱一番同情之心。因是親身接觸，故覺青年終是可愛。時代犧牲了青年，青年亦就誤了時代。成此悲劇，言之痛心。

但回頭來看我們當前可愛的青年們，單就上述一點言，似與往時青年不一樣。救國狂熱不可有，愛國眞心則不可無。「生為中國人，死為中國鬼」，不僅我們每人如此；上有祖宗，下有子孫，從頭到底，莫非是「生為中國人，死為中國鬼」。如此而不愛國家，不愛民族，至少是一不仁之人。人而不仁，其他更復何論！中國文化在此方面，最所注意。幼稚在家庭，則教以孝道。知孝父母，自知愛其家。少長進學校，則教以敬業樂羣，敬學校所授之業，樂學校所處之羣，則自知愛學校。培養其愛，即所以培養其仁。中國國家民族，緜延之久，擴展之大，以有今日，惟此是賴。豈是中國為父母者，僅能多育子女，子女生齒日繁，而不知愛國家，愛民族，則益將促使其國家民族淪於萬刧不復之地。然幼稚知愛家庭，卻不可使之羣掌家務。少長知愛學校，亦不可使之羣持校務。如此則愛家適以亂其家，愛校適以亂其校。往日大陸青年，其先莫不由一顆愛國眞心出發，但其後則激而為一番救國狂熱，乃使狂熱漫失了眞心。前車之覆，近在目睫，豈不當懸為炯戒。

就目前而論，臺灣青年，此二十年來，往日大陸青年一番狂熱，似已逐漸衰退，此是可喜之象。但為青年所不可一日或無之一顆愛國家愛民族之眞心，則似亦不如往日大陸青年之顯著。此實是一項大堪警惕之現象。若我此所分析，誠屬事實，則不得不鄭重提出，使我當前可愛之青年們，各自反省，各自檢討，以求糾正。

大陸青年因於救國狂熱之激動，有一顯著風氣，即好為高論，批評國事。此風似乎初來臺灣，亦尚有之。我在十年前曾一度在美國某地，與一輩自臺出國者聚談。座上有多人肆意批評國事。余謂：「諸君來此，固是留學生資格，但同時不啻乃是代表著國家與民族。如此言論，其所影響，將遠勝過政府所派外交人員之努力。在國家民族所受打擊，恐非十萬大軍壓境可比。」即時座上有人明斥我言，謂我身分不同，故爾不得不如此為說。我謂：「諸君與我，同是國家民族一分子，身分不同何在？」此一番爭論，乃在此刻仍旅居美國某一教授之家中。目下此風，似已漸歸衰退。但狂熱退而眞心亦失。此層則不得不細為尋究。

如何能戒此狂熱而保此眞心，其間大需修養工夫。學識上、心情上，均需有修養。修養之目標，固須教者善為提撕；然修養之工夫，則貴學者各自潛修默養，非教者所能為力。此「修養」二字，乃是中國文化中一項可珍貴之傳統。可愛的青年們！當知在學校求學，不僅是求知識。求知識，亦不專在口頭上、紙片上，主要能貴有知識修養。而在知識修養之上，尤貴有人格修養，心地修養。同一日光水分肥料，加在不同之根本上，發出異樣的枝幹，異樣的葉，異樣的花，與結出異樣的果。學問知識，亦如日光水分肥料；心地與人格，則是根本。同樣的學問知識，施諸異心地、異人格，亦會開出不同的花，結出不同的果來。

若使一不仁之人，沒有愛國家愛民族一顆眞心，縱使獲得甚高學問，甚深知識，亦將對國家民族無所補益，抑且有所傷害。而人格修養，心地修養，又貴在青年時培植根本，奠定基礎。正為在青年時，各人心地純潔，外面又少各種牽纏。若在此時，即知有心地修養，人格修養，則可事半功倍。待到中年以後，心地上橫添許多污染，事業上橫出許多牽纏。到那時，始知有心地修養，人格修養，終不免會事倍而功半。中國易經上說：「蒙以養正，聖功也。」一人在童蒙時，卻反易走上一條正路。

天地生人，可貴在此。青年時期可貴，亦在此。當在青年時即可有作聖功夫。即知以正養，從此一條直路，即可作聖賢，參天地。此非隨便空說，乃是千眞萬確的一項大眞理。

如說愛國家，愛民族，即在童蒙時，一切不知，此事卻易知。如在幼稚時期，便可知愛父母。當如何愛，容所不知，但此一顆愛心，則明明白白，自覺自知。千眞萬確，絲毫不假。愛民族，愛國家，亦如此。如何般去愛，當然須許多學問知識，從外求取。但此一顆眞愛之心，則由內發出，不煩向學問知識外面去求。此一顆愛心，即孔子所說之仁。孔子曰：「求仁得仁，仁遠乎哉。」仁即在我自己心上。求取學問知識，有許多條件。如諸位不進學校，即在條件上有缺。但求此一顆眞心之仁，則並無條件。可以反身自得，可以當下即是。諸位如縱觀不入學校無學問無知識底人，在他們中間，卻儘有許多眞心愛國家愛民族，勝過我們的。此理即見，不煩多論。

據目下統計，在臺灣，近有四千所學校，四百萬學生。若能在此四千所學校四百萬學生人人心中，各具一顆愛國家愛民族之眞心，試問此項力量，此項影響，將如何般來計算？豈不是國家民族光明前途，即可在望？道在邇而求之遠，事在易而求之難。我此所提出，人人各該有一顆愛國家愛民族之眞心，此事可謂甚近甚易。捨此不求，儘從遠處難處求，此是一種顚倒。亦如緣木求魚，魚非難得，緣木求之則難。攀緣愈高，得魚愈不易。此層最須細辨。

此項眞理，固亦賴有先知先覺者提倡。但亦不定要有先知先覺者提倡。孟子說：「待文王而後興者，凡民也。豪傑之士，雖無文王猶興。」今天在臺灣，投考學校，是青年們一件甚大甚難之事。從國民中學考入高級中學，已是一大難事。今天的高中學生們，已儘可稱得上一豪傑。從高中考大學，其事更大更難。今天的大學生，眞堪稱是一豪傑而無媿。難道今天一高中學生、大學生，在他耳中，從來沒有聽過愛國家愛民族的呼聲？在他眼中，又從沒有見過愛國家愛民族的字樣？莫要是聽慣了，見慣了，亦如一日三餐，家常便飯般漠不關心。但家常便飯，一日三餐，缺了一日便會餓，缺了十日便會死。諸位可愛的青年呀！你若從不知在你該具有一顆愛國家愛民族之眞心，而把國家民族，放棄在你求學問求知識之外，則你至少早已犯上了精神飢餓、精神空虛之重病。成為一行屍走肉之假人，則猶可；若你把不愛國家、不愛民族之心情，來從事知識學問之追求，果使你他日學問有成，知識具備，諸位試思，此等人物，將使國家民族對之作何處理，作何安揷？豈不將成為國家民族一絕大的難題。

我要請諸位原諒，或許我所言太過嚴重，在諸位則早已具此一顆愛國家愛民族之眞心，在我因與當前臺灣可愛的青年們太過陌生，不甚深知。但我此一番話，亦是發於愛國家愛民族愛青年之一顆眞心。我自問無他，或可用「言者無罪，聞者足戒」之成語，來請諸位原諒。或我實是說差了，但此是我知識有病，不是我心情有過。所說知識有病，因我實不知今天臺灣青年們之眞實情況。所以不認為我心情有過者，因我此一番話，實是為愛國家愛民族愛青年而發。此層若蒙原諒，我請繼此為諸位作第三書。

（一九七〇年四月中央月刊二卷六期）

一二　自覺自強

——與青年書之三

可愛的青年們！我在第二書中曾勸諸位當善自保持各人眞誠地愛國家愛民族的一顆心。這話似屬多餘，實非多餘。人誰不知愛國家愛民族，所謂「人同此心，心同此理」，古今中外，無不皆然。所以說，把此等話來勸人，似乎是多餘。但因種種關係，不免每一人對國家民族的愛心，或濃或淡，或深或淺，或存或亡，或隱或顯。而且更有對自己國家民族意存輕蔑憎厭，迹近叛離違逆的。那亦是事實，可不舉例作證。所以說，勸人善自保持各自對國家民族的那一顆誠愛的心，話似多餘，而實非多餘。

人當孩提之時，便知愛父母，愛家庭，中國古人稱此為人之「良知良能」。但年事漸長，智識漸開，此種良知良能，卻會漸淡漸忘，有而若無。孟子說：「大孝終身慕父母，五十而慕者，予於大舜見之。」孩童自知慕父母。待到五十還能慕父母，而且大舜那時，正是受了帝堯付託，代堯攝政，掌理著天下大權，而他還能像孩提時那般，保有一片童心，一派天眞，眞是了不得。所以孟子又說：

「大人者，不失其赤子之心者也。」試問，人是大了，年歲是長了，知識是開廣了，不啻才能是增進了，但把原先自己那顆眞誠的心卻遺失了，又換來了另一個自己；那樣的人生，從某一面講，豈不會使我們感到太變幻太空虛。至少那樣的人生，也會使人感到太脆弱太無把握。連自己的眞我，也成為渺茫不可知。諸位！莫輕忽了上引孟子的那番話。當知，我們青年時，還能保持童心，不失本眞，那事乃是莫大的可貴。若我們由此以往，年事更大，智識才能更增更長，事業功名日成月就，而依然還能保持我此原始一番本來面目，一片童心，活活潑潑，像孟子所謂「不失其赤子之心」那樣的人，才算得是一眞人，也算得是一強人，孟子則稱之曰「大人」。諸位當知，此乃是一種眞大與強大，卻不是假大與虛大。

人心所同有，自然而生的，那才是人之眞心。此眞心也即是眞我。饑渴便知要飲食，少壯便知慕異性，此亦都是本我之眞。諸位當知，愛父母，愛家庭，愛國家，愛民族，亦復如是，但在父母、家庭、國家、民族的關係上，事態複雜了，牽涉既廣，變化又多，不如飲食男女般，易知易曉，易守易執。

飲食男女，乃是情感為主，不煩揷進許多理論。饑便要食，渴便想飲，男大則須婚，女大則須嫁，這些事，何須再用理論作支撐。人生忠孝大節，亦是以情感為主，但有時卻會橫添進許多理論來干擾。中國古人說：「天下無不是底父母。」此乃情感話，不關理智事。人誰沒有過錯？但過錯犯在父母身上，就孝子的內心眞情感來說，究與犯在別人身上有不同。中國歷史上，犯最多大過錯的應莫如舜之父母。但父母總是父母，縱說舜母非親生之母，但推父及母，也總是父母。人非父母何由生？舜雖是大聖，亦不例外。從別人看來，舜父頑而母嚚。從舜看來，則頑者是我父，嚚者是我母。舜是一大聖人，聰明正直，寧不知自己父之頑與母之嚚？但因親暱而忘了父母之頑嚚，究還是小糊塗，情有可原；若為了父母頑嚚，而竟忘了他們是我之父母，則是大糊塗，罪不可恕。所以為罪不可恕者，因其人之無情。忘了父母，則是無情之極。沒有情來專談理，那是要不得。

有一學生問孟子，若使舜父瞽瞍殺了人，皋陶為法官，執法不阿，請問當如何辦？孟子說：「把瞽瞍拿下，判以應得之罪。」又問：「當時舜為天子，又將如何辦？」舜是一聖天子，寧有強迫其臣皋陶枉法不盡職之理。但瞽瞍是舜父，又豈有坐視其父之死而不營救之理？於是孟子代舜設想，說他將會私竊其父，遠從中原逃向海濱偏僻無人處偷偷過活。天子之位，是坐不得了。若又問：那時舜的心境如何？孟子又設想說：若把天子之位來比他自己父親一條命，正好一雙破鞋來比一件寶。舜在當時，卻如丟了腳下一雙破鞋，換得了他心上一件寶，應是只有快樂，更無別情。其實當時舜的心情，也還是只如四五歲作小孩時般的一片天真純愛。他只著急他父親，但究是智識長進了，不像小孩般只懂嚷嚷哭哭，他會想出花樣，竊負其父而逃去。

上述只是一假托。孟子前有孔子，教人應行直道。有人問：在楚國，有人出面來作證他父親偷了人家一頭羊，那不是直道嗎？孔子說：我說的直道不這樣。「父為子隱，子為父隱」，那才是直道。殺人攘羊，事有大小，其為非則一。但孔子不主張為人子者來公開揭發其父之隱私，孟子則主張為子者應私下營救其父母。如此，豈不是為了父母而自身也犯了法？但法在外而情在內，正如中國人大家讀孔孟書，便說「天下無不是底父母」。但今天的中國人，讀孔孟書的太少了，聽人說「天下無不是底父母」，有些會怫然於心，有些會勃然於色，說那是封建思想，要不得。此刻大陸共黨，正要打倒中國文化，正要徹底肅清溫情主義，要子女公開出面清算父母。這是中國現社會思想上一大問題。我在此特地提出，要求當前我可愛的青年們，把此一問題認眞平心來再作一檢討。

中國古人又說：「移孝作忠。」孝是愛父母，愛家庭；忠是愛國家，愛民族；同是一愛，同是此心之仁。只因對象不同，或說忠，或說孝，其心則一。當我幼年，到前清時代，就聽有人說：「中國不亡，是無天理。」在我幼小的心靈裏，不禁起了一番反抗之心。我年事日長，仍想我們中國人縱不行，決非全不行。外國人兵強馬壯，足財多金，縱算是行，也不是一切都行。若有天理，中國人貧了弱了，卻不該不許他和其他民族並存於此天地間。我因此常想從中國社會、中國歷史上，多尋求些中國人的長處好處，好憑來向天理作抗議，要為我國家民族仍該存在於此天地間發出些正義的呼聲。我雖自認我知識貧薄，學問簡陋，呼聲微弱；但我幼小時便已坦白地直從內心認我便是一中國人，要為中國人抱不平，爭生存；縱或於理有虧，究是於情無違。我此六七十年來，常珍貴我此一番幼小心靈，認為無媿無怍。仰天之高，俯地之厚，茫茫人海，我以一中國人身分，總該有以自豪。

其實上述「中國不亡，是無天理」這八個字，也出在中國人口裏，也仍是一番感情話，其意本亦是深愛中國，只說得帶一些憤激。正如一位慈愛的老婆婆，偶見其家孩子犯了些小差誤，卻大聲呼斥，說你這樣如何成得人？將來沿街乞討，也會活不下。甚至說他該天誅地滅。那位慈愛的老婆婆，本心也只為是愛，罵得過分些，還是不打緊。我們此一代的智識分子，並不在當面罵孩子，卻翻過臉來罵祖宗，說是祖宗造孽，才生下了你。這樣一來，涵義大別，影響也就不同。此層不得不嚴加分辨。

戰國策上也有一故事說：一人出外遊學，離家三年，回來直呼父母姓名。父母問他，他說：堯舜大聖，也只呼名，為何父母要特稱爸媽？他父母說：你遊學三年，廣見多聞，回來了，儘可逐事改變，能不能把稱呼父母姓名一項，暫時移緩呢？這一時代的中國智識分子，足迹遍全球，遊學歷諸邦，新思想、新潮流、新智識、新技能，學得也眞不少；但回國來，首先第一件事，便是不該罵中國。若是單罵當前中國種種不如人，還可以；卻偏要連古帶今，把中國人一口氣罵盡。我在少年時，即常聽人說：「中國人從來沒有時間觀念。」又說：「中國人從來不懂衛生習慣。」諸如此類，不勝枚舉。其實在中國人中，也曾有過大聖大賢，有過正人君子，有過大思想家、大學問家、大文學家、大藝術家，也曾有過各項專門科學傑出人才。天文學、數學、曆學、農田水利學、醫學、藥學、營造建築學等等學問，各有發明。又曾有過大政治家、大軍事家、大財政家、大法律家、大外交家；又曾有過大教育家、大宗教家、大航海家、大遊歷家；也曾有過大俠客、大商人、大慈善家。形形色色，如上所舉，只有漏了，沒有虛說。全部中國史，記載何限？我且不把此各項人物一一來和外國人比高下，但由我老實說，總該比現代留學回來專意罵古的一批新智識分子強了些。試問中國人為何不該存在於天地間？

中庸上說：「道之不行也，知者過之，愚者不及。道之不明也，賢者過之，不肖者不及。」我們現一代的賢知們，要以罵古來興今，此路則不通。固可說罵由愛起，但罵多則愛減，愛減則成輕蔑，或轉憎厭。至今風氣已成。縱觀全世界知識分子，對其國家民族抱憎厭感、輕蔑感，不能說沒有。但論其程度之深且廣，則恐當以中國為首選。我可愛的青年們，我今若出一題，令諸君作答。我如要諸君列舉古今中外，名人名著，嘉言懿行，可資仰慕，可資敬奉，不論門類，各以十條為限；我恐諸君所舉，外國的必然會超過了中國的。而且其間比數，還可相距甚遠。外國的最少當占七八分，中國的最多也只佔三兩分。以我廁身學術界三四十年來所目覩耳聞，大率早已如此。而且此一趨勢，似乎愈演愈烈。所以我敢推想，今天當前我可愛的青年們，恐亦只是如此。循此而下，將來諸位知識愈廣，學問愈博，我會怕諸位對自己國家民族那一顆眞誠底愛心，更會日削日薄。到那時，自不免有人對自己國家民族感到輕蔑憎厭。此等心情，將會不招而自至，不約而自來。到那時，亦恐將認為理自應該，也就不須否認。我可愛的青年們，諸位在不遠將來，正即是中國社會之賢知；賢知如此，愚不肖者更復何論？諸位試設想，到那時，中國國家民族前途將伊於何底？那豈不將使我們不寒而慄？我此刻將此一分心情直率相告，恐亦不當認我在作杞人之憂天，或說我只是無知而妄說。

在我斷不自認我是在憑空武斷，說我可愛的青年們，不愛國家，不愛民族；但只要諸位善保此一顆愛心，並求其益自發揚光大。諸位亦當自知警惕，至少要知愛國家、愛民族，開始第一步，便該懂得自愛。人不自愛，那能愛父母、愛家庭？更那能愛國家、愛民族？今問當如何般自愛？諸位當知，我們自頂至踵，生來便是一中國人。我們自生到死，畢世仍是一中國人。若果眞心自愛，便該首先立志要像像樣樣地做一中國人。我們本是一中國人，要像樣做一中國人，事並不難，若使每一中國人，都能像樣做一中國人，則中國國家民族也自會像樣。愛國家、愛民族，與我們各人之自愛，道本一貫，並不是兩條路。

我在抗戰前，嘗聽一朋友說：海上大船翻了，得儘先救起你自己。此乃一譬喻。我今試為此譬喻作正解。中國今天，若眞如一大船翻了，你得儘先做一中國人，才是眞救了你自己。在抗戰時，我又和另一朋友在某一集會中辯論，我說：「各人該努力做一中國人。」他說：「時代變了，我們該做世界人。」我辯道：「此刻世界，尚無一無國籍的世界人；要做世界人，仍該先做中國人。」諸位可愛的青年們，是否你認為脫離中國籍，不做中國人，才是自救呢？還是認為做一像樣的中國人，才是愛己愛國愛民族之正道呢？若我們眞要做一像樣的中國人，則惟有在中國傳統、中國理論上做。如改從外國傳統、外國理論，最多也只能做一像樣的外國人，還恐不易做得像樣。

諸位當知，要做一孝子，只有在家做；不能離家做。縱使此身離家，此心還該有家，如是始是其家一孝子。若待要轉到其他家中始能作孝子，此是「謂他人父」。子既非子，更不論孝。中國人說，「在家作孝子，在國作忠臣」，今當換忠臣作忠民，字義可換，道理則一。孝經上說：「孝，始於事親，中於事君，終於立身。」今亦當把事君改稱愛國，但仍是一理。孩提便知愛父母，青年便知愛國家民族，待成年學成進入社會做事，便該知立身。所謂立身，便如我上文所說做一像樣的中國人。字句換了，義理仍一。生為中國人，自該像樣做一中國人。中國人人人像樣，便是中國國家民族像樣。立身立國，事無二致。要作孝子忠民，莫如自己像樣。也沒有一個像樣人，在家不孝，在國不忠。甘讓自己不像樣，便是不自愛。在家作孝子，在國作忠民，也不過是自愛之一道。但自私自利則決不是自愛，或許是自作孽。此項道理，中國古人，我們的祖宗，講究了幾千年，我敢請我可愛的青年們，珍重記取。

話雖如此，但實際立身處世，便不免有許多事變。但事變儘複雜，總是小；道理雖簡單，卻是大。我們該執大以馭小，堅守此一番簡單的道理，來應付遭遇到的種種複雜的事變。此處卻要知識與學問，才氣與聰明。可愛的青年們，我們不該只守得一番小忠小孝，更不該只成得一番愚忠愚孝。但我們總不該不忠不孝，卻要完成我們的大忠大孝。一切學問，一切事業，一切智慧，一切奮鬥，萬變不離其宗。憑我此一顆眞誠之愛心，來達成我此一番愛己愛國的願望，此之謂立身，如此乃是一像樣的中國人。到此境界，將見無所往而不像樣。做一中國人，同時也便是做了一世界人。堂堂正正，像像樣樣，其實則只是還我做一人而已。其間自有許多曲折細微處，則待我們自奮自發，自覺自強。我將本此大綱大節，繼續來和諸位再作研尋。

（一九七〇年五月中央月刊二卷七期）

一三　人生出路

——與青年書之四

自我和青年們接觸，從民初以來，至今六十年。我常覺得，在我可愛的青年們心上，似有一共同問題，永遠存在，始終不能有好解決。

此問題係何？我姑稱之曰「人生出路」問題。我所接觸之青年，自以中學生、大學生為主。其實在此六十年內的中國社會，中學、大學畢業，還是稀有可貴，不會沒有職業。然而一般青年們，跑出學校，得一職業，極少滿意，不能安心。於是此一出路問題，乃永遠追隨，抑且重重壓迫在各人之心上。直至中年晚年，此一問題依然存在，成為一社會普遍的心理問題，影響到社會之各方面。此實值得我們來從頭作一番深切之注意與研討。

猶憶在民國六七年間，我從一高等小學教員，轉入初等小學去當校長。其時有一高小舊學生，從上海某中學畢業，也回到他鄉裏當一初小校長。我很喜歡他，寫信要他轉來我校。信上說：「你能來，不僅有益我校，並亦於君有益，盼早作決定。」信去後久不得復。又續去一信，但仍無復到。時已近年假，我決意在假中親去和他面談。翌年元旦，清晨起身，盥洗用膳粗畢，即到他家去。從我鎮到他鎮，有五里左右的鄉村路，歷一小時始到。他尚未起牀。稍待，乃神色倉皇出見。我問他見我信否？他答：「兩信都已到。」我問：是否願意去我校？他卻直率答以不能去。我問：為何作此決定。他道：「先生此來，當已了然。先生在元旦親來我家，路途不近，我尚臥床未起。我今生活如此，試問如何能和先生同事。不僅先生會對我不悅，我心也將極度不安，因此萬不敢去。」

當時聽他說，不禁深為感動。因說：此事且不論，你最近生活心情為何如此般劇變？催問再三，他說：「先生愛我如舊，我應直說。我自當小學校長後，初亦欣然。但不久卻想，年年在一小學當校長，實感無味，我心情便開始轉變。」我說：「你試想，數年前，你是一小學生，我是你先生。你今已中學畢業，和我地位平等，我還是安心滿意當此一職業，你為何如此不安不滿？」他久久無言。

我再問：此下你作何打算？他說：「我正想轉業。兩月前，從上海買了兩架縫洋襪機，雇人縫洋襪出售，經濟上小有補助。將來陸續添購，待有基礎，我便辭去學校，專營此業。」我說：「如此便成年年賣洋襪，豈不仍是無味？你能決心轉去我處，我會教你心意轉變。否則你再自考慮，我仍盼你來我處。」我們便如此分別了。

幾年後，我轉去一師範學校教書。每年畢業學生，因我從小學轉入中學，必來問我出路問題。我總說：你們早有了出路，師範畢業，便是去小學教書。他們總不滿意我如此作答。我又說：你們的出路，該問自己，不該來問我。須先認識你自己，便有你的出路。若你是一鷹，我必勸你飛上高空。

若你是一獅，我必勸你跑入深山。諸位當知，各人才性不同，完成你自己，便是你最理想最圓滿的出路，誰也不用羨慕誰。

待我進入大學教書，許多大學生，仍還一樣喜歡和我討論出路問題。我每舉一例告之：我有一中學同學，文學成績很好，但為考慮出路，進大學，選讀了理科，成績也不差。後在中學作一理化教師，極受學生愛戴。但他說：我性所近，還是在文科。他課餘每以吟詩塡詞作消遣。深悔自己若當年修讀文科，一樣可得如今般職業，心情當更愉快、生活當更美滿。但當時只在職業上打算，此刻始知，為了職業而迷失了自己，或說是毀損了自己，那是一大錯。

在對日抗戰時，後方生活艱苦，一般大學生，更多關心到職業出路。我也曾對他們百方解說，但總感打不開他們心上那一結。有一次我憤慨地說：若專打算生活，不如離開大學，去學汽車駕駛，數月即可得一職業。那時公路汽車之司機，眞是生活痛快，氣勢囂張，為何定要在大學中叫苦悶？

如此般的經過，直到此刻，常在心頭。實在此一時代之青年，所謂出路問題，只是一職業問題。換言之，乃是一生活問題。亦可說，乃是一經濟生活、物質生活的問題。人人儘在此上打算，乃造成了時代之苦悶與無出路。

而且各人謀得了職業，經濟物質生活所需可算解決了，但依然會不滿意，不安心。因尚有一進步問題，或說是「上進」問題，在各人心上作祟。所謂進步與上進，仍指在各人之職業地位與其物質生活。人人在此上求進步、求上進，卻使整個社會無進步、不上進。此決非我過甚其辭、唱高調。事實如此，稍一觀察思量，便可瞭解。

我們當知，一切職業與經濟物質生活，都只在人生之外部。人生尚有內部生活，此指人之心情言，指各人自有的一份天賦才性之獲得其各自應有可能之發展言。每一人之天賦才性，能獲得其應有可能之發展，此乃人生之眞進步、眞上進。在此進程中，心情自會感到愉快，感到滿足。物質生活上進，只是一次要問題。至少在當前的中國社會，受過中上教育，應不至於無職業，乃至無生活。只要大家對其本身生活，也感到滿意安心，社會自會進步；而各人之眞人生，也更會前進無疆。惟此乃是人生一條共同大出路。所以要解決人生出路問題，主要應該懂得反身向內尋求。

如此說來，似乎近玄而又近迂。但實則不然。中國古人有一則以己養養鳥的寓言故事。說有一海鳥飛蒞魯國，魯國人奉以為神，寢之以深宮廣殿，飼之以三牲太牢，娛之以鐘鼓管弦，以人主之尊之奉養來養此鳥。此鳥非僅不滿不安而感到苦悶，乃至於活不下去。此雖淺譬，可資深喻。人之生活，各有其所習所好，豈能一律？尤其是民族與民族間，各有歷史文化傳統，既難強人如己，亦難強己如人。即在同一文化傳統下，復有地域不同。強美國人過英國人生活，或強英國人過法國人生活，同樣是苦痛，更何況強中國人來過英、美人生活。

每一中國人，久居英、美，早餐總是麵包黃油牛奶橘子水，但會時時想到油條燒餅與豆漿。聽說最近旅美家庭，已能學得自炸油條，相告色喜，認為是日常生活上一大進步。從小見大，以美國人之奉養來奉養中國人，究竟亦不是一理想。

在臺灣，外國電影看膩了，忽有凌波、樂蒂唱黃梅調演出梁山伯與祝英臺，一時如瘋如迷；此一影片賣座之盛，空前無匹。梁兄哥凌波來臺，飛機場歡迎，成為最近若干年以來國人返國惟一最轟動之人物。此事豈不盡人皆知？

早餐喫到豆漿油條是一事，電影看到凌波、樂蒂的梁祝又是一事。弱喪忘歸，自古所悲。久離家園，一旦重返，那將是何等底快樂？這不僅是口腹之欲，耳目之娛；在其背後，有一項極深心理，雖難描述，但亦是人所共曉。但更深一層的又苦不易曉。曉與不曉是一事，而其在各人內心深處，同有一番不對勁、不滿、不安、苦悶、無出路之無可言喻之情味，則又是另一事。

我敢大膽說一句：中國人此六十年來同所感到的「人生無出路」這一種苦悶心理，其最後癥結所在，正為此六十年來之中國人，作意背棄自己文化傳統而謀求各自生活之改進。當知異民族異文化中之一切生活方式，未必是我們的出路。向此邁進，到頭會撲了一個空。到如今，我們一切生活，雖在儘量求新求進，盡力向西化路上跑；但不滿、不安、苦悶、無出路的時代病，卻更深更重，恐會到達一無可救藥之階段。此非危言聳聽，其中眞理，卻可拿種種實事來作證。

今天的中國社會，有少數人為苦悶尋求出路，而去玩麻雀牌，作方城之戰。但此並不是海外奇方，卻是土藥土製。固然，麻雀牌不能為近代中國社會人生苦悶覓得一出路；但玩麻雀牌，究竟比玩撲克、搞橋牌，更能適合中國人心情，更能供中國人生活作消遣。由我粗淺之見，其中亦復寓有一項文化傳統潛在力量之影響存在。玩麻雀牌，老法新法不斷在變，但萬變不離其宗，自己手裏的十三張牌和了便是勝，那即是求之在己。求之在己，正是中國文化傳統中一最高精義。橋牌可以偸鷄，自己手裏牌不好也可獲勝。勝在向外取巧，不勝在向內求和。若就中國文化傳統言，橋牌權譎，不如麻雀牌平正。固然內向亦當注意到外面，外向亦當注意到內部，內向外向，只在偏輕偏重之間，都不是可以專向一面而更不問另一面；但只此偏輕偏重，其間便見文化相異。從中國文化中演出有麻雀牌，從西方文化中演出有橋牌。文化積累影響人心，中國人普遍喜歡玩麻雀牌更勝過玩橋牌，其中正有甚深心理作用在主使。此項心理作用，固非人人共曉，但其事則眞實有據。我舉此例，不是說玩麻雀牌眞好，而是為了說明一種事實。

又如中國之平劇，乃至各處地方戲，如越劇、豫劇之類，較之西方之話劇與歌劇，雖同是一種娛樂，而雙方自有深微之相異。求其背裏，也自有文化傳統之重要因素。此待深於此道者來作深入之比較，此處不擬深論。但中國人自會喜歡中國戲，更勝過喜歡西方之話劇與歌劇，事亦易見。上述凌波演梁兄哥，便可為例作證。

然則在日常生活中之消遣，乃至娛樂，中國人自愛中國的一套。若論生活享受，即淺至於口腹之欲，如油條豆漿之為中國人所愛好，亦是其一例。若更由此推進，在心靈深處之享受上，亦更有異於西方人處。試舉文學藝術之其他方面為例。

上自詩經三百首、屈原楚辭以下，傳統相承，源遠流長，中國人之心靈深處，人生享受，其極大部分，多寄託在文學上。文學自貴推陳出新，與時俱變。一部中國文學史，自詩、騷下迄清末，變化何限？但仍自有其心靈深處之一脈相承。此刻提倡新文學，亦不當割絕了舊傳統。外貌上儘可新，但在心靈傳統上仍有舊。正如上舉平劇、越劇、豫劇等，亦是從明代崑劇乃及更上元代戲曲等遞變而來。我們此刻，只讀白話文，不識文言文，遂使詩、騷以下，中國古人心靈相傳一套精微深密之處，我們全不能接受。中國現代之新文學，絕大部分，乃由模倣西方而來，亦正如中國之電影。若使沒有配合中國人胃口的中國味電影，如凌波梁兄哥之類，又如何測驗出中國人內心所喜好？若永遠如此，則在我們中國人的內心情味上，終是一缺憾，而苦於不自知。正如一人自少離家，作一浪子在外，在彼並不自知有一家，並不自知其生命之來歷，亦可謂並不自知在其生命中內心所蘊之一種期望與歸宿；此必終成為其在生命上之一大損害。

中國文學，自詩、騷以下，如陶潛、杜甫、蘇軾，其為中國歷代人所欣賞、所崇拜之大詩人，乃至其他大文學家，在辭賦、散文、詞、曲、小說，各類中之上乘作品，都代表著中國人共同心靈之所祈嚮，由此透露出中國人生中之大興趣與大理想。稍知欣賞，亦是一安慰。能起共鳴，亦是一滿足。今皆認為是死文學，被冷藏，被擱置。在電影上來一部模古翻新之劇本，其事易。在其他文學上，能從傳統中翻新，來配合時代要求，其事難。今天的中國人，正如莊子書中所說：「居空谷者，聞人足音，跫然而喜。」而無奈此跫然之足音，乃久盼不至，並亦不知其有所盼。於是只感到一片虛寂，一片苦悶。內心不得所養，不得享受，實為一最可悲之事。

今再論藝術。姑舉書法言之。書法在中國，乃是一項最高藝術，為中國所獨有。但迄今，青年們已絕少用毛筆，更不知書法之為可貴與可愛。然我東鄰日本，在中國學習去的書道，仍極盛行。小學、中學，莫不有書道一課。使用毛筆，乃為社會一普通事。書法可以怡情悅性，可以養心養德。實亦代表著心靈深處一要求。若謂今日已是工商社會，不能仍迷戀古代農業社會此等舊玩藝；則日本當前工業之突飛猛進，已與美、德相鼎峙，而中國舊藝術，如書道、圍棋、茶道等，仍在日本社會盛行，不聞於其工商業發展有所妨礙。

人生固應有工作，但亦應有消遣，有娛樂，有享受。而此諸項，乃亦都有其文化傳統之背景。今天中國社會苦悶，普遍感到人生無出路，職業亦成為一種不得已。意不滿，心不安。見異則思遷，得隴則望蜀。常此忙勞，不得所寧息，而莫知其病所在；乃誤認為物質不夠條件，感官不夠刺激。內心愈空乏，愈益向外尋求。此乃是一種文化病。乃益求破棄舊文化，創造新文化。但新文化仍需由內心創出。無內心，焉能有創造？而人之內心，亦有其傳統，非可各憑己心自創自造。此一大病，今乃充分暴露在我們此一時代青年們之身上。

我敢竭誠奉告我當前可愛的青年們，人生出路，甚寬甚大。除卻職業外，尚有許多消遣、娛樂，與享受，此皆同等重要。而人生之種種消遣、娛樂，與享受，主要則在自己內在之性情上，不在外面經濟物質上。捨近求遠，尋虛忘實，人生將永無一出路。

以上所述，牽涉太廣，涵義未盡。倘吾可愛之青年們，於我此書所指陳，不認為其如河、漢之無當，則將繼此更有所闡說。

（一九七〇年六月中央月刊二卷八期，十一月中國文選四十三期轉載。）

一四　從認識自己到回歸自己

——與青年書之五

我在第三書中曾說，我們要愛國家、愛民族，主要該懂得自愛。人孰不自愛，但要眞懂得自愛，事卻不易。首先是我們每一人，並不易眞認識自己。連自己都不認識，又如何能懂得自愛。

何以說我們不易認識我們自己？此事一經點穿，即易明白。如我們易見他人的面貌，卻不易見自己的面貌。只有攬鏡自照，始見自己面貌如何。但鏡中所照，總不親切，實不如我們看他人面貌，較易得其眞相。

人之面貌，又是時時在變。當我小孩時，尚在前清末年，鄉間不大流行照像。十歲初進小學，在開學典禮中攝了一團體像。後來我進中學，又回到此小學當教師，重覩此一團體像片，我只知我應在前排最小的一羣中，但我再三辨認，終找不出究竟誰是我自己。待別人指出，始依稀認識。此只短短十年內事，故我今我，已有面目全非之感。

面貌不易認，體段更不易認。猶憶我四十歲那年有一早晨，跑進一小學，在其長廊盡頭，裝一大長方鏡，我從廊上遠遠走去，望見鏡中體影，大自驚詫；原來我已肥胖了，遠不如我自己所想像。

單據此等小節，便知認識自己之不易。連自己的面貌身段，尚屬不易自知，更何論深入向裏。自己的心，自己的性情，自己的好惡，這些，對我自己，可算是最親切沒有，但亦苦於不自知。諸位莫疑我話過了分，讓我再舉例說明。

我幼年時，能讀羅貫中三國演義。有一晚，隨先父到一處，賓客羣集，他們問我：聽說你能看三國志，能講些給我們聽嗎？我即講了「諸葛亮舌戰羣儒」一段，博得賓客們人人道好稱讚。第二天傍晚，先父又帶著我出外，街道上過一橋，先父問我：知得「橋」字嗎？我答知。又問：木傍換了馬旁，是何字？我答是「驕」字。先父問：你知得驕字意義嗎？我答知。先父拉著我手，說：你昨夜講話，正像是那字，你知道嗎？我聽先父言，噤不作聲，心中大慚怍。「他人有心，予忖度之。」我那時又怎懂得我自己的心。我先父對我此一番教訓，直到如今，已過了六十年，快近七十年，而當時情景，牢記在我心頭，常憶不忘，恍如目前。

所以說，人苦不自知，可把別人當作一面鏡來照見自己。諸位不妨旁觀他人，苟非父母訓斥，或親尊勸導，誰能知自己有不孝。苟非師長督促，或同學戒勉，又誰能知自己有不勤。這些只是外面行為，與人共見，是非得失，有一共同尺度；但雖經別人指點批評，我們有時仍不肯自認。每說：他人只見了我外面的事，不曾知道我內面的心。其實每一人之內心，不僅他人不易知，連自己也不易知。所謂「知人知面不知心」，那是從他人說。若從自己說，則不僅不自知心，就連面也不自知呀！

我試舉一簡單之例。諸位初進大學，遇到選科，便是一大不易事。究竟我之性情、心智、才能，更近那一科；將來可在那一科上更易發展，更可獲得理想成績；更可使我性情與學問，生活與事業，打成一片，使我更能得一理想美滿之人生；此事所關不細。但各人的父母師長，每不易代為選擇。連各人自己，實在也只是一迷惘不知。因此，大部分大學青年選修學科，只有多從外面條件上衡量，選此科或是易有出路，或是易於通過；諸如此類，只在外面，不去從內面自己性情、心智、才能上著想，正為此等連我們自己也實不自知！

也有人，僅憑一時決斷，認為我心興趣在此，愛好在此，不顧一切，選了此門；但稍久又復自悔，認為此門學科和我心性實不相近；此等也常易見。我此所言，只是說每一人之內心蘊藏，其性情、興趣、智慧、才能，各有一條不全相同的發展路向。循此路向，始可到達一條對自己最高可能的最圓滿的前途。而在起步上路之前，我們卻不易於認識此一路。

我在此方面，自以為嘗得其中甘苦較親切。因我沒有機會進大學，從十八歲起，即已抗顏為人師，更無人來作我師，在我傍指點領導。正如駕一葉舟，浮沉茫茫學海中，四無邊際，亦無方針。何處可以進港，何處可以到岸，何處是我歸宿，我實茫然不知。但既無人為我作指導，亦無人對我有拘束。我只是一路摸黑，在摸黑中漸逢光明。所謂光明，只是我心自感到一點喜悅處。因有喜悅，自易邁進。因有邁進，更感喜悅。如此循循不已，我不敢認為我自己對學問上有成就，我只感得在此茫茫學海中，覓得了我自己，回歸到我自己，而使我有一安身立命之處。

諸位又當知，人生大過於學業。我們只能說，在此人生中包括了學業；卻不能說，在此學業中包括了人生。人生是一大圈，學業是一小圈。大圈可包小圈，小圈不能包大圈。我們只能說，我們的學業，乃為著我們的人生；卻不可說，我們的人生，乃為著我們的學業。但說到人生，更是茫茫。我們如何能在此茫茫人生大海中來覓得我自己，那事更不易。

諸位將會說：我此時此處的此身此心，豈不便是我自己？我自己已明白現在，何須更覓。但諸位若眞細讀我上面所言，則知此時此處之此身此心，實在是不易認知。而且更要者，並不在此時此處，乃應在此時此處之外。我之此身此心，究由何而來，又當從何而往，那會感到更不易捉摸。我們此刻之所討論，並不重在此人生之現實，乃重在此人生之前途，乃是要討論每一人生前途所可能獲有之發展。若要連帶著此前途發展來認識現實，諸位便自知此事認識不易。

我們此刻，考慮到前途發展，因於自己當前現實之不易知，乃亦把一切衡量估計，全放到外在的條件上去。但人生前途，主要還在各人自己，尤其在各人自己之內面，即性情、心智、才能之種種嚮與種種可能上。若抹殺於此，而專向外面條件尋討，必將有種種病痛。此在我第四書中已曾提到。

如一人在深夜，彳亍街頭，若儘向燈火輝煌處去，說不定是一大賭窟，一大遊樂場，要之多是些恣情縱慾之所在。雖為人羣所麕集，轉瞬仍必樂散燈盡，各自回家去。人的家則都在燈火闇淡處。凡屬燈火輝煌處，則必吸著燈火闇淡處之精血來培養。若沒有許多闇淡處，何來此一處輝煌。學業如是，人生亦如是。必從闇淡處出發，必向闇淡處歸宿。輝煌處只是一公共集合場所，闇淡處始是各人安身立命養精蓄銳之地。

人生所不易知者，正在此闇淡處。正為其不易知，故貌若闇淡，但卻是人生根腳，人生主宰；人生出發在此，歸宿在此，那能不珍重愛惜此一闇淡。人生所不易知，而最所必欲求有知者正在此。不僅個人為然，即大羣人生亦復如此。大羣人生之背後，各有一民族人生作為其深厚淵源，日積月化以至於今，斷非一朝一夕之事。即如吾中華民族膚色黃，歐西民族膚色白，非洲民族膚色黑，皆係造化長久功深；急切間，誰也創不出，誰也換不掉。

膚色如此，面貌體段，渾身樣子，莫不皆然。進而論其內裏，即上文所謂性情、心智、才能，亦復各有歧異。即如興趣、嗜欲、愛好，依然一民族有一民族之特徵，亦即是一民族有一民族之出路。此之謂民族生命。我們只是隸屬於各民族中之一分子，每一人之短暫生命，則各有其所隸屬之民族長久生命為淵源，作種子。

因此，我們每一人之生命，實只是代表著其所隸屬之民族生命之一貌相。任何一植物、動物，知得它種類，便可知得對它栽培飼育的方法，而亦約略可以預見其發展之前途。動植物如此，人類何獨不然。只是動植物生命較易瞭解，人類生命，難於驟曉。但其間則實有一共通之理。

上面我說過，要愛國家民族，該先懂得自愛。此刻我將反過來說，要懂自愛，先該懂得愛自己的國家民族。正因我們各自短暫的小生命，都自這個悠長的大生命中來。我之在民族生命中，正如山中千年老松幹上茁了一嫩芽，萌了一新葉。它是一大我，我只是此大我生命中一小我。如彼始是獨立成一我，我則只依附在它身上而像似有了一個我。若我一旦離去此大我，則會微小到不成一個我。

諸位莫嫌我語涉玄虛，我試再舉些淺顯實例。如言繪畫，不論人物山水草木花鳥蟲魚，中國畫自有中國畫那一套，中國畫也自有中國畫之傳統。在這裏面，便表現出中國民族之藝術生命，或說是愛美生命之一面。在其背後，則有中國民族之性情、心智、才能、興趣、嗜欲、愛好，種種特出點作根柢，由此而創造出此一套畫風與畫統。諸位或想，見了山水，自會畫山水；見了人物，自會畫人物；見了草木花鳥蟲魚，自會畫草木花鳥蟲魚；這話也不錯。但為何中國人畫出的中國畫，偏不像西洋畫？此中卻寓有更高更深的一番眞理存在。

固然，中國人也可學會西洋畫，西洋人也可學畫中國畫。但講究文化，則皆知有中西之別。講究藝術，也自有中西之別。此層同樣無可否認。零碎例子，破壞不了大整體的大分別。

所謂藝術，也不專是繪畫一項。其他如書法，如陶瓷，如各種器用玩具之製造，如彫塑，如建築，如園亭布置，如音樂，如舞蹈，如戲劇，推而言之，色色樣樣，卻莫非一民族有一民族之特徵。由此而形成而發見一民族之生命精神。即我所謂此民族之內在深處性情、心智、才能、興趣、嗜欲、愛好，不期然而然的創造出各民族藝術之特有風格與特有氣味。在內則相互間有其相通，在外則相互間有其相異。豈不可以證實了如我上述，我們每一人之藝術生命，其實只是代表著各自民族的大羣生命中之一番藝術生命而演出。

藝術有創造，同時有欣賞。創造是此民族中少數特出人之事，而欣賞則雖亦有深有淺，要之是大眾共有可能之事。以一中國人來欣賞中國藝術，較之以一西方人來欣賞中國藝術，特殊的例不論，論其普通的，則在此方面，一般中國人的欣賞能力，必然會超過西方人。但若以中國人來欣賞西方藝術，一般而論，其欣賞能力也必遠遜於西方人。如中國人觀平劇，必然會喜愛過看西方歌劇，而西方人則反是。何以故？因在其各自之背後，各有一番共同生命之來源；即是說，每一人之內在深處，其性情、心智、才能，其興趣、嗜欲、愛好，必然會沉浸在其所隸屬之各自民族之大生命中而無可勉強。

今從藝術人生轉而討論文學人生，亦復如此。更由此推衍到人生之各方面，即如說政治人生，各民族自有各民族之一套。雖說應該有其大同，但亦不能抹殺應該有其小異。在其小異處，或許更重要過大同處。此處乃有一民族生命作背景。如國父孫中山先生斷不會一一依仿華盛頓；若一一依仿華盛頓，則決不能成為一孫中山，而且亦決不能成為一華盛頓。邯鄲學步，東施效顰，非驢非馬，此非民族生命之更新，乃是民族生命之轉衰。其勢將會使隸屬於此大生命中之各個小生命，各喪失其內在活力、內在精神，而人生乃日陷於苦悶墮退中。

試再進而論及信仰人生。人生應有所娛樂，於是乎有藝術人生；人生亦必有所幹濟，於是乎有政治人生；人生又必有所安頓與寄放，於是乎有信仰人生。世界各民族間種種宗教信仰，亦可謂是大同小異。其大同處，則必把人生安頓寄放在他世靈界，決不安頓放在現世俗界；但其中小節相異，卻甚難融和，甚難混一。中國人自有中國人的一套信仰。異民族宗教傳入，最著者如佛教，中國古人卻把它來和自己的一套融和混一了，所以仍能不損害到中國民族生命之大傳統。

上述藝術、政治、宗教等，只是此一大生命中之一枝節。我們則各自從此大生命中孕育而來。我們若能回頭認識此一大生命，自能認識到自己，回歸到自己，而使自己生命有不斷向前之一條大出路。若把此生命大源壅塞了，迷惘了，會使我們各自生命，前不知其所由來，後不知其所將往，那實是生命上一大苦事。

上面說過，人苦不自知，貴能以人作鏡；別人知道我，有時或許會比我自己知道得更清楚，更準確。但以人作鏡之外，更須能以史作鏡，以古作鏡。中國歷史上許多古人，他們之間，都已融成了一條大生命，這是我們此刻各自小生命之一個眞泉源。此一泉源，極深邃，但亦極眞確。只要眞能瞭解到中國古人，自能瞭解中國今人之內在深處。使人認識自己，而能回歸自己，使自己這一小生命，亦能匯入此大生命中而得到其滿足。

每一民族，文化愈深厚，認識愈不易。但我們且莫急劇要求瞭解，我們該先懂得珍重寶惜此一大生命。在我之珍重寶惜中，自易有認識。所以我上面說，我們若要自愛，便須懂得愛國家、愛民族。我此一番見解，卻並不從功利觀點上出發，亦不是從道德立場上出發，我乃是從人類生命之內在眞實處出發。此一分辨，切盼我可敬愛的青年們深切參究，深切體會。

（一九七〇年七月中央月刊二卷九期）

《錢穆先生全集》總書目

甲編

國學概論
四書釋義
論語文解
論語新解
孔子與論語
孔子傳
先秦諸子繫年
墨子　惠施公孫龍
莊子纂箋
莊老通辨
兩漢經學今古文平議
宋明理學概述
宋代理學三書隨劄
陽明學述要
朱子新學案（全五冊）
中國近三百年學術史（一、二）
中國學術思想史論叢（全十冊）
中國思想史
中國思想通俗講話
學籥
中國學術通義
現代中國學術論衡

乙編

周公
秦漢史
國史大綱（上、下）
中國文化史導論

中國歷史精神
國史新論
中國歷代政治得失
中國歷史研究法
中國史學發微
讀史隨劄
中國史學名著
史記地名考（上、下）
古史地理論叢

丙編

文化學大義
民族與文化
中華文化十二講
中國文化精神
湖上閒思錄
人生十論
政學私言
從中國歷史來看中國民族性及中國文化
文化與教育
歷史與文化論叢
世界局勢與中國文化
中國文化叢談
中國文學論叢
理學六家詩鈔
靈魂與心
雙溪獨語
晚學盲言（上、下）
新亞遺鐸
八十憶雙親師友雜憶合刊
講堂遺錄（一、二）
素書樓餘瀋
總目